Hilmar Hoffmann

DAS ROTHBUCH

Hilmar Hoffmann

DAS ROTHBUCH

17 gewonnene Jahre für die Kultur

SOCIETÄTS
VERLAG

Satz: Nicole Ehrlich, Societäts-Verlag
Umschlaggestaltung: Nicole Ehrlich, Societäts-Verlag
Umschlagabbildung:
Druck und Verarbeitung: freiburger graphische betriebe
Printed in Germany 2013

ISBN 978-3-95542-017-8

Inhaltsverzeichnis

Vorwort

Die Geschichte des Menschen ist sein Charakter.
Johann Wolfgang von Goethe,
Wilhelm Meisters Lehrjahre

Weil zu Petra Roths Abschied aus Frankfurts politischem „Nervenzentrum Römer“ zwar schon alles gesagt worden ist, nicht aber schon von allen, folge ich gern der Einladung des Societäts-Verlages, auch meine Eloge den vielen übrigen Lobpreisungen hinzuzufügen. Den Beschreibungshorizont dieses Buches bildet vornehmlich die Kultur.

Es soll dem Leser erspart werden, ein weiteres Mal über Petras Sandkastenspiele und ihre Murmelfreunde Einzelheiten nachzulesen und wie sie es geschafft hat, ohne das ABC der formalen Reifeprüfung allein mit Fleiß, Flair und Fantasie, mit Ehrgeiz, Eleganz und Energie bis an die politische Spitze von Europas Bankenzentrum aufzusteigen. Auch Giganten der deutschen Kulturgeschichte wie Gerhart Hauptmann, Günter Grass, Hermann Hesse oder Thomas Mann sind schließlich ohne Großes Latinum in den Olymp des Geistes aufgestiegen. Auch wenn Petra Roth jenen hellsichtigen Text von Thomas Mann nicht gelesen haben sollte, so hat sie sich doch dessen Erkenntnis zu eigen gemacht, wonach „die köstliche Überlegenheit der Kunst über das bloß Intellektuelle in ihrer lebendigen Vieldeutigkeit, ihrer tiefen Unverbindlichkeit, ihrer Freiheit“ alle Selbstzweifel zerstreut.

Ich möchte meine Dankadresse auf Roths große Gedankenspiele und deren Umsetzung kaprizieren, auf ihre strategischen Planungen in der Kultur und taktischen Schachzüge in der Politik. Mir ist es wichtig, besonders jene vielen unbezweifelten Verdienste zu würdigen, die sich vorzüglich mit der Optimierung unserer kulturellen Infrastruktur ins Gedächtnis eingeschrieben haben. Dabei werden aber auch gewisse Versäumnisse nicht gnädig unerwähnt bleiben, die in den langen 17 Jahren ihrer Amtszeit auch ihr schon mal unterlaufen konnten.

Was lernen wir aus ihrer politischen Biographie? Jedenfalls, daß Politik ein Beruf ist, für den man sich nicht aufgrund akademischer Lorbeeren, sondern durch seine praktische Lebenserfahrung qualifiziert. Auch muß nicht Poet sein, wer sich Verdienste um Kultur und Bildung erwerben will. Petra Roth hat keine Romane geschrieben und keine Lyrik verfaßt, sie hat uns aber Museen und Kindergärten, Schulen, Spielparks und Sportplätze geschenkt und hatte dabei stets buchstäblich Mittel und Wege zu suchen, um diesen Ehrgeiz auch einzulösen. Im Maschinenraum der Macht hat sie geräuschlos-effizient regiert und den inzwischen fast 700.000 Frankfurter Seelen ein Heimatgefühl geschenkt. Sie hat geholfen, den schwierigen Prozeß der Identitätsfindung der Bürger mit ihrer Stadt gelingen zu lassen, deren Wesen als Tiefenfärbung zugleich Teil ihrer eigenen Identität wurde und sie selbst schließlich zur waschechten Frankfurterin machte.

In ihrem dem hippokratischen Ethos verpflichteten Erstberuf einer approbierten Arzthelferin hat sie die Haltung der Hinwendung schon früh als lebensbejahende Philosophie verinnerlicht. Sie hat diese mit wetterfester hanseatischer Konstanz später auch im politischen Raum verortet, konsequent verfolgte sie so ihre ureigene Handlungsmaxime. Es gibt keine erfolgreiche Kommunalpolitik, die nicht von einer individuellen Philosophie inspiriert wäre. Dieses soziale Engagement zieht sich wie eine Leuchtspur durch Roths Politik. Nach der früh erworbenen praktischen Erfahrung im Umgang mit hilfesuchenden Menschen glaubte sie, ihre sozialethischen Ambitionen am ehesten in einer der beiden großen Volksparteien verwirklichen zu können. Sie hat sich 1972 für die CDU entschieden. In der Gemeinschaft mit dem „hohen C“ fühlte sie sich geborgen.

Wie schon meine Porträts von Roths elf Amtsvorgängern zwischen 1945 und 1995 wird sich auch dieses Buch über Petra Roth auf mein Generalthema konzentrieren: auf die Verdienste und Versäumnisse unserer Oberbürgermeister der drei Nachkriegsgenerationen. Es galt, sie alle dabei in ihrer Vielfalt und Widersprüchlichkeit zu würdigen. In meinem Buch *Frankfurts Oberbürgermeister 1945–1995* (2012) habe ich auch darüber berichtet, wie deren einige bisweilen vom Pfad der politischen Tugend abgewichen sind oder sich nicht nur läßliche Versäumnisse geleistet haben. Diese vorliegende Bilanz zu Petra Roths Wirken in der Kommunalpolitik ist aus der Sicht eines Kulturpolitikers verfaßt und verkürzt deshalb wichtige Erfolge, die sie auf anderen Feldern ihres Wirkens erzielt hat, zum Beispiel als Sportpolitikerin. Auch werden unmittelbare Zeitzeugen aus ihrer je eigenen Sicht gewisse Höhepunkte ihres Wirkens vermissen, die sie weitaus unmittelbarer erlebten als ich.

Es geht mir aber nicht so sehr darum, aus Petra Roths nachhaltig gewordenen Sternstunden am politischen Himmel die Fixsterne zu benennen – sowie einige der schnell verglühten Meteore hochfliegender Erwartungen. Es geht vielmehr um die Summe dessen, was als ihre stolze Leistungsbilanz einmal die Annalen unserer Stadt schmücken wird. Mit unabweisbarem Appeal gelang es ihr mit eingeborener Intuition und mit der vitalen Energie ihres glücklichen

Naturells selbst gelegentlichen Desillusionierungen noch schöne Pointen abzugewinnen. Mit diskretem Charme wußte sie ihre intellektuelle Souveränität ebenso wie ihre Kennerschaft zu vermitteln.

Keine Hagiographie, handelt das Buch also von der unendlichen Entscheidungsfülle zwischen den gelingenden Großprojekten wie dem Wiederaufbau des Herzstücks von Frankfurts stolzer Geschichte auf dem Dom-Römerberg-Areal und dem Zukunftsprojekt „Kulturcampus Bockenheim" einerseits und dem einen oder anderen neuralgischen Punkt ihrer Wirkungsgeschichte bis hin zu ihrer vergeigten Nachfolger-Rochade andererseits. Das Wort „wirken" war nicht nur eines von Goethes Hauptwörtern, wirken war auch Roths politisches Einmaleins. Die spannende Nachkriegsgeschichte Frankfurts ist mir beim Verfassen der Oberbürgermeister-Biographien zur eigenen Erfahrung geworden.

Ein Hamburger „Weltwirtschaftsinstitut" hat 2012 in 30 deutschen Großstädten die kulturelle Substanz untersucht und sich als eine Art selbsternannter Rating-Agentur erdreistet, in ihrem „Kulturstädteranking" Frankfurt hinter Stuttgart, Dresden, München, Berlin und Bonn auf Platz sechs zu verweisen. Als entscheidendes Kriterium dieser Art von Superlativierung im seltsamen Wettbewerb um den größten „Kulturhunger der Deutschen" gilt den Statistikern, an welchem Ort deren Beschäftigte ein „überdurchschnittliches Bildungsniveau" auszeichnet. Frankfurt auf Platz sechs? Ein weiteres Beispiel dafür, wie sehr eine rein quantitative Messung der unermesslichen Kulturproduktion und Kulturrezeption die Wahrnehmung verzerren kann.

In ihrem Buch *Aufstand der Städte* zitiert Petra Roth den Stadtsoziologen Albrecht Göschel mit dessen diametral gegensätzlicher Einschätzung: „Einzig die Stadt Frankfurt scheint, gestützt auf massive kulturpolitische Anstrengungen und Investitionen, ein Image- und Identitätswandel von der harten, hoch belasteten, tendenziell geradezu lebensfeindlichen Stadt – Frankfurt/Krankfurt – zur kulturell und intellektuell vibrierenden, sprühenden und inspirierenden Stadt gelungen zu sein."

Am Seelenleben der Deutschen hat sich auch die sogenannte *Zuversichtsstudie* der Allianz abgearbeitet, die 2012 in 14 Großstädten bei 2.678 Personen deren Stimmung ausforschte und sie zu den Themen Schulqualität, Rentenversicherung, Sicherheit des Arbeitsplatzes, Altersversorgung, finanzielle Lage, Familienleben usw. befragte. Insgesamt blicken 65 Prozent der Deutschen „mit Zuversicht in die eigene Zukunft". Die Frankfurter liegen mit starken 70 Prozent auf Platz zwei des Glücksindexes, fast gleichauf mit Spitzenreiter Stuttgart (71 Prozent), dicht gefolgt von Dresden, München, Nürnberg und Düsseldorf. In puncto Zukunftsoptimismus landet Leipzig weit abgeschlagen auf Platz 13.

Wenn Frankfurt entgegen den Kassandrarufen von der Alster immer noch kulturell und intellektuell herrlich leuchtet, so verdankt die Stadt dieses Metropolenflair nicht nur den großen Kulturinstitutionen, sondern nicht zuletzt auch jenen vielen Bürgern, die vom reichen Bildungsangebot Gebrauch machten. Auch die bunte Phalanx produktiver Geister hat mit ihren Visionen und Ideen den kulturellen Humus bepflanzt: Die hier lebenden Schriftsteller und Sachbuchautoren, Publizisten und Redakteure, Maler, Musiker und Musikanten, Satiriker und Karikaturisten und all die anderen produktiven Wiedergänger wie jene hier besonders agile Spezies auf der intellektuellen Spötterbank oder auf der Kritikerempore.

Nicht zu vergessen jene brillanteren unter den vielen klugen Köpfen unserer Universität mit ihrem hohen Kreativitätspotential, die inspirativ das weite Feld der Stadtentwicklung und deren multikulturelles Flair befruchten. Auch die über 40.000 Studenten und die in Frankfurt besonders umtriebige freie Szene fermentieren in den Gemarkungen der kritischen Theorie nicht minder ergiebig die Lebensqualität der Stadt wie jene ihrer elitären Aura entkleideten sogenannten Musentempel: Unter „Kulturhunger der Deutschen" wird hier die Befriedigung dessen verstanden, was das tragende kulturpolitische Ziel als Aneignung der Welt umschreibt. Neben dem hohen Eigenwert der Künste und der Kultur hat Petra Roth vorzüglich deren humanes Kapital für die Urbanisierung der Bankenmetropole klug erkannt und als lebensdienliches Elixier zu ihrer auch ganz persönlichen Lebensmaxime erklärt. Ja, das kulturelle Frankfurt war für sie das Gravitationszentrum ihrer eigenen Emotionen. Diese Entwicklung deutlicher zu erkennen, auch dazu möchte das Buch beitragen.

Insgesamt gedeiht unser einzigartiges Stadtmilieu auf dem Wurzelgrund einer langen kulturellen und geistigen Tradition. Die kritische Prüfung des tief in unsere Geschichte reichenden kulturellen Erbes sowie eine moderne künstlerische Avantgarde sind der Quell der Inspiration und Innovation. Unter dem Stichwort „nested identity" konnten auch die vielen Emigranten unterschiedlichster Herkunft hier in Frankfurt ihr neues, alternatives Heimatempfinden ausbilden. Ja, diese sind inzwischen lebendiger, produktiver und deshalb unverzichtbarer Teil unserer Menschenvielfalt und damit Ferment unserer heutigen Stadtkultur. Jede einzelne Ethnie prägt einen unersetzlichen Teilaspekt dessen, was der Universalist Alexander Kluge, Adornopreisträger von 2010, mit dem Wort „Gesamtmenschheit" umschreibt.

Zum Frankfurter Selbstverständnis einer „Kultur für alle" gehören nicht nur das gut beleuchtete Museumsufer am Main und das Senckenberg in Bockenheim mit ihren Wirkungspotentialen für die Kultivierung der Gesellschaft. In diesen Kontext gehören nicht nur die sogenannten „Leuchttürme" Oper, Schauspielhaus, Kammerspiele oder die Alte Oper. Die Kunsthalle Schirn, der Kunstverein im Steinernen Haus, das Künstlerhaus Mousonturm oder das Bockenheimer Depot sind nicht minder wichtige Bausteine einer differenzierten großstädtischen Kulturlandschaft, ebenso wie die Deutsche Nationalbibliothek, die vielen weiteren Bibliotheken und die Bürgerhäuser. Die hierorts höchst vitale „nichtinstitutionalisierte" Szene der sogenannten Breiten- und Experimentalkultur erfreut sich ebenfalls großer Resonanz, sowohl unter bürgerlichen Intellektuellen wie unter Jugendlichen bei ihrer Identitätssuche: Unter einem gemeinsamen Kultur- und Wertehimmel haben die zahlreichen Privattheater und vielen freien Gruppen in Frankfurt fundamentalen Einfluß auf die Bildung jenes kollektiven Fluidums, das wir Zeitgeist nennen. Auch die Studentenbewegung und ihre Wahlverwandten halfen, diese kreative Atmosphäre zu schaffen.

Mein Roth-Buch ist keine Biographie im landläufigen Sinn; und Petra Roth wurde auch nicht gebeten, den Text gegenzulesen oder zu autorisieren. Petra Roths Wirken wird vor einem weitgespannten kulturpolitischen Horizont beschrieben, und so kann das Buch auch als Versuch einer kulturellen Epochenphysiognomie gelesen werden.

Den folgenden Freunden bin ich für ihre Auskünfte, Ratschläge, Korrekturen, Fotobeschaffung besonders dankbar: Norbert Abels, Dieter Bassermann, Klaus Brandstetter, Evelyn Brockhoff, Hans-Erhard Haverkampf, Peter Heine, Juliane Moschell, Silvia Stenger sowie allen Leitern der Kulturinstitute. Ich habe auch diesen Text wieder mit der Hand geschrieben und statt Wikipedia, Google und anderen Suchmaschinen ganz altmodisch Quellen wie dem Brockhaus, den Frankfurter Tageszeitungen sowie dem hilfsbereiten Archiv des Instituts für Stadtgeschichte vertraut. Was meinen Lektor Ulrich Berkmann, dem hier last, but not least ebenfalls gedankt sei, freilich nicht gehindert hat, dem Manuskript auf digitalem Wege den letzten Schliff zu geben.

1. Petra Roths Weg in die „Politik als Beruf"

Aufgewachsen im behütenden Elternhaus hanseatisch geprägter Kaufmannstradition, einer Sphäre der Liberalität und der Aufklärung, hat Petra Roth schon früh jene Qualitäten kennen- und begreifen gelernt, die einer nach Max Webers gleichlautendem Vortrag von 1919 braucht, um die „Politik als Beruf" auszuüben: sachliche Leidenschaft, Verantwortungsgefühl und Augenmaß. Hierin ein Schulbeispiel für die Sozialisationswirkung der Kunst, machte Petra Roth im Magiebezirk des Elternhauses zugleich ihre frühen ästhetischen Grunderfahrungen. Im Rilkeschen Sinne hatte sie das Glück, ihre Kindheit „im köstlichen Reichtum dieses Schatzhauses der Erinnerungen" zu erleben. Von dieser Summe zehrte „das innerer Kind" ein langes Leben lang.

Der Philosoph und Soziologe Max Weber erkennt die spezifische Ehre des Berufspolitikers in der „ausschließlichen Eigenverantwortung für das, was er tut". Indem Weber der „Verantwortungsethik" gegenüber einer „Gesinnungsethik" den Vorzug gibt, fordert er mit dieser prononcierten These die moralischen Konsequenzen von denjenigen ein, die sich für Politik als Profession entscheiden. Petra Roth hat Webers Lektion nicht nur verstanden, sie hat sie im schönen Doppelsinn des Wortes auch zu beherzigen gewußt, während die meisten Politiker kaum viel Zeit für ethische Reflexionen aufwenden mögen. Bei der Bilanzierung ihrer Karriere wird man feststellen, daß Petra Roth ein mit ihrer politischen Existenz verschmolzenes glückliches Leben geführt hat.

Petra Roth in jungen Jahren

Petra Roth kommt dem politischen Idealtypus Weberscher Prägung mit eisernem individuellen Willen und mit selbstbewußten Vorstellungen auch insofern nahe, als sie sich dabei der „ethischen Paradoxien" und ihrer „Verantwortung“ für das bewußt wurde, „was unter gehörigen Druck aus einem selber werden kann“ (Weber).

Während der „Swinging Sixties“, 1964, schon in jungen Jahren der Liebe wegen nach Frankfurt gekommen, wurde ihr das heimelige Frau-am-Herd-Dasein bald zu eintönig. So folgte sie ihrem unbezähmbaren Drang, daraus auszubrechen und sich politisch zu engagieren: „1969 habe ich SPD gewählt, da war ich geschieden und emanzipiert, fühlte mich als Arbeitnehmerin“, resümierte sie ihre „wilden Jahre“ in der *Frankfurter Rundschau.* 1972 besuchte sie in Nieder-Eschbach zum ersten Mal eine Veranstaltung der Christdemokraten und trat, den Überredungskünsten von CDU-Stadtrat Anton Bretz erliegend, sogleich dessen Partei bei. Nur fünf Jahre später hatte sie dann die Göttin Fortuna an ihrer Seite, als sie in einer damals noch patriarchalisch strukturierten Gesellschaft von der CDU als jüngste Frau ins Frankfurter Stadtparlament delegiert wurde. Damit begann ihre politische Karriere.

Sportbegeistert: Olympiasiegerin Rosi Mittermaier (rechts) und Wahlsiegerin Petra Roth im Oktober 1995

Ohne größere Neigung zum Herz-Jesu-Sozialismus, zeigte sich schon die junge Politikerin Roth gleichwohl entschlossen, die soziale Gerechtigkeit als ihren innersten Motivkern auch in der Realität zur Geltung zu bringen. Als ein überragendes Prinzip der Menschenwürde wurde soziale Symmetrie ihr Leitwort. Zehn Jahre später, 1987, winkten ihr schon die sogenannten höheren Weihen im Hessischen Landtag. Hier hoffte sie mit Hilfe ihres Daseinsmuts auf einem höheren politischen Plafond diesem Ziel näher zu kommen. Ihre Wahl in den Landtag markiert den Beginn einer langen Wegstrecke auch der Selbsterkundung. Man darf vielleicht sagen, daß sie im Reizklima des Hessischen Landtags politisch sozialisiert worden ist. Hier hat sie bald auch mit jenem Weberschen „Druck“ umzugehen gelernt und natürlich auch mit dem eigenen Druck,

Wahlkundgebung der Oberbürgermeisterkandidatin Petra Roth mit Helmut Kohl am 13. Juni 1995

dem eine junge Politikerin am Anfang ihrer Karriere besonders ausgeliefert ist. Anders als Angela Merkel hat Petra Roth gegenüber Ideen und Visionen als Karrieretreibsatz keine Abstinenz geübt.

Petra Roth hat geschickt die Chronologie patriarchalisch dominierter Karriereoptionen durchbrochen, ohne deshalb gleich des Feminismus verdächtig zu sein. Als Sprecherin der hessischen Frauenunion wurde sie dreimal in ihrem Landtagswahlkreis Frankfurt-Ost wiedergewählt; als Sprecherin für Wohnungsbau, Städteplanung und Sport der CDU-Landtags-Fraktion hat sie schnell Profil und Ansehen gewonnen. Besonnenheit und Selbstdisziplin, Mut und Gerechtigkeit waren ihre Wegemarken – der Vierklang der altrömischen Virtus.

Nachdem die CDU 1995 die Hessenwahl verloren hatte und Petra Roth ein Ministeramt versagt geblieben war, konzentrierte sie ihren Tatendrang auf die Hessen-Metropole Frankfurt am Main und erfuhr das Glück ihrer zweiten Chance. Als Vorsteherin des Stadtparlaments von 1993 bis 1994 hatte sie nicht nur das süße Aroma der Macht gekostet. Sie hatte auch erfahren, wie begrenzt die Glücksmenge sein kann. Roth wirkte schon zu Beginn ihrer Karriere absolut authentisch in dem, was sie tat, und vor allem, wie sie es tat. Mit der Schlüsselerfahrung ihres Politikerberufes hatte sie aber auch schnell die Grenzen erkannt, die den Gestaltungsmöglichkeiten auch in diesem parlamentarischen Spitzenamt gesetzt sind. Ihr Wechsel von der Legislative in die Exekutive war dann nur ein logischer nächster Schritt. Sie hatte erkannt, daß die Kommunalverfassung allein den Magistrat ermächtigt, mit seiner differenzierten Beamtenapparatur zu planen, zu gestalten und nachhaltige Projekte auch zu verwirklichen.

Wer ihre juvenile Emphase, ihren Fleiß, ihre Pünktlichkeit und ihren Enthusiasmus des Herzens und ihren durchaus machtbewußten Ehrgeiz zu schätzen gelernt hatte, schien kaum wirklich überrascht, als Petra Roth nach einem Wink von Helmut Kohl 1995 selbstbewußt als Spitzenkandidatin gegen den sozialdemokratischen OB Andreas von Schoeler die große politische Bühne betrat: Mit Charme, Energie, Wärme, Empathie und überzeugender Beredsamkeit gelangen ihr Einblicke in die größeren Zusammenhänge.

Die beiden vorher von Kohl zur OB-Kandidatur ermunterten Bundesminister Heinz Riesenhuber und Hannelore Rönsch hatten schon früh dankend abgelehnt; ihre bequemen Bonner Sessel mochten sie nicht mit dem Frankfurter Feuerstuhl tauschen. In dieser prinzipiell unruhigen Stadt wollten sie sich nicht verheizen lassen. Nachdem Hessens CDU-Vorsitzender Manfred Kanther vergeblich versucht hatte, den früheren Stadtverordnetenvorsteher Hans-Jürgen Hellwig zu einer OB-Kandidatur zu bewegen, fiel die Wahl auf das weibliche Alternativprofil der sympathisch-kommunikativen Petra Roth.

In den schwierigen Phasen ihrer Karriere hatte sie stets eine Stütze in ihrer Mutter, dem Kraftzentrum der bremischen Familie, und die Göttin Fortuna auf ihrer Seite.

Petra Roth hat Treitschkes Auffassung „Männer machen die Geschichte" exemplarisch widerlegt. Das hatte auch Parteichef Helmut Kohl schon prophezeit, als er ihr, gleichsam mit der Durchschlagskraft der zehn Gebote, mit dem Satz auf die Schulter klopfte: „Mädel, Du schaust gut aus, du machst das." Mit diesem dämlichen Kompliment sollte der Patriarch jedenfalls recht behalten. Weil Roth so gar nicht diesem wohligen Provinzialismus Kohlscher Prägung entsprach, dürfte er die eingefleischte Großstädterin für das vielstädtige Frankfurt als ideal betrachtet haben und obendrein noch als gendergerecht.

2. Petra Roth wird Frankfurts Oberbürgermeisterin

Als Petra Roth 1995 mit einer Charme-Offensive und gehörigem Selbstbewußtsein gegen den als Favoriten ausgerufenen Oberbürgermeister Andreas von Schoeler in einen vermeintlich aussichtslosen Wahlkampf zog, haben wir ihren verwegenen Mut bewundert. Nachdem sie schon im hr-Fernsehduell mit überzeugender Bescheidenheit gegen die als süffisant empfundene Arroganz des adelsstolzen Amtsinhabers gepunktet hatte, verlieh ihr ein beeindruckendes Plebiszit von 51,9 Prozent der Stimmen die höheren Weihen zum Stadtoberhaupt gleich im ersten Anlauf. Die Auguren fielen aus allen Wolken, dem erfolgsverwöhnten Andreas von Schoeler hatte Roths satte Quote die Selbstgewißheit verhagelt.

Sechs Jahre später, in der Stichwahl gegen den populären und sympathischen Sozialdemokraten Achim Vandreike, konnte sie mit diesmal singulären 53 Prozent wieder die Fahne ihres Triumphes hissen. Weniger Stimmen wären auch eine Überraschung gewesen. Negativ überrascht hat Petra Roth dann allerdings nicht nur die Sportwelt, als die ansonsten als faire Politikerin ge-

Andreas von Schoeler und Petra Roth ringen im Kampf um den OB-Sessel um die besseren Argumente

schätzte OB den populären Sportdezernenten Achim Vandreike ein Jahr vor Beginn der Fußballweltmeisterschaft wenig vornehm, dafür handfest hanseatisch aus dem Amt jagte.

Mit gehörigem Vertrauensvorschuß erlebt Petra Roth 2007 ihre Karriere als offensichtlich unaufhaltsam: Mit ihrer elementaren Erfahrung und dem Rükkenwind von grandiosen 60,2 Prozent auf dem Stimmungsbarometer durfte sie in einer dritten Wahlperiode ihre Beliebtheit genießen, ohne daß solch plebiszitäre Ergebnisse sie zum Übermut verleitet hätten. Die Opposition versuchte ihren Sinkflug mit dem Hinweis zu relativieren, daß ja nur 33,6 Prozent der Frankfurter den Weg zur Wahlurne gefunden hätten. Das fantastische Wählervotum war für sie aber kein zufälliger Glückstreffer, sie hat schwer dafür geschuftet, um so lange ganz oben zu bleiben.

Frankfurts Frontfrau wurde bald auch bundesweit als eine der umwerfendsten Frauen der Politik gehandelt, die den geographischen Mittelpunkt Deutschlands auch zum Zentrum des Politischen zu erheben ihren neuen Ehrgeiz nannte. Auf die Gegenwart übertragen lautet die Aufgabe ihrer Politik, das

Ein stolzer Joachim Vandreike erhält am 13. November 1997 aus der Hand von Petra Roth die Ernennungsurkunde zum Bürgermeister

abenteuerliche Jonglieren mit unangemessenen Vergleichen zwischen Populärem und scheinbar Elitärem in der Synthese einer neuen Lebensqualität gelingen zu lassen. Als neue Oberbürgermeisterin hatte sie früh erkannt, dass kulturelle und soziale Erfahrungen nur in lebendiger Wechselwirkung gewonnen werden, sollen sie denn das wahre Leben in jenem Goetheschen Sinn begründen, daß erst in der Symbiose beider Elemente „das menschliche Ganze“ in Erscheinung trete. Der Kulturpolitikerin Petra Roth diente dieses „Ganze“ schlicht als Mehrwert für Lebensqualität. Schon an der Jahrtausendschwelle wurde ihr Name in einem Atemzug mit Louise Schröder in Berlin und Luise Albertz in Oberhausen als dritte große Oberbürgermeisterin genannt. Alle drei sind nicht dem Mainstream gefolgt, sie waren selber Trendsetter.

Petra Roths Römersessel war im Verlauf ihrer 17jährigen Regentschaft zwar längst kein Feuerstuhl mehr, aber darauf bequem machen konnte sie es sich an kaum einem einzigen ihrer 14-Stunden-Tage. Mit Politik als Treibsatz befand sie sich stets mitten in der „Rushhour of life“. Wie wir noch sehen werden, hat sie – eingebettet in den Pragmatismus der 90er Jahre – manchem Vorhaben dabei zum Erfolg verholfen.

3. Petra Roths Antrittsrede als OB

Petra Roth hat mit Beginn ihrer Karriere als Oberbürgermeisterin den Eindruck vermittelt, sie werde Frankfurts Zukunft als Lebensaufgabe so lange wahrnehmen, wie die Mehrheit der Bevölkerung ihr dafür das Mandat verleihe. Sie wird nicht wie ihre Vorgänger Bockelmann oder Hauff vor den Zumutungen des Frankfurter Alltags mitten in ihrer Wahlperiode hinschmeißen und sich einen gemütlicheren Job suchen.

Wer geargwöhnt hatte, die im Verwaltungsgestrüpp unerfahrene Petra Roth werde jeden zweiten Tag ihre Vorgänger um Rat fragen, befand sich im Irrtum. Daß ihr diese Selbständigkeit mit einem offenen Bekenntnis zur Macht aber auch öffentlich mit dem gezielten Hinweis bescheinigt wurde, sie habe sich gleich vom ersten Tag an „aus dem Schatten der alten Männer und Patriarchen gelöst", hat jedenfalls bei dem hyperempfindlichen Elder Statesman Walter Wallmann bleibende Verstimmung erzeugt. Den Willen zur Macht dürfe man bei Politikern aber nicht grundsätzlich für verwerflich halten, meint Peter Lückemeier in der *Frankfurter Allgemeinen Zeitung*, sofern „sich darin der Wille zur Gestaltung" ausdrücke wie bei Petra Roth, der nicht mit Machiavellismus zu verwechseln sei. Roth wußte ihre manchmal qualvolle Passion mit ihrer kühlen Perfektion auszugleichen.

Erstmals mit Amtskette: Petra Roth bei ihrer Amtseinführung am 5. Juli 1995

Gleich mit ihrer Antrittsrede war es Roth gelungen, ihr neues Metier und sich selbst starkzureden. Nach der für die Stadtentwicklung verlorenen Dekade ihrer letzten drei Vorgänger knüpfte sie mit diesem Schlüsseltext an Max Webers politische Ethik an, indem sie ihre Zuhörer und sich selbst auf „Gewissen und Einsicht" und das „Gemeinwohl" als verbindliche Leitlinien verpflichtete:

Ich trage heute diese Amtskette zum ersten Mal. Mit einem Gefühl, das ich eigentlich gar nicht beschreiben kann. Als man sie mir in der letzten Woche probeweise auf die Schultern legte, übertrug sich die Symbolkraft dieser Kette, die bereits 1903 angefertigt wurde und die Oberbürgermeister Adickes als erster getragen hat, so stark, daß ich in diesem Augenblick wußte: Nun bin ich wirklich in der Tradition meiner Vorgänger und in der Verpflichtung für die Stadt Frankfurt. Und jetzt stehe ich hier vor Ihnen, vor dieser Stadtverordnetenversammlung und trage sie tatsächlich. Als zehntes demokratisch gewähltes Stadtoberhaupt der Nachkriegszeit und zugleich als erste Oberbürgermeisterin.

Ich will meine ganze Kraft einsetzen, um den Menschen zu dienen, ganz gleich, aus welchem sozialen Gefüge sie stammen, welcher Nationalität sie angehören oder welcher politischen Überzeugung sie sind.

Gewissen und Einsicht dürfen weder an der Garderobe noch bei Parteizentralen abgegeben werden. Jeder einzelne von uns, auch Sie, meine Damen und Herren Stadtverordnete, sind nicht in erster Linie ihren Parteigremien, sondern vor allem unserer Stadt, ihren Bürgerinnen und Bürgern, also dem Gemeinwohl verpflichtet. Das haben die Wähler offenbar verstanden und ganz bewußt einem Menschen ihres Vertrauens die Geschicke dieser Stadt in die Hände gegeben.

Die Bürgerinnen und Bürger des Landes Hessen entschieden sich mit dem Volksentscheid 1991 für die Direktwahl und damit für ein Mehr an Demokratie. Das Wahlverfahren besitzt Verfassungsrang.

Ich habe dies von Anfang an zur Grundlage meiner Auffassung für das Amt des Oberbürgermeisters gemacht. Ich habe klar zum Ausdruck gebracht, daß ich eine Zusammenarbeit über alle Partei- und Ideologiegrenzen hinweg anstrebe.

Nach der Befreiung aus den Zwängen der Hitlerdiktatur war Frankfurt, als Industrieort ein Auslaufmodell, im unumkehrbaren rasanten Wandel zur Dienstleistungsgesellschaft ein neues Lebenslicht aufgesetzt worden: durch Kultur, Wissenschaft und Forschung.

Als scharfe Beobachterin des Mentalitätswandels unserer Epoche seit 1968 hatte sich Petra Roth, schon bevor ihr das Gewicht der goldenen Amtskette um ihre schmalen Schultern geschmiegt wurde, als Parlamentarierin im Römer in den vitalen Feldern Sport und Kultur als deren passionierte Patronin Respekt erworben. Ihrer Klientel vermittelte sie überzeugend, wie sie bis in die Haarspitzen hinein für deren jeweils wichtigste Sache motiviert war.

Die sich als erster weiblicher Oberbürgermeister in der Geschichte unserer Stadt im Nachklang der 68er-Bewegung besonders dem erweiterten Kulturbegriff verpflichtet wußte, hat als deren soziale Komponente die Freizeitwerte der Stadt in ihr Programm genommen: Sie hat neben der Kultur auch Sport und Spiel als lebensdienliche Kompetenzen einbezogen, auch um damit gesellschaftliche Schranken zu überwinden. Welch hohe Signifikanz Spiele schon für Goethe „auf dem Weg zu sich selbst" hatten, davon kann man sich in *Dichtung und Wahrheit* ein Bild machen. *Panem et circenses*, Brot und Spiele, nannte einst der römische Satirendichter Juvenal den „demokratischen Anspruch des Volkes" auf Mittel und Wege zu seiner physischen Ertüchtigung und seelischen Beglückung. Schillers Ideal vom Zusammenklang des Begriffspaares Kultur und Spiel als Grundfaktoren einer urbanen Stadtgesellschaft wurden Petra Roth als vitale Impulse stiftende Elemente schließlich zum Handlungsaxiom. Nur konsequent verfügt das als „Commerzbank-Arena" rundum erneuerte Waldstadion für die 2012 wieder in die Bundesliga aufgestiegene Frankfurter Eintracht über mehr als 60.000 Fanplätze.

In Roths Antrittsrede war allerdings von ihrer späteren Devise von der Kultur als Ferment der Stadtpolitik noch nicht offensiv die Rede. Diesem weiten Feld widmet sie damals nur eine unverbindlich-pflichtschuldige Randbemer-

Petra Roth nach ihrer Antrittsrede umringt von (von links) Tom Koenigs (Grüne), Paul Labonté (CDU), Helmut Reischmann (CDU) und Günter Dürr (SPD)

kung zu den „großen Kultureinrichtungen, die es zu erhalten und zu erweitern gilt"; Roth vergaß dabei aber nicht, auch die freie Theater- und Musikszene mit ihrer Sympathie zu bedenken.

Zur großen Lebensgeschichte Petra Roths gehört aber tatsächlich auch die erfreuliche Semantik ihrer eigenen Kulturpolitik. Ihre ausgreifenden Interessen auf diesem Terrain sind aber erst später erkennbar geworden. Als zehntes demokratisch gewähltes Stadtoberhaupt der Nachkriegszeit und zugleich als erste Oberbürgermeisterin will sie ihre „ganze Kraft einsetzen, um den Menschen zu dienen, ganz gleich, aus welchem sozialen Gefüge sie stammen, welcher Nationalität sie angehören oder welcher politischen Überzeugung sie sind". Sie kennt aus ihrer praktischen Arbeit den Zusammenhang von Kulturpolitik und Sozialfähigkeit, das heißt die bewußte Teilhabe aller Individuen an der Konstituierung des gesellschaftlichen Lebens. Nach Hegel leistet das Individuum dann seinen Beitrag zum Allgemeinen, wenn der Mensch sich konkret in Gesellschaft und Nation engagiert. Entsprechend begreift Roth das kulturelle Moment politisch: geboren aus dem Geist der Vernunft als Grundfeste von Staat, Stadt und Gesellschaft. Denn „wodurch sonst", fragt Schiller, „ist der Staat groß und ehrwürdig als durch die Kräfte seiner Individuen" – dank auch der „kulturellen Veredelung des Menschen."

4. Kultur als Roths subjektive Lebensform

Auch persönlich genommen ist ja
die Kunst ein erhöhtes Leben.
Thomas Mann

Walter Wallmann, ohne dessen hohe Meinung von der Kultur als Ferment jeder Stadtpolitik vieles nicht möglich geworden wäre, hat das, was er für seine „Praktische Kulturphilosophie" hielt, ex cathedra zum Maßstab für die Urbanisierung der Stadt erklärt, während Roth die Kultur zur zweiten Natur werden sollte. Wie keiner ihrer Vorgänger fühlten sich Wallmann und Roth dem Universum der Kultur vorzüglich als politische Ermöglicher zugehörig; anders als Petra Roth wurde Wallmann aber kein leibhaftig involvierter Teil des Frankfurter Kulturalltags, geschweige denn Familienmitglied in dessen extravaganter, multicolorer Szene. Walter Wallmann mochte sich nicht in der „Breitenkultur" akklimatisieren lassen.

Wallmann war vom tiefen Mißtrauen gegen alles geprägt, was als „kulturelle Moderne" oder als Postmoderne seinem traditionellen Kulturkanon wi-

Laudator Frank Schirrmacher gratuliert Martin Walser zur Verleihung des Friedenspreises des Deutschen Buchhandels am 11. Oktober 1998

dersprach. Radikale Künstler jenseits bürgerlicher Ordnungen waren kein Balsam für seine protestantische Seele. Die allein in den Künsten als letzter metaphysischer Tätigkeit ihre Sinngebung suchen, standen für ihn im genauen Gegensatz zu den Geboten einer *political correctness.* Sie harmonierten in dem Maße nicht mit seinen kulturpolitischen Grundakkorden, wie sie etwa dem „fortschrittlichen Geist des Bildungsbürgertums" im Sinne Max Webers, Theodor Wolffs und Ernst Cassirers entsprachen.

Roth erlebt Kultur als ihr eingewohntes Lebensprinzip. Beileibe keine ätherische Kunstanbeterin, gelten ihr die Künste generell als ein Mittel der Ästhetisierung individueller Lebenswelten. Kunst verschafft ihr nicht nur persönlichen Genuß, schieres Wohlgefühl und intellektuelle Vergnügung. Die Künste inspirieren auch ihr Fühlen, Denken und Handeln und bilden damit einen wesentlichen Beitrag zu ihrer individuellen Identitätsfindung. Damit folgt sie ihrem sokratischen Impuls, mit Kunst einen ständigen Dialog zu führen.

Mit ihrer funkelnden Omnipräsenz wurde sie bald selber als Subjekt der Frankfurter Kulturszene wahrgenommen. Unbefangen applaudierte sie nach Opernpremieren den Solisten auch hinter der Bühne oder plauderte mit ihnen beim Grauburgunder auf der Premierenfeier im Opernfoyer. Petra Roth wurde mehrfach hinter den Kulissen am Inspizientenpult gesichtet, wenn sie nach einer Sitzung im Römer bei Richard-Wagner-Klängen entspannen wollte. So vertiefte sie ihre Beziehung zur befreundeten bulgarischen Regisseurin Vera Nemirova, die hier den umjubelten *Ring des Nibelungen* inszeniert hatte. Sie hatte Wagners *Ring*-Philosophie aus dem düsteren Labyrinth des „Alles, was ist, endet" ins hellere Dur gewendet.

Im Schauspiel sahen wir sie seltener, schon weil sie dort und in den Kammerspielen dreimal so viele Premieren zu bewältigen gehabt hätte wie in der Oper.

Die Oberbürgermeisterin fehlte bei kaum einer der wichtigen Präsentationen am Museumsufer, „dieser einzigartigen ästhetischen Vielfalt auf kleinstem Raum" (Roth), auch wenn sie zu einer Vernissage mal nicht selber die Begrüßungsrede hielt. Und im Städel oder im Museum für Moderne Kunst kreuzte sie nicht nur bei „Blockbustern" auf: Weil Petra Roth die Künste als eine hedonistische Lebensqualität begreift, schlenderte sie oft ohne Entourage ganz privat durch Frankfurts Bildergalerien, allein der unbehelligten Anschauung wegen. Sie stürzte sich lieber ohne bestellte Öffentlichkeit ins Abenteuer der ästhetischen Wahrnehmung oder um sich, wie etwa im Liebieghaus, einfach nur ungestört der Kontemplation hinzugeben. Am Museumsufer überließ sie sich gern der ästhetischen Neugier jenes berühmten Flaneurs Walter Benjamin, der wie sie Kultur und Leben gleichsetzte. Zu einem menschenwürdigen Leben gehören für sie unabdingbar die Künste ebenso wie die Musik.

Weil die Künste, die *res intima* (Dolf Sternberger), ein fester Bestandteil ihres Lebens geworden waren, blieb Petra Roths Blick nicht im Rathaushorizont befangen. Sie war nicht nur zur *prime time* in der Stadtkultur allgegenwärtig. Ich sah Petra Roth oft auch als schiere Privatperson ohne Portepee im Literaturhaus, im Filmmuseum, im Städel oder im Museum für Moderne Kunst mit offenen Sinnen ihr pures Eigeninteresse wahrnehmen.

So war Petra Roth ganz bei sich selbst, als der Göttinger Doyen der Germanistik Albrecht Schöne im Goethe-Haus beim metaphysischen Höhenflug seine berühmt gewordene *Faust*-Exegese erläuterte und sie ein Hauch von „fröhlicher Wissenschaft" umwehte. Und im Jahr der Adorno-Feierlichkeiten 2003 saß sie neugierig lauschend den Philosophen des Humanismus Axel Honneth und Martin Jan zu Füßen, die Adornos *Minima Moralia* als Lehre vom rechten Leben plausibel machten. Wahrscheinlich hätte Adorno Petra Roth seine Verehrung für eine „gewisse Humanität" zu Füßen gelegt, die stets aus ihrem freundlichen Lächeln hervorlugt.

Als „der Apologet des Seins" Martin Walser im Haus am Dom eigentümlich doppelbödig über Literatur, Religion und in der Sprache der Theologie über allerletzte Dinge philosophierte, saß Petra Roth mit erfrischender Unbekümmertheit als wißbegierige Zuhörerin mitten unter den Walser-Fans und bedankte sich anschließend artig „für diese persönliche Bereicherung". Sie beherzigt den Satz des weltzugewandten Stilisten Walser, mit dem er uns „unsere wichtigste Fähigkeit" bewußt macht, „etwas schön finden zu können". Ja, „uns geht es gut im schönen Land". Die Schönheit des Denkens als hedonistische Präferenz. Aber, fügt Walser hinzu: „Wir sind nicht zufrieden." Als französischer Kulturminister hatte Jack Lang „das Recht auf Schönheit" zur kulturpolitischen Maxime erhoben. Ähnlich wie Jack Lang möchte Petra Roth mit der Schönheit deren Schillersche Schwester „Wahrheit" erobern. Petra Roth findet sogar, daß unsere Städte nicht ohne Schönheit leben können!

Vielleicht aber wollte sie Walser auch bloß ihrer Sympathie versichern, der nach seiner berühmten Friedenspreisrede in der Paulskirche in unreflektierten Verdacht genommen wurde für das, was am sakrosankten Ort mit angeblich antisemitischen Gedanken einige der Festgäste irritierte. Was seine Gegner verdrängen: Der Aufklärer Walser hatte 1964 als einziger deutscher Autor über den Auschwitzprozeß geschrieben und Auschwitz als „unvergängliche Schande" auf den Begriff des absolut Bösen gebracht. Als einer der ersten war Roman Herzog aufgestanden, um seinen Respekt für Walser als eine der prägenden Referenzfiguren für die intellektuelle „Befindlichkeit der Republik“, für dessen philosophisch wägende Gedanken Ausdruck zu geben. Mit seiner gedankentiefen Literatur hatte Walser sich dem Bundespräsidenten als Nebenbuhler in der Philosophie empfohlen. Petra Roth erlebte beim Lesen seiner Bücher den Blütenreichtum der Walserschen Sprachlandschaften.

Ganz im Sinne von Michel Foucaults *Ästhetik der Existenz* gilt sie selber als ein schöner Teil des kulturellen Ambientes der Stadt. In der Alten Oper wird sie nicht nur als glanzvoller Mittelpunkt beim jährlichen Opernball wahrgenommen, sondern auch als genießender Konsument unter ihresgleichen beim Sinfoniekonzert.

Im Mozartsaal der Alten Oper gab sie auch ungeniert beredte Auskunft darüber, wie sie Musik rezipiert und wie musikalische Momente ganz konkret zu ihrer Selbstvergewisserung beitragen: Sie erklärte den Zuhörern, warum zum Beispiel der zum Hinschmelzen schöne Larghetto-Satz aus Mozarts Klarinettenquintett A-Dur (KV 581) ihr Lieblingsstück wurde. „Gerade wenn man allein mit beruflichen Problemen fertig werden muß, und in der Politik ist man bisweilen sehr allein, dann hilft mir Musik, und dann ganz besonders Mozart.“

Petra Roth im Römerfoyer mit Gästen des Internationalen Bankenabends 1998 (von links): Rolf Breuer (Deutsche Bank), Sirkka Hämäläinen und Wim Duisenberg (beide EZB) und Hans Tietmayer (Deutsche Bundesbank)

Das war Roths ganz individueller Beitrag zum Portfolio der Attraktionen, wie sie im gepflegten Rahmen der Alten Oper große Publikumsresonanz findet. In Petra Roths Pyramide der Künste steht die Musik ganz oben. Sie meint mit Musik die Schwerkraft zu überwinden und empfiehlt ganz allgemein jedem das Medium Musik als ästhetischen Ausweg aus persönlichen Sinnkrisen.

Außer Musik sind Bücher bevorzugte Quellen des Erkennens, aus denen Petra Roth Kraft und Ideen schöpft. Auf meine Frage nach ihren Lieblingsdichtern nennt sie, wie zu erwarten war, spontan Goethe, und das sicher nicht nur deshalb, weil er der meistzitierte Sohn ihrer Stadt ist, sondern der zeitlosen Gültigkeit seiner Literatur wegen. Beiläufig bezieht sie sich dabei auf seine Gespräche mit Eckermann, die „das große Fühlen" als literarische Kategorie gezeugt haben, das noch auf die verschiedenartigsten Temperamente seiner Leser einwirke.

Theodor Fontanes Roman *Effi Briest* war die erste Lektüre, die auf Petra Roths junges Gemüt ihren Zauber entfaltete. Fontanes Eleganz der Sprache hatte Roths literarischen Erwartungen entsprochen, indem der Dichter vom Glücksanspruch der Frauen behauptet, dieser erfülle sich schon mit ihrer Klugheit, bedürfe also nicht noch der Bildung. Die Politikerin Roth wird Parallelen zwischen ihrer eigenen Auffassung und dem Roman in dessen Idee des Ausgleichs entdeckt haben, die der Aufhebung jener Asymmetrie der Chancen zwischen einer gehobenen gesellschaftlichen Elite und benachteiligten sozialen Schichten das Wort redet.

Roths gesamte Lebensleistung weist sie offen als jener Kulturszene zugehörig aus, die von ihren Kritikern gern als „links" verdächtigt wird, um den von ihnen in diesem Zusammenhang als euphemistisch empfundenen Begriff „Aufklärung" zu vermeiden. Roth hätte auch auf Schiller rekurrieren können, der „die bessere Natur zu entwickeln und zu vollenden" ein großes Projekt der Aufklärung nannte, oder auf Lessing und vor allem auf Wilhelm von Humboldt, der „die Vervollkommnung des ganzen Menschengeschlechts" ohne Rücksicht auf Religion, Hautfarbe, Nation im Sinn hatte, zur Erreichung eines einzigen Zwecks, „der Entwicklung innerlicher Kräfte".

Zu Roths favorisiertem Lesekanon Frankfurter Literatur gehören neben den in der Tradition des Humanismus verankerten Goethe und Börne auch Marie Luise Kaschnitz, Eva Demski sowie Robert Gernhardt und Wilhelm Genazino, die Roths Denken wach und biegsam halten. Die letzteren beiden haben leider ihre Nachlässe dem Literaturarchiv in Marbach überlassen.

Der Büchnerpreisträger Wilhelm Genazino, Frankfurter Bürger seit Anfang der 70er Jahre, tritt in die Fußstapfen von Benjamins berühmtem Flaneur.

Er läuft durch die anonyme Menge im Neonlicht des Rotlichtquartiers in der Mosel- oder Weserstraße. Im Epizentrum unserer Zeit beobachtet er die Hektik des Lebens zwischen den glitzernden Bankentürmen, deren „Dynamik des Kapitals eine Macht ausstrahlt, die selber längst ästhetische Formen angenommen hat" (Genazino). Genazino versteht seine Spaziergänge als „eine Art Entgegenkommen für die überall verborgenen Ereignisse der Poesie". Sein „Umhergehen" soll Raum schaffen „für den poetischen Zufall und die dichterische Konstellation". Als resignative Bilanz seiner autobiographischen Skizze *Tarzan am Main* (2013) konstatiert er die unabänderliche Nichteinlösung dessen, was er das „Großstadtversprechen" nennt. Petra Roth, die wie der Autor des vorliegenden Buches immer Argumente parat hat, die für die Metropole Frankfurt sprechen, wird Genazinos neues Werk als Zeugnis seiner Desillusionierungslust und als Korrektiv der eigenen Auffassung gelesen haben. Auf der Grand Tour dieses Buches von Wilhelm Genazino, dem Flaneur, soll der Leser sich verlaufen können, um zu entdecken, was er bisher zu sehen versäumte.

Ihr Schreibglück in Frankfurt fanden auch Franziska Walser, Olga Martynova, Martin Mosebach, Peter Kurzeck, Marcel Reich-Ranicki oder Bodo Kirchhoff und Silke Scheuermann, die sich hier auch in ihre individuelle Heimat eingeschrieben haben. Petra Roth hätte im Verlag von Joachim Unseld im September 2001 in Kirchhoffs neuen Roman *Parlando* einführen sollen, saß aber wegen des Terroranschlags auf das World Trade Center am 11. September in Gander auf Neufundland fest. Ein Jahr später hat sie aber Kirchhoffs *Schundroman* launig-klug vorgestellt.

In ihrem schönen Haus im heimatlich-sittlichen Nieder-Erlenbach, das anraint an sommers wogende Kornfelder, versucht Petra Roth, wenn auch eher selten, in poetischer Versenkung ihre verborgene Sehnsucht nach der „blauen Blume" zu stillen. Unvergessen der Abend dort mit Peter Stein, der nach seiner Lesung aus *Faust II* im Städel Roths Gästen für „Nachfragen" ausnahmsweise gut gelaunt zur Verfügung stand. Petra Roth war geradezu enthusiasmiert von Steins Berliner *Wallenstein*-Inszenierung mit Brandauer in der Titelrolle. Wir waren uns bei der Premierenfeier darin einig, daß es unter Steins Regie-Regiment gelungen sei, daß Brandauer ausnahmsweise nicht sich selber spielte. Petra versorgte unseren mit Theaterprominenz besetzten Pausentisch mit Speis und Trank und beglückte die Runde mit ihrer Gesprächskultur, die auch durch neugieriges Zuhören imponierte.

Petra Roth genießt Sprache im Sinne Humboldts als die „Erzieherin des Menschen zu der schönsten und edelsten Humanität" auch ohne ein Visavis beim Lesen. Mit diesem Habitus verweigert sie sich den kommunikativen Beschleunigungskräften von Twitter, Facebook usw. Sie braucht Literatur weniger zur Zerstreuung als zum Leben. Ja, sie glaubt wirklich an die Rettungskräfte der Bücher. Beim Lesen von Goethe, Thomas Mann, Gottfried Benn oder Martin Walser erlebt sie, was die Griechen Kairos nannten, den glücklichen Augenblick.

Der Autor von *Turing's Cathedral*, Georg Dyson, wendet das digitale System virtuell auf seine eigene intellektuelle Befindlichkeit an: Facebook sage ihm, wer er sei, Amazon sage ihm, was er wolle, und Google sage ihm, was er denke. Mit ihrer die Autonomie des Individuums verkörpernden Persönlichkeit widerspricht Petra Roth Dysons Szenario. Denn sie weiß ziemlich sicher, wer sie ist, ebenso weiß sie, was sie will, und auch, was sie selber denkt. Petra Roth ist nur mit sich selber zu vergleichen, sie hat kein ausdrückliches Vorbild.

Bevor im letzten Jahrzehnt bei fast jedem von uns die Elektronik zum zentralen Mittel der Kommunikation aufstieg, gehörte das Internet noch ins Reich der Science-fiction. Seit die digitale Welt eine wahre Bilderflut erzeugt, wurde es um so mehr zur Aufgabe der Kulturpolitik, in dieser Grauzone kulturpolitischer Aufmerksamkeit die Grundgesetze der Wahrnehmung zu vermitteln, um kritisches Urteilsvermögen schärfer auszubilden. Petra Roth möchte nicht die Kultur des Lesens, des Theaters oder der Künste an jene Formen anpassen, die Google, Apple, Microsoft, Amazon oder YouTube im digitalen Angebot haben. In unvordenklicher Zeit war es die Willkür der Götter, die über die Menschen herrschte. Heute dürfen es nicht das Internet und die Computer sein, die unser Schicksal zu bestimmen ausgeschwärmt sind.

Auch wenn digitale Meinungsbildungsprozesse zum Beispiel die Piraten und Occupy gezeugt haben, teilt Roth Jeremy Rifkins Einschätzung, in der Computerwelt würden Entwicklungen von Information und Bewußtsein austauschbar und tautologisch. Denn für die Myriaden von Surfern auf der permanenten Onlinewelle besteht die Gefahr, in der bunten Inflation des Ephemeren in der Anonymität des Netzes ihr Selbst zu verlieren. Dieses hohe Irritationspotential bedroht als technologische Megalomanie die Intelligenz der Gesellschaft und ihre ästhetischen, ethischen und politischen Maßstäbe, indem sie diese den geistlähmenden Computeralgorithmen aussetzen. Die Geschichte lehrt uns überdies: Es führt kein gerader Weg zu einem beabsichtigten Ziel. Immer stellen sich unerkannte, unbeabsichtigte Folgen ein, die dem Geschehen eine ganz neue Wendung geben. Die Zukunft darf nicht, wie es uns Derrida weissagt, „den Gespenstern gehören“.

In dem Sammelband *Frankfurts Meisterwerke* (2010) hat Petra Roth neben 50 anderen prominenten Frankfurtern, von Deutsche-Bank-Chef Josef Acker-

Petra Roth in ihrem Arbeitszimmer im Frankfurter Römer

mann bis zum *Tatort*-Autor Peter Zingler, freimütig Auskunft über ihre am Museumsufer versammelten Kunstvorlieben gegeben. Die in ihren über 40 Frankfurter Jahren gesammelten ästhetischen Erfahrungen haben Roth gelehrt, Fragen zu stellen und Urteile zu fällen. So hat sie die Fähigkeit entwickelt, Vertrautes anders zu sehen und somit erst „richtig" wahrzunehmen.

Im Städel nehmen zwei berühmte Gemälde, zwei „von der Klarheit süßen Ebenmaßes umflossene Schöne" (Thomas Mann) die Blicke von Petra Roth gefangen: Zur Identifikation verführt, nennt sie die assoziativen Verbildlichungen zweier klassischer Schönheiten, die *Venus* von Lucas Cranach und Ernst Ludwig Kirchners *Akt mit Hut* ihre Lieblingsbilder. Die hier aufstrahlende Schönheit wird zur Verheißung. Unsere Identität wird ja oft von Gemälden suggeriert, in denen wir uns selbst erkennen möchten. Auch bei ihrem Besuch im Museum für Moderne Kunst läßt sie die erhellende Kraft ihrer Augen nicht im Stich, als sie bei Katharina Fritschs *Tischgesellschaft* „doppelte Freude" empfindet: Aus Fritschs Installation fräst sie deren Substanz, während im Magnetfeld von Kunst und Architektur ihre andere Freude aus der Wahrnehmung der magischen Architektur von Hans Hollein erwächst, deren Raumatmosphäre den Bildern überhaupt erst die Aura verleiht. Gemälde und Skulpturen bedeuten Petra Roth nicht bloß Veranschaulichung ästhetischer Imagination und deren Vermittlung von Motiv und Motivation des Künstlers. Sie leisten darüber hinaus einen konstitutiven Beitrag für den Betrachter, der gern das den Werken „eigentümliche Schöne“ erfassen möchte. Denn in der Schönheit scheint die Zeit wie aufgehoben. Wie für Plato ist das Schöne für Roth das am meisten Hervorscheinende und Anziehende, also die Sichtbarmachung des Idealen.

Als ein mit weißen Handschuhen geschmückter Kustos im Goethe-Haus Petra Roth das Libretto von Hofmannsthals *Rosenkavalier* behutsam in die Hände legte, kam ihr ihre musikalische Imaginationskraft zupaß: Sie glaubte, die dazugehörigen Töne von Richard Strauss zu hören. Und schließlich zeigte sie sich in der Privilegienkammer des Instituts für Stadtgeschichte fasziniert von der zum Gründungsdokument unserer Stadt verklärten „Goldenen Bulle“ aus dem Jahr 1356. Jenes legendäre Reichsgrundgesetz Kaiser Karls des Großen mit illustrem goldenem Siegel besaß ehedem über den Frankfurter Gesichtskreis weit hinaus mythische Wirkung. Damals mußte sich einer den bloßen Anblick dieses Fundaments unserer Stadtgeschichte mit einem Dukaten teuer erkaufen. Aber nicht minder interessierten im Karmeliterkloster Petra Roth

Verleihung der Goethe-Plakette für Verdienste um das kulturelle Leben in der Stadt an Bildhauerin E. R. Nele im Limpurgsaal (von links): Jutta Ebeling, Andreas von Schoeler, die Preisträgerin und Petra Roth

auch die von Goethe für seine Gretchen-Figur benutzten Prozeßakten der Frankfurter Kindsmörderin Susanna Margaretha Brandt, die „am Dienstag, dem 14. Jänner auf dem Platz an der Röhre ohnfern der Hauptwache mit dem Schwerte hingerichtet wurde".

An der Wand ihres tagtäglichen Römerquartiers zog ein farbenfrohes Gemälde von Gerhard Richter nicht nur Roths Blicke auf sich. Mit dem kryptischen Titel „El. L 1982" gab Richter manchem Besucher freilich Rätsel auf. Am Tag bevor Nachfolger Peter Feldmann hier ihren Stuhl besetzte, hat sie „ihren" Richter an das Museum für Moderne Kunst zurückgegeben. Für den Ankauf der drei Stahlplastiken von E. R. Nele mit dem Titel *Wir warten* für die Römerhalle hatte Petra Roth sich persönlich stark gemacht. Jetzt hoffen die Künstler auf ein ähnlich starkes Kunstengagement des neuen Oberbürgermeisters.

Petra Roth faszinieren aber besonders auch jene wenigen Frankfurter Top-Künstler, die der Stadt treu geblieben sind. Leider sind viele hochbegabte Absolventen unserer Städelschule nach Berlin abgewandert: Einmal, weil sie der Sog der hektischen Hauptstadt an die Ufer der Spree zieht, vor allem aber, weil dort noch Ateliers leer stehen und zu erschwinglichen Preisen zu mieten sind. Roth ist mit vielen Künstlern nicht nur bekannt und per du. Mit E. R. Nele, der Skulpturenschöpferin ganz eigener „eiserner" Bravour, ist sie befreundet. Nicht nur auf Neles Geburtstagsfeten freut Roth sich auf das bunte Künstlervölkchen, dem sie gerne dabei half, deren mitgebrachte Bio-Kreationen vom Buffet zu angeln. Sie liebte diese schönen, der Biederkeit geraubten Momente.

Roth liebt auch die gequaderten Formen des Bildhauers Hans Steinbrenner, die auf dem Rasen zwischen den beiden Kreuzgängen des spätgotischen Karmeliterklosters mit der Natur rivalisieren. Einige seiner Steinskulpturen hatten auf Roths Römerfluren schon die Leute willkommen geheißen, und sie selbst besitzt eine Kleinplastik Steinbrenners. Unter den Städelprofessoren bewundert sie Christa Näher, Thomas Bayrle und Tobias Rehberger. Sie schätzt Ferry Ahrlé, Renate Sautermeister (gest. 2012) und Otmar Hörl, den Gestalter der Euro-Skulptur zwischen EZB und Opernhaus, sowie die vielfach preisgekrönte Fotografin Barbara Klemm. Deren auf „ereignende Geschichte" fixiertes Kamera-Auge fasziniert Roth sehr, wie auch deren viele Schwarzweißfotos, die uns Klemm von Petra Roths markantem Kopf als Kunstwerke überliefert hat. Die Fotos der Chronistin der Gefühle offenbaren auch Petra Roths Lust, Petra Roth zu sein, mit ihrem großen strahlenden Lachen, das ihr Gesicht vollkommen beherrscht. Petra Roth hält die Signatur des menschlichen Gesichts für den Ausdruck des „menschlichen Ganzen".

5. Die Kulturpolitikerin

„Der Wettbewerb der Städte geht über die Kultur", befindet Petra Roth 2012. Aber sie weiß auch, daß Kultur nicht zum bloßen Mittel werden darf, zumal im diesbezüglich hochsensiblen Frankfurt, wo die Kultur nicht erst seit den sogenannten postmodernen 80er Jahren Zweck und kardinales Ziel war, um Kulturpolitik eines Tages überflüssig zu machen.

Sozialisiert im kulturellen Milieu der hanseatischen Kaufmannstradition, ist Petra Roth mit ihrer Tugend der Toleranz als Erbin des aufgeklärten Bürgertums ausgewiesen. Roth versteht Kultur als notwendiges Rüstzeug, um sich in einer Welt zurechtzufinden, in der unzählige Alternativen täglich unser Urteilsvermögen herausfordern. Mit Hegel versteht sie unter Lebensphilosophie, „die Zeit in Gedanken zu fassen". Der von Wilhelm Dilthey geprägte Begriff der Lebensphilosophie macht das menschliche Leben und das unmittelbare Erleben seiner selbst zum Fundament der Ich-Werdung und aller geistigen Phänomene. Heute ist damit jene kulturelle Fähigkeit gemeint, in der beschleunigten Digitalisierung unserer Welt das Vorgefundene, das Vertraute, auch alles uns Hinterlassene zu überprüfen, vielleicht, um die Geschichtlichkeit des Menschen anders zu sehen als gewohnt, und auch, um individuelle oder gesellschaftliche Chancen besser wahrzunehmen. Die Intuition wurde manchen wichtiger als der Verstand.

Dabei ist Petra Roth bewußt, wie sehr es gilt, das kulturelle Erbe und unser historisches, ja kanonisiertes Wissen bis in die Nischen hinein zu durchleuchten. Denn nur so ist aus den überlieferten Ressourcen der Künste und des Denkens deren heute noch Gültiges in unsere differenzierte Lebenswelt hinüberzuretten. Historie nennt sie einen prinzipiellen Bildungswert. Denn jenseits allen medialen Fortschritts gilt es heute, darin Geist und Verstand und mit deren Hilfe wiederum neue Ideen auszubilden. Und das klassische Erbe ist weniger das, was wir bedingungslos verehren, als vielmehr das, was uns hilft zu leben. Wer zu wenig über historische Traditionen weiß, bleibt im unsteten Leben unserer Zeit zu sehr auf das bloße Hörensagen angewiesen, und das ist nicht genug.

Auch wenn Adornos Werk nicht zu Roths ästhetischer und politischer Grundausstattung zählt, so folgt sie doch jenen Bewertungsverfahren einer kritischen Moderne, die den Entwurf einer Zukunft als kulturelles Programm ähnlich formulieren wie die „Kritische Theorie" im Nachkriegsdeutschland. Auch wer wie Roth Adornos bis zum Überdruß zitierte These aus den *Minima*

Petra Roth im Konfettiregen auf der argentinischen Bühne beim Museumsuferfest 2010

Moralia nicht mehr hören mag, wonach es „kein richtiges Leben im falschen" gibt, wird eingestehen, daß der Satz insofern viel Wahres stiftet, als er auf der Möglichkeit des ganz Anderen, Unvorhersehbaren beharrt, nämlich der Utopie von einer „versöhnten Gesellschaft".

Die „Kritische Theorie" war vorrangig eine Gesellschaftstheorie, die unsere Lebensbedingungen im Spätkapitalismus hinterfragte. Dazu müßten wir uns aber den relevanten klassischen Texten auch von Hegel, Schiller, Humboldt zuwenden. Wir müssen deren Texte lesen lernen, um uns ihrer Inhalte vergewissern zu können. Aber weil es vorher wichtig wäre, erst einmal das Lernen zu lernen, empfiehlt uns Petra Roth die Rückbesinnung auf Schillers *Briefe über die ästhetische Erziehung des Menschen.* Roth selber beherzigt die Rückkehr zu dessen bis heute brauchbar gebliebenen Ästhetikbegriff. Sie hat diesen 1795 zuerst in den *Horen* veröffentlichten Gründungstext eines klassischen Kulturideals und Bildungskanons als ständig aktualisierbare Handlungsanweisung begriffen. Der ethischen Essenz der Schillerschen Ästhetik folgt Roth dann auch in der Hoffnung, das klassische Hochziel des mündigen Bürgers im Spannungsverhältnis von Geist und Politik, Kultur und Wirtschaft im Heute zu reaktivieren. Wie der Weimarer Dichter des Idealismus und der Freiheit, Friedrich Schiller, hält die Realistin Roth ästhetische Kompetenz für eine lebensdienliche

Petra Roth mit dem Goethe-Darsteller Peter Paul Krondorfer beim Städelfest am 28. August 1995

Voraussetzung dafür, dass „der Mensch sich selber nicht versäumt" – versäumen in des Wortes sinnfälligster Bedeutung.

Auf der Suche nach dem archimedischen Punkt, von dem aus verbrauchte Traditionen wie etwa der anachronistische Ästhetikbegriff des Theaters oder selbstgewisse, aus der Zeit gefallene hermetische Musentempel passé sind, ist der Oberbürgermeisterin bewußt geworden: Solche Anstrengungen in der „Stadt der kritischen Theorie" werden nur mit Hilfe der selbstkritischen Analyse gelingen. So definiert sie den in steter Gärung befindlichen Bildungsbegriff „Kultur für alle" enthusiastisch als Schlüssel zum folgenreichen kulturellen Aufbruch. Als Politikerin unterwirft sie den Begriff der ständigen Musterung und Reflexion, um sich dessen die Zeiten übergreifendes Credo ihrer eigenen Kulturpolitik zu eigen machen zu können. Die im Begriff „Kultur für alle" implizierte Bedeutungsvielfalt hat Petra Roth ihrer fortgesetzten Exegese unterworfen. Das Ergebnis ist eines der durchgreifenden Themen dieses Buches.

Petra Roth nutzte ihren frühen Ruhm als vom Volk gewählte OB, um in den kulturellen Sollbruchstellen ihrer drei Vorgänger rechtfertigende Gründe gegen das Ausglühen der Fantasie und auch dafür zu finden, eine launenabhängige kommunale Kulturpolitik auf den Dauerprüfstand zu stellen. So hoffte sie zu erreichen, der Marginalisierung der Kultur und der Künste in der öffentlichen Wahrnehmung zu widerstehen und ihnen den gebührenden Respekt zurückzuerstatten. Es gilt gerade in einer Stadt wie Frankfurt nicht zu unterschätzen, was deren Bürgern traditionell der Respekt vor der Kultur bedeutet, erst recht in Zeiten notorischer Einsparungshysterie. Mit ihrer Maxime, Kultur sei „das Herz der Kommunalpolitik, keinem anderen Erbe sind wir so verpflichtet wie dem kulturellen", erklärt Petra Roth Kulturpolitik zum notwendigen Kontinuum besonders in frostigen Zeiten allgemeiner Ratlosigkeit. Sie wollte mit Hilfe der Kultur die Bedingungen für ein gelingendes Leben als ihr politisches Ziel formulieren.

Der Gemengelage legitimer Interessen der Bürger sensibel Rechnung tragend, bekannte sich die Oberbürgermeisterin ausdrücklich zum Programm einer schon in den 70er Jahren in Frankfurt auf den Begriff gebrachten „Kultur für alle" und ihrer manchmal listigen hedonistischen Seitenwege. Und als Städtetagspräsidentin hat sie auch das „Bürgerrecht auf Kultur" als Prognose verfochten. Um beide moralischen Imperative weiter zu befördern, investierte Roths Magistrat stolze 10 Prozent ihres Gesamtetats in Kultur, Freizeit und Sport, eine in Deutschland einzigartige kulturelle und soziale Daseinsvorsorge! Bundesweit liegt der Anteil der Kulturhaushalte bei durchschnittlich bescheidenen 1,9 Prozent.

Die hohen Aufwendungen Frankfurts für die städtische Kultur haben zu einem signifikant höheren Anteil der Bürger geführt, die Kulturangebote goutieren und sich sogar aktiv einbringen. Gleichwohl ist dieser als allmähliche Enkulturation der Stadtbevölkerung zu bezeichnende Prozeß einer, bei dem zwar die Richtung stimmt, aber viel Geduld gefragt ist. Aber auch wer sich den kulturell ausgewiesenen Mitgestaltern nicht zurechnet, wird bei den unbegrenzten Möglichkeiten der Übereignung kultureller und geistiger Güter als ein glücklicherer Mensch durchs Leben gehen. In der Summe bilanzierte OB Roth deren Beitrag als gewichtigen Faktor einer kritischen Öffentlichkeit, darüber hinaus aber auch als frankfurttypisches Flair, das sich in der Stimmung unserer Stadtgesellschaft spiegelt.

Ein buchstäblich existentielles Element für die Entfaltung kultureller Vielfalt sind die Menschen also selber. Unsere Lebenswelt war übrigens zu keiner Zeit monokulturell. Sie war schon immer reich an unterschiedlichen Kulturen. In Frankfurt mischen sich von alters her die verschiedensten nationalen Gruppen, Ethnien, Religionen, Sprachen, Kulturen und schließlich auch die ausländischen Konsortien der Banken und des Managements usw. Sie alle sind das Unterfutter dessen, was als Multikulturalität das hohe gesellschaftliche Gut einer Metropole ausmacht. So wie die Geschichte Frankfurts nicht denkbar ist

Petra Roth während einer Plenardebatte im Mai 1995

ohne die Kreativität von Juden, Hugenotten, Italienern und anderen Zuwanderern. In dieser Vielfalt profitiert die Mainmetropole heute von der kulturellen Gleichzeitigkeit und Verschiedenartigkeit ethnischer Gruppen.

Zwischen dem „völkischen" Radikalismus eines nationalstaatlichen Denkens und einem ethnischen Agnostizismus der transnationalen Medienkultur generiert ein dynamisches Konzept der Multikulturalität gute Chancen für die friedliche Koexistenz sich positiv aufeinander beziehender Kulturen in Freiheit. Diese benötigt aber auch die ästhetische Form, um Freiheit zu gestalten.

6. Petra Roth übernimmt die Verantwortung für die Bühnen

Wie an Petra Roths Handlungsmaxime erweislich, lebt auch die Bürgergesellschaft vom Vermögen, kulturelle Traditionen als identitätsstiftendes Ferment zu erkennen und entsprechend zu respektieren. Im hochgradig erregten Frankfurter Kulturbetrieb wußte sie eben nicht nur trefflich zu reagieren; als dessen kulturaffine Komponente agierte sie ebenso souverän wie konziliant und, wenn's denn sein mußte, auch schon mal mit rigider Hand, um den sie umgebenden alltäglichen Wahnsinn in den Griff zu bekommen. Wie etwa nach der kabarettreifen Theater-Havarie ihrer Kulturdezernentin, als Roth sich gezwungen sah, das Ruder des gigantischen Bühnentankers in ihre eigenen Hände zu nehmen. Kurz und bündig verkündete sie das Ende von Chaos und Kargheit. Resolut manövrierte sie das Theaterschiff durch alle Fährnisse zwischen Skylla und Charybdis ans rettende Ufer. Kein Seemannsgarn, liest sich diese Odyssee der Bühnenjahre aus der Schreckenskammer lokaler Kulturpolitik zwischen 1993 und 1996 wie ein schlechter Krimi oder, gehobener, wie die Paradoxien im Theater Becketts.

Zur Vorgeschichte: Im Bemühen, rasch einen ebenbürtigen Nachfolger für so bedeutende Opernchefs wie Georg Solti, Christoph von Dohnányi und Michael Gielen präsentieren zu können, hatte das Kulturamt (unterstützt von Roth-Vorgänger Andreas von Schoeler) mit dem Dirigenten Sylvain Cambreling einen unglaublich leichtsinnigen Vertrag zu dessen Gunsten paraphiert: Während die drei genannten weltberühmten Pultstars vertraglich verpflichtet gewesen waren, 240 Opernabende pro Spielzeit anzubieten, brauchte Cambreling bloß die Hälfte, also 120 Vorstellungen, über die Bühne gehen zu lassen.

Im Gagenpoker belohnte das Kulturamt das polyglotte Parlando Cambrelings widerstandslos mit einem exorbitant hohen Jahressalär von 800.000 Mark, doppelt so viel, wie seine Vorgänger erhalten hatten. Umgekehrt proportional zur Gage sank der Gegenwert seiner Anwesenheit: Vertraglich mußte er nur an 183 Spieltagen pro Jahr im Opernhaus physisch zugegen sein. Ein Jahr bevor Petra Roth zur Oberbürgermeisterin gewählt wurde, hatte sich die Stadt von Cambreling durch mindestens drei Rücktrittsdrohungen erpressen lassen; sein Gäste-Etat wurde prompt um 1,6 Millionen Mark aufgestockt. Die Presse berichtete weniger über die in der Theaterdoppelanlage produzierte Kunst als über die hochexplosive Spannung zwischen den streitenden Akteuren. Statt auf den „Brettern, die die Welt bedeuten", fand die Entfesselung des Individuums hinter den Kulissen auf der Chefetage statt. Die Differenzen mit Verwaltungsintendant Martin Steinhoff wurden statt hinter verschlossenen Türen auf dem Markt ausgetragen, bis sich endlich Petra Roth selbstbewußt und folgenreich als Theaterchefin einsetzte.

Cambreling verkündete pressewirksam, bei seinem Abschiedsdirigat sich den Anblick der Oberbürgermeisterin und der Kulturdezernentin ersparen zu wollen. Weil unser Virtuose sich nicht der politischen Kontrolle über die Kunst hatte beugen mögen, sie aber faktisch akzeptieren mußte, glaubte er sich mit Insolenz revanchieren zu müssen: Der Generalmusikdirektor erkühnte sich, den beiden Damen ein striktes „Hausverbot" zu erteilen, um sie von seiner Abschiedsvorstellung und der anschließenden Fete fernzuhalten. Das war aber noch nicht das *finale grande* des Frankfurter Operndonners. Cambreling hatte sich allzu selbstbewußt auf die geborgte Autorität verlassen, die er durch seine großen Vorgänger Solti und Dohnányi und den Rang von deren sängerischen Protagonisten gewährleistet sah.

Die Komödie der Irrungen geriet endgültig zur Provinzposse, als die in Bedrängnis geratenen Bühnenintendanten die Anwaltskosten für ihre Mandate gegen ihren Arbeitgeber Stadt Frankfurt in Höhe von exakt 243.000 Mark von der Kulturdezernentin aus dem Steuersäckel zurückerstattet bekamen. Weil aber nur in der höheren Mathematik minus mal minus ein Plus ergibt und die Stadträtin ihren Etat mit einer Portokasse verwechselt hatte, zog Petra Roth 1998 entschlossen die Reißleine. Und die Stadtverordneten zogen einstimmig mit. Die Kulturdezernentin mußte gehen. Ein einmaliger Vorgang in den Kommunen der Republik. Damit endeten auch die sehr willkürlichen Zwischenjahre der Frankfurter Kulturpolitik. Mit SPD-Nachfolger Hans-Bernhard Nordhoff bekamen Frankfurts Kulturproduzenten endlich wieder einen rechtschaffen-soliden und für die Kulturinstitute verläßlichen Gewährsmann als Kulturdezernent an die Seite gestellt.

Mozarts Librettist Lorenzo da Ponte hätte dieses pointenreiche Libretto nicht besser erfinden können. Dies war aber keine Oper, in Frankfurt spielte damals so das Leben. Kampfsportartig mit wechselnden Regeln schreibt sich die Kulturpolitik eben ihre Satiren manchmal selber, und die Presse pfeffert das Geraune mit einer gehörigen Prise Süffisanz. Hier haben wir wieder ein Beispiel dafür, wie die Wirklichkeit über die Kunst triumphiert statt umgekehrt.

Im Rückblick kann die vom Maestro verfolgte Strategie, gleichzeitig sein Gehalt exorbitant zu maximieren und die dafür erbrachte Leistung drastisch zu minimieren, aber auch als frühes Symptom einer leidigen Entwicklung gesehen werden. Die vor 30 Jahren einsetzende Dauerpredigt von der Notwendigkeit der Durchökonomisierung aller Lebensbereiche, wonach jede Institution den Gesetzen des Marktes zu unterwerfen sei und jeder einzelne als Marktschreier und Verkäufer seiner selbst zu agieren habe, hat offensichtlich sehr früh Proselyten unter den sogenannten Eliten gemacht. Allzu viele haben seitdem in der neoliberalen Kirche gekniet und das marktradikale Glaubensbekenntnis jener „Chicago Boys" nachgebetet, die unter den idealen Bedingungen der Pinochet-Diktatur erfolgreich vorexerziert hatten, wie man Reiche reicher und Arme ärmer macht. Dem gemeinen Volk hat dann später die Werbeindustrie das Merkverslein „Ich bin doch nicht blöd!" in den postmodernen Katechismus der autistischen Selbstoptimierung geschrieben – eine Behauptung, die spätestens seit der globalen Finanzkrise, die von Anfang auch eine moralische war, als widerlegt gelten kann. Lange Zeit als „Alteuropäer" verspottete Zeitgenossen, die schon Margaret Thatchers Bemerkung, so etwas wie Gesellschaft gebe es gar nicht, mit Kopfschütteln quittiert hatten, sehen heute mit Genugtuung,

Überraschende Geburtstagsparty für Petra Roth am Vorabend des 9. Mai 2012 in den Räumen der Oper: Die Intendanten von Oper und Schauspiel Bernd Loebe und Oliver Reese danken ihrer langjährigen Aufsichtsratsvorsitzenden mit einer gemeinsamen Benefizveranstaltung zugunsten des Romantik-Museums

daß das Modell der „marktkonformen Demokratie" nicht mehr unwidersprochen bleibt.

Petra Roth hat seinerzeit solchem Treiben schnell ein Ende gesetzt. Bei der Überführung der Bühnen in den Rechtsstatus einer Betriebs-GmbH ließ sich die Oberbürgermeisterin zur Vorsitzenden berufen. Von heute aus gesehen eine glückliche Entscheidung, denn damit wurden die Weichen für eine materielle und inhaltliche Konsolidierung gestellt. Oder um mit Heraklit zu reden, „fließt" jetzt alles wieder.

Ihre erste wichtige Personalentscheidung als Bühnenchefin war die Berufung von Oliver Reese als Schauspielchef. Von dessen unkonventionellen Ausprägungen seines weitgespannten Theaterbegriffs hatte sie sich gerne überzeugen lassen. Mit Hilfe der Bühne gelang es Reese gleich in der ersten Spielzeit, den optimistischen „Horizont Zukunft" (Ernst Bloch) aufscheinen zu lassen. Die Bühne braucht als Basis ihres Selbstverständnisses tatsächlich den ethischen Grundstoff Humanität. Schließlich geht Theater von dem selbstbestimmten Auftrag aus, in der schonungslosen Darstellung des Inhumanen und des Ungerechten die Gegenwelt zu spiegeln. Auch im Denken Petra Roths hat das Theater die Verpflichtung, humane Lebensmöglichkeiten zu entwerfen. Um Roths hohe Erwartungen auch an die Qualität erfüllen zu können, hat sie den Etat für Oper und Schauspiel in ihrem letzten Arbeitsjahr auf die schwindelerregende Summe von 63,3 Millionen Euro gesteigert, davon 79 Prozent allein für die Sänger und Schauspieler.

Petra Roth beruft sich dabei auf jene berühmte Rede Max Reinhardts von 1928, die von der New Yorker Columbia University bis nach Europa ein Echo fand. Wie Reinhardt glaubt sie an das Theater als einen Ort, an dem es nicht „um Verstellung, sondern um Enthüllung geht". „Das ist ein knallharter Beruf. Der Schauspieler muß sich wie ein Chamäleon verwandeln", meinte Reese, „sein Erfolg ist abhängig vom Geschmack der anderen."

7. Die „Opernbürgermeisterin"

Was ist Oper? Oper ist das
Sichverströmen sämtlicher Gefühle.
Dustin Hoffman, Quartett

Seit gut zwei Jahrzehnten regelmäßiger Festspielgast in Salzburg, aber vor allem auf Richard Wagners markgräflichem „Grünen Hügel" zu Hause, wird Petra Roth eine lebenslange Affäre mit der Oper nachgesagt, die sie auch in Glyndebourne pflegt. Bei den Bayreuther Festspielen traf ich sie meistens in Begleitung ihrer Mutter, Hannelore Martin, der sie außer ihrer Frohnatur auch ihre musische Mitgift verdankt. Ihre große Opernliebe hatte in Frankfurt schon Feuer gefangen, lange bevor sie zur Oberbürgermeisterin aufgestiegen war.

Im Gespräch erinnert sich Roth spontan an die musikalisch grandios geglückte Frankfurter Tannhäuser-Aufführung des Mailänder Dirigenten Paolo Carignani, der unter Petra Roths Bühnen-Ägide in Frankfurt angeheuert hatte. Während Vera Nemirovas ins Niedliche regredierende Regie dabei Wünsche offenließ, konnten die Streicher und Bläser im Orchestergraben um so mehr über die Szene triumphieren. Auch Carignanis *Parsifal* (2003) und sein *Fliegender Holländer* (1999) waren eindrucksvolle Manifestationen dafür, wie genial ein italienisches Temperament den deutschesten aller deutschen Komponisten aus dem Pathos aufgeblähter Innerlichkeit und einer verstaubten Aura des Heroischen erlösen konnte. Bei Richard Wagners *Tristan und Isolde* (2003) mit dem Thema einer ins Metaphysische enthobenen Liebe, von Thomas Mann als „Gesellschaftsoper von höchster Gewagtheit" gepriesen, hatte Carignani des Meisters irisierende Akkorde im jauchzenden Liebestod zur Klimax der Aufführung gemacht. Gemeinsam mit Regisseur Christof Nel durften Roth und die Melomanen der Stadtgesellschaft exemplarisch erfahren, was Wagner unter seinem Begriff „Gesamtkunstwerk" verstanden wissen wollte. Die Politikerin faszinierte vor allem der sensibel in Klang umgesetzte Gleichnis-Charakter der Oper. Die Wiederentdeckung des Librettos als gleichrangiges Pendant zur Partitur unterschied in Frankfurt seit dem Tandem Gielen und Zehelein als ultimative Praxis die Opernaufführungen vom gängigen Standardrepertoire.

Die erfreulich unfanatische Wagnerianerin Petra Roth hat trotz Kenntnis des hohen Bayreuther Standards gleichwohl mit Überzeugung dem spektaku-

Petra Roth mit ihrer Mutter Hannelore Martin

lären Frankfurter *Ring* der ästhetischen Demiurgin der Ostberliner Staatsoper, Ruth Berghaus, zugejubelt. Mit Cambrelings Vorgänger Michael Gielen am Pult hat das Regiekonzept der Berghaus kongenial den Vorwurf widerlegt, als „Intellektuelle von drüben" ihr sozialistisches Heil in der Abwertung des Eros zu suchen.

Als in den achtziger Jahren, als Petra Roth noch einfache Stadtverordnete war, die Berghaus zum Schlußapplaus in wadenhohen roten Stiefeln aus Lackleder vor den Vorhang schritt, als zöge sie in einen ewigen Kampf, da fühlten sich einige Unverbesserliche in ihren Vorurteilen bestätigt. Doch auch auf der Ostberliner Bühne der Staatsoper Unter den Linden widersprach Berghaus mit drastischer Ästhetik zum Beispiel einem notorischen Arbeiter- und Bauernfrohsinn. Auf Wagners Frankfurter Weltenscheibe hat sie zwischen 1982 bis 1987 diesen Vorwurf mit Hilfe mitreißend flutender Sinnlichkeit dementiert und damit auch den Kampfbegriff „Regietheater" in die Requisite entsorgt.

In seiner *Philosophie der Musik* fordert Ernst Bloch, daß jede Opernaufführung mehr zu bieten haben müsse als nur ein klanglich schönes Erlebnis, nämlich die „Einweihung in die Wahrheit der Utopie". Dieses Blochsche Desiderat zu erfüllen gelang Paolo Carignani 2008 mit Beethovens einziger Oper *Fidelio*, indem er dem alten aristotelischen Gesetz der Einheit von Zeit und Ort folgte. Auch ein großer Philosoph wie Bloch hat, wie Hans Mayer berichtet, immer weinen müssen, wenn er das Trompetensignal hörte, das im *Fidelio* die Ankunft des Ministers und damit die Rettung Florestans ankündigt.

Im Jahr von Mozarts 250. Geburtstag 2006 ist Paolo Carignani mit dessen *La Clemenza di Tito* ein affektvolles Plädoyer für die Synthese aus barockisierender Opera seria und Espressivo-Elementen ohne mozärtlich-geschmäcklerische Salzburg-Reminiszenzen gelungen. Diese Oper thematisiert den Zerfall von Treue und Freundschaft, endet aber mit einem Akt der Humanität. Petra Roth war irgendwie stolz darauf, daß *Titus* bereits 1799 in Frankfurt seine erste

Aufführung in Deutschland erlebt hatte. Regisseur Christof Loy hatte als Frankfurter Hausregisseur 2003 schon mit der *Entführung aus dem Serail* gleichsam vorgeführt, daß es bei Mozart immer auch eine dunkle Kehrseite zur seraphischen Heiterkeit zu entdecken gibt. Die Politikerin Roth nickte Hans Neuenfels im Frühjahr 2012 beim Essen im Opernfoyer bestätigend zu, als er Mozarts Musik bescheinigte, sie kümmere sich um alles, was der Mensch für alle Zeiten zum Leben brauche. Schon Goethe, der 1763 einem Frankfurter Konzert des damals siebenjährigen Komponisten lauschen durfte, hat Mozart als „ein Wunder" gewürdigt, „das nicht weiter zu erklären ist".

Anders als die meisten ihrer Amtsvorgänger applaudiert Petra den Sängern und Mimen nicht nur im Einklang mit dem flüchtigen, premierenseligen Publikumsgeschmack. In einer normalen Abonnementsaufführung von lästiger Premieren-Etikette befreit, lauscht unsere OB entspannt zum Beispiel jener herzzerreißenden Sterbe-Arie der Desdemona in Verdis Altersoper *Otello*, in der alle Liebe verraten ist. Oder dem zauberischen *Rosenkavalier*-Duett der Marschallin mit Oktavian. In der Vollkommenheit des opalisierenden Streichermelos schwelgt die Poesie des Hofmannsthalschen Liebesduetts. Opernpräsenz ist für Roth auf neudeutsch ein Asset.

Hans Neuenfels am Bühneneingang der Oper Frankfurt, wo er 2011 bei Othmar Schoecks *Penthesilea* Regie führt

8. Die wichtigsten Premieren in der Oper seit 1995

Während Petra Roths 17jähriger Amtszeit waren Sylvain Cambreling, Paolo Carignani und Sebastian Weigle die Generalmusikdirektoren der Frankfurter Oper. Seit Beginn der Spielzeit 2002/2003 ist Bernd Loebe vom Théâtre Royal de la Monnaie in Brüssel hier Hausherr als Intendant. Unter keinem anderen Oberbürgermeister der Nachkriegszeit hat das Frankfurter Musiktheater eine leidenschaftlichere Patronage erfahren wie unter Petra Roth, die fast keine Premiere versäumte und keine Premierenfeier ausließ.

Da in den Roth-Jahren mehr als hundert Neuinszenierungen über die Bühne gingen, können hier nur deren wichtigste referiert werden, die mit Bernd Loebes belcantosattem Ensemble Operngeschichte schrieben: Sie garantieren, daß uns mit diesem Kapital „die Zukunft anlächeln wird" wie in ihrem Finale die *Traviata.*

Henze: *Boulevard Solitude*
8. März 1998
Hans Werner Henze hat sein Werk für die Frankfurter Inszenierung eigens um eine Zwischenmusik erweitert. Nicolas Briegers Inszenierung dieser wohl bedeutendsten Großstadtoper der Moderne (Bühnenbild Hans Dieter Schaal) plazierte den alten Stoff um das „leichte Mädchen" Manon auf die große Drehscheibe der Oper. Unentwegt rauschten die Bilder des hektischen, urbanen Lebens an den Augen der Zuschauer vorüber. Henze selbst erklärte diese Inszenierung als die beste seit der Uraufführung.

Rihm: *Jakob Lenz*
5. März 1999
Ein Höhepunkt unter den im Depot gezeigten Premieren. Büchners psychopathologische Studie über den in zunehmenden Wahnsinn verfallenden Dichter Jakob Michael Reinhold Lenz, dargestellt von Johannes Martin Kränzle, fand auch die ungeteilte Zustimmung des Komponisten Wolfgang Rihm.

Strauss: *Die Frau ohne Schatten*
2. Februar 2003
Diese Produktion unter der Regie von Christof Nel war zugleich das Hausdebüt von Sebastian Weigle an der Frankfurter Oper, lange bevor er deren Gene-

ralmusikdirektor wurde. Nicht nur das Orchester war einmütig von der Leistung des Dirigenten überzeugt: Die Zeitschrift *Opernwelt* wählte ihn aufgrund dieser Aufführung zum „Dirigenten des Jahres 2003“. Nels Regie konzentrierte sich auf das Spannungsverhältnis der vier entscheidenden Figuren. Er ließ die unzähligen symbolischen Anspielungen konsequent beiseite, während Hofmannsthals Maxime lautete, daß fehlginge, wer das Gesellschaftliche anders als symbolisch nähme. Das Bühnenbild schuf Jens Kilian, der für die Frankfurter Bühne auch Wagners *Parsifal* sowie den vielgerühmten neuen *Ring des Nibelungen* gestaltet hatte.

Monteverdi: *L'Orfeo*
13. März 2005
Als weiße Strichmännchen kostümierte Hirten und Geister begleiten und verfolgen ihr Idol, den Sänger-Star Orfeo. Eine anonyme Masse treibt den hypersensiblen, introvertierten Künstler nach dem Tod seiner geliebten Euridice in die Depression. In ihrer Inszenierung von Monteverdis *favola in musica* zeigen Paolo Carignani und Regisseur David Hermann eine gefeierte (Rock-)Sängerpersönlichkeit, die durch Leiden Inspiration erfährt. Die Vergegenwärtigung des Mythos findet in seinem Kopf statt. Seine Tragödie entsteht auch durch das Wechselspiel zwischen der hier gesichtslosen Verehrermasse und dem Künstler/Außenseiter.

Oberbürgermeisterin Petra Roth stellt im Foyer der Oper Frankfurt Sebastian Weigle als neuen Generalmusikdirektor vor

Britten: *Billy Budd*
18. November 2007
Benjamin Brittens kongeniale Vertonung der Erzählung Herman Melvilles wurde unter der Regie von Richard Jones so packend und berührend inszeniert, daß gleich mehrere international renommierte Theater wie Amsterdam und Göteborg die Arbeit übernahmen. Die Frankfurter Inszenierung verlegte das auf hoher See spielende Stück um den Vortopmann in eine englische Kadettenanstalt der 1950er Jahre – ein beklemmendes, klaustrophobisches Spiel um Macht und Gewalt, Liebe und Verzweiflung.

Mozart: *Cosi fan tutte*
24. September 2008
Es ist Christof Loy in seiner Inszenierung gelungen, noch ganz neue Aspekte zu finden. Mit einem mitempfindenden Blick auf die zwei jungen Paare werden diese in ihrem Mangel an Erfahrung voller Verständnis gezeichnet. Loy macht uns neu bekannt mit einem Stück, dessen Handlung als kathartische Erfahrung für seine Figuren geradezu therapeutischen Wert entwickelt. Mit aufblitzender Selbstironie wird in dieser Aufführung alles aus der Musik heraus erklärt.

Korngold: *Die tote Stadt*
22. November 2009
Korngolds berühmtestes Werk wurde von Anselm Weber als Geschichte einer Obsession erzählt, eines Helden, der den Tod seiner Frau nicht verwinden kann und ihr einen Altar errichtet. Albtraumhafte Szenen, virtuelle Erscheinungen und eine dämonische Doppelgängerin der Verstorbenen: All das hat Sebastian Weigle musikalisch zu einer beklemmenden Seelenstudie verdichtet.

Strauss: *Daphne*
28. März 2010
Inszeniert von Claus Guth, wurde bei der Verleihung des Faust-Preises diese Frankfurter *Daphne*-Aufführung zur besten Inszenierung des Jahres gewählt. Erzählt wurde das selten gespielte Werk von Richard Strauss aus der Perspektive der traumatisierten Protagonistin, die in einem verlassenen Haus lebt und immer wieder von der Erinnerung an eine ihr widerfahrene Gewalttat heimgesucht wird. Ein psychologisches Meisterstück, das auf der Opernbühne seinesgleichen sucht.

Wagner: *Der Ring des Nibelungen*
2. Mai 2010 (*Rheingold*)
Diese Neuinszenierung bestach durch ihre ästhetische und inhaltliche Einheit. Jens Kilians Scheibe mit den vier Ringen erwachte im Licht von Olaf Winter zum Leben, wurde zum heimlichen Protagonisten der Handlung. Die Regie von Vera Nemirova führte die Handlung auf ihren mythischen Urgrund zurück, sie ließ Raum für Assoziationen und riß doch manche Denkmauer ein, indem sie Abgründe in vorgeblichen Helden und das Menschliche an scheinbaren Bösewichtern zeigte. Alle auf Überwältigung angelegten typischen Wagner-Effekte sind abgestreift. Daß Sebastian Weigle ein szenisch denkender, in Bildern fühlender Dirigent ist, hat er nie so schlagend bewiesen wie hier, wo manches Regiedetail auf seine musikalischen Beobachtungen zurückging. Die Opernfreunde erwartete hier pures Glück.

Purcell: *Dido und Aeneas*
Bartók: *Herzog Blaubarts Burg*
5. Dezember 2010
Die Tatsache, daß es in beiden Werken um die Beziehung zwischen einem Mann und einer Frau geht, daß Liebe und Tod dabei nahe beieinander sind, daß Abschied, Melancholie und Einsamkeit mitschwingen, war für den Dirigenten Constantinos Carydis und den Regisseur Barrie Kosky Grund genug, *Dido and Aeneas* von Purcell und *Herzog Blaubarts Burg* von Béla Bartók als Doppelproduktion miteinander zu verbinden.

Barrie Koskys Interpretation der Purcell-Oper fokussiert sich auf das Porträt der Protagonistin. Seine szenische Umsetzung betont die Intimität und die feine, klare Gliederung von Purcells Klangwelten. Mit einer Prise Freud handelt es sich in Koskys Deutung um eine „One-Woman-Show mit Gästen“, um ein einziges Lamento der kathargischen Königin Dido, die, vom trojanischen Helden Aeneas verlassen, an gebrochenem Herzen stirbt.

Die Titelfigur in Bartóks Einakter stellt Kosky keinesfalls als Tyrann oder Frauenmörder dar: „Blaubart und Judith lieben einander, sie kommt freiwillig zu ihm.“ Für Kosky ist die Burg eine Metapher für Blaubarts Körper. An seinem Körper zeige sich, was sich hinter den Türen verbirgt: Blut, Gold, Tränen und Pflanzen.

9. Die wichtigsten Premieren des Schauspiels Frankfurt seit 1995

Im Gegensatz zur Oper waren im Schauspiel die Intendantenwechsel gang und gäbe, seit in den unruhigen Jahren seit 1968 die neue Kulturpolitik unter Walter Möller die anachronistisch gewordene Institution „Generalintendanz" aus dem Kaiserreich suspendiert und gleichzeitig die Spartentrennung eingeführt hatte. Nachfolger des 1968 zurückgetretenen legendären Harry Buckwitz wurde der ewige Zweite hinter Gründgens, Ulrich Erfurth. 1972 übernahm dann der Stuttgarter Schauspieldirektor Peter Palitzsch für acht Jahre den Vorsitz eines unter OB Möller eingeführten Dreier-Direktoriums, das erstmals an einem deutschen Theater die Mitbestimmung zum Exempel statuieren sollte. Das Ensemble, das die bisherigen Frankfurter Schauspieler fast komplett ersetzte, kam ebenfalls aus der schwäbischen Landeshauptstadt. Nach acht erfolgreichen Palitzsch-Jahren folgten das Tandem Wilfried Minks/Johannes Schaaf, dann Adolf Dresen von der Wiener Burg, ihn wiederum beerbte schon nach einem Jahr Günther Rühle, bis dahin Feuilleton-Chef der *Frankfurter Allgemeinen Zeitung*. 1990 übernahm Peter Doll das Schauspiel interimistisch für ein Jahr, bis mit OB Volker Hauff aus Bonn Peter Eschberg an den Main kam, Generalintendant der Bühnen der damaligen Bundeshauptstadt. 2001 übernahm Elisabeth Schweeger vom Münchner Residenztheater die Frankfurter Intendanz. Ihren Vertrag verlängerte Petra Roth 2005 trotz schlechter Presse tapfer für weitere vier Jahre. Von deren Nachfolger Oliver Reese vom Deutschen Theater Berlin wurde wieder fast das gesamte Ensemble ausgetauscht. Und jetzt geht es wieder steil aufwärts: Nach einer betrüblichen Phase des Relevanzverlusts und Zuschauerschwunds sind Frankfurts Schauspielplätze 2012 wieder zu 90 Prozent ausgelastet.

Karl Kraus: *Die letzten Tage der Menschheit*
16. Februar 1995
Peter Eschberg ist es gelungen, dieses monumentale Lesedrama des Pazifisten Karl Kraus zu einem apokalyptischen Panorama gegen die Verursacher des Ersten Weltkrieges als spannende Schilderung eines katastrophalen Zusammenbruchs einer scheinbar in sich ruhenden Welt zu verdichten. Eschberg hat das Proustsche „Erhabene von unten" aufzudecken vermocht.

Ibsen: ***Peer Gynt***
27. November 1997
Diese Gedankensammlung mit vielen theatralischen Zügen, aber ohne konkrete Handlung gilt als schwer inszenierbar. Peer Gynt vermag Einbildung und Wirklichkeit nicht zu unterscheiden; er wohnt bei Solveig „in Glaube, Liebe, Hoffnung". Mit dieser Inszenierung schaffte das junge Regieteam Tom Kühne und Robert Schuster seinen Durchbruch, der sie später an die Spitze des TAT katapultieren sollte.

Goethe: ***Stella***
5. März 1999
Amélie Niermeyer inszenierte dieses „Schauspiel für Liebende" nicht als eine Harmonisierung der immanenten Widersprüche, sie erhellte sie vielmehr durch analytische biographische Bezüge zu Goethes unentschlossener Liebe zu seiner Offenbacher Verlobten Lili Schönemann.

Peter Hacks: ***Ein Gespräch im Hause Stein über den abwesenden Herrn von Goethe***
25. August 1999
Mit Carmen Renate Köper als dramatischer Monolog agogisch inszeniert, vom Hessischen Rundfunk aufgezeichnet, wurde das Stück ein Publikumserfolg.

Peter Greenaway: ***Gold. 92 bars in a crashed car***
2. November 2001
Die neue Intendantin Elisabeth Schweeger eröffnet ihre erste Spielzeit verspätet mit dem schwierigen Stück *Gold* in der Regie von Saskia Boddeke; die Aufführung wird in der internationalen Presse bejubelt, in Frankfurt dagegen harscher Kritik unterworfen.

Matthias Beltz: ***Die Frankfurter Verlobung***
7. Februar 2003
Das heiter-bissige Stück über die Frankfurter 68er-Zeit in der Regie von Anselm Weber mit Edgar Selge als Hauptprotagonist behauptete sich sieben Spielzeiten lang auf dem Spielplan.

Aeschylus: ***Oresteia***
14. Oktober 2006
Ohne die Antike zu psychologisieren, gelingt es Karin Neuhäuser, dem zwei-

Die Intendantin von Schauspiel Frankfurt Elisabeth Schweeger wird bei ihrer Verabschiedung im Kaisersaal am 20. Mai 2008 von Laudator Wolf Singer herzlich gefeiert, OB Petra Roth und Bürgermeisterin Jutta Ebeling applaudieren begeistert

einhalb Jahrtausende alten, zwischen materieller Gier, Sinnenlust und Moral changierenden Stoff aus der Antike in einer überzeitlichen Aura relevante Assoziationen zu entlocken. Die Inszenierung wurde nach Epidaurus eingeladen.

Kleist: *Prinz Friedrich von Homburg*
21. Dezember 2006
In der Regie von Armin Petras steht der Bühnenraum von Katrin Brack unter zeitlosem Dauerregen. Kleist hatte das Schauspiel in der Zeit der gefühlsbetonten Romantik verfaßt und Petras hat die zeitgenössischen Rollenspiele von der preußischen Fasson befreit.

Einar Schleef: *Gertrud*
21. Dezember 2007
Der erste, der Einar Schleefs Genie entdeckte, war der Kritiker Günther Rühle. Für Rühle war Schleef ein Daedalus, der Inbegriff der Überschreitung. Diese hervorragende Inszenierung eines schwierigen Autors von Armin Petras wurde mit einer Einladung zum Berliner Theatertreffen gewürdigt. Petras hat auch das Niveau der Theaterdependance in der Schmidtstraße entscheidend mitgeprägt.

Peter Handke: ***Die Stunde da wir nichts voneinander wussten***
3. Juni 2009
Hausregisseurin Wanda Golonka verabschiedet Elisabeth Schweeger mit ihrem gesamten Ensemble und allen Mitarbeitern auf offener Bühne, denen eine hochpoetische Umsetzung der Handke-Vorlage gelungen ist, mit der selbst Handke ausnahmsweise mal einverstanden schien. Ein radikales Stück ohne Dialoge mit lauter Selbstdarstellern.

Sophokles: ***Ödipus/Antigone***
1. Oktober 2009
Mit der antiken Tragödie fängt alles an. Michael Thalheimer brachte beide Stükke von Sophokles in einem gewaltigen Doppelabend auf die Bühne: Schuldlos schuldig muß Ödipus (Marc Oliver Schulze) untergehen. Und die Antigone der großartigen Constanze Becker sucht das Duell mit Thebens König, ihrem Onkel Kreon, um das sittliche Gesetz einzuklagen. Kreon stellt die Staatsräson dagegen, der Zusammenprall vernichtet beide. „Diesem Anfang wohnt ein Urzauber inne", schreibt die *Frankfurter Allgemeine Zeitung.*

Nach Eschenbach: ***Roter Ritter Parzival***
14. November 2009
Dieses Epos von der unentwegten Suche eines Menschen nach sich selbst und seinem Platz in der Welt hat Markus Bothe in einer zauberhaften Inszenierung auf die Bühne gebracht, ohne die Leidensgeschichte Parzivals mit metaphorischer Bedeutung aufzuladen. Die Inszenierung wurde mit dem Deutschen Theaterpreis DER FAUST 2010 in der Kategorie „Regie Kinder- und Jugendtheater" ausgezeichnet.

Racine: ***Phädra***
12. Dezember 2009, Kammerspiele
Oliver Reeses Frankfurter Einstand als Regisseur war ein konzentriertes, intensiv leuchtendes Schauspielertheater: „Frankfurts Schauspiel-Glück. [...] Stephanie Eidt ist eine von Leidenschaften bespielte Frau, ein kalt glühender Vulkan und eine Gestrandete im Netz des Begehrens [...]. Oliver Reese entfaltet die Tragödie mit einer derartigen mathematischen Präzision, daß man sitzt, staunt und keine Chance hat, sich zu entziehen." (*Frankfurter Allgemeine Zeitung*)

Mikeska/Kittstein: ***Remake::Rosemarie***
16. Dezember 2009, Bockenheimer Depot
Eine Theatererfahrung der besonderen Art: Bernhard Mikeska erfindet intime Eins-zu-eins-Begegnungen zwischen dem Schauspieler und dem Zuschauer.

Der Besucher läuft im Bockenheimer Depot durch die Wohnung von Deutschlands berühmtester Prostituierter Rosemarie Nitribitt und wird unvermittelt zum Mitspieler. (Nitribitt wurde 1957 in ihrer Wohnung in der Frankfurter Stiftstraße 36 tot aufgefunden.)

Goethe: *Stella*
23. Januar 2011, Kammerspiele
Als Fernando aus dem Krieg zurückkehrt, trifft er im Haus seiner Geliebten Stella auch seine Ehefrau Cäcilie und ihre gemeinsame Tochter. Goethe hat dem Modell der Ménage-à-trois ein literarisches Denkmal gesetzt, das seinerzeit für einen heftigen Skandal sorgte. Andreas Kriegenburg hat daraus ein berührendes Kammerspiel entworfen. Bei den Hessischen Theatertagen 2011 wurde Bettina Hoppe für ihre Rolle der Cäcilie als beste Darstellerin und Lisa Stiegler für ihre Rolle der Lucie als beste Nachwuchsdarstellerin ausgezeichnet.

Euripides: *Medea*
14. April 2012
Über den bisher wahrscheinlich größten künstlerischen Erfolg in der Intendanz Oliver Reeses schrieb die *Frankfurter Allgemeine Zeitung*: „So, wie Medea den Kopf hoch trägt, wird das ein ungeheures neues Drama. Das alte hat sie wundertoll ins Herz getroffen. Jubel. Ovationen. Theaterglück." Michael Thalheimer führte Regie, Constanze Becker erhielt für ihre schauspielerische Leistung als Medea den renommierten Gertrud-Eysoldt-Ring. In einer Art genialischer Volte ist ihr die Horizonterweiterung nach innen grandios gelungen.

Goethe: *Faust. Erster Teil*
Goethe: *Faust. Zweiter Teil*
14. und 15. September 2012
Faust bildete den Schwerpunkt der vierten Spielzeit von Oliver Reese. Einer der wichtigsten deutschen Mythen überhaupt, ein komplexer und zugleich hochproblematischer Stoff, der die Fortschrittsgläubigkeit unserer Zeit in Frage stellt. In einer überaus musikalischen und bilderreichen Inszenierung erarbeitet Stefan Pucher den ersten Teil (mit Marc Oliver Schulze in der Titelrolle). Auch weigern sich hier die Akteure, ihre Figuren an den Effekt zu verraten. Hochkonzentriert und poetisch nimmt sich Günter Krämer des zweiten Teils an (mit Wolfgang Michael in der Titelrolle). In der Kongruenz der Stilmittel wurde diese schauspielerische *tour de force* mit zwei ebenso faszinierenden wie inspirierenden Theaterabenden zum Ereignis.

10. Die Museen und die Künste

Wir sollen heiter Raum um Raum durchschreiten,
An keinem wie an einer Heimat hängen,
Der Weltgeist will nicht fesseln uns und engen,
Er will uns Stuf um Stufe heben, weiten.
Hermann Hesse, Stufen

Für Petra Roth sind neben dem kathartischen Potential des Theaters die bildenden Künste nichts Geringeres als eine große Erzählung und anthropologisches Welttheater.

Anders als in den kulturellen Mangeljahren ihre beiden Vorgänger Hauff und Schoeler, als Kulturpolitik zum Zahlenspiel verkürzt wurde, hat sich Roth mit Enthusiasmus für die Kultur in die Bresche geworfen. Den unter ihrer zeitweisen Kulturdezernentin im Fließsand der kulturellen Ignoranz auf banausische 6 Prozent versickerten Anteil des Kulturetats am Gesamthaushalt hat Roth wieder auf rund 10 Prozent aufgestockt und damit erneut zum höchsten

Der unterirdische Erweiterungsbau des Städel Museums für die Gegenwartskunst wird im Februar 2012 eröffnet

Kulturbudget aller deutschen Städte gemacht. Auch in Zeiten gravierender Fiskalkrisen ist die Finanzierung der Kulturinstitute hierorts, anders als in Köln, Berlin, Hamburg oder im Ruhrrevier, als gesellschaftliche Selbstverpflichtung kein unlösbarer Problemfall geworden.

Petra Roth hatte längst in Rechnung gestellt, daß Film und Fernsehen zum Leitmedium aufgestiegen waren, und so wurde in ihrer ereignisreichen Amtszeit nicht nur das **Filmmuseum** mit dem **Institut für Filmkunde** fusioniert: Die Stadt hat auch deren publikumsfreundlichen Neubau in denkmalgeschützter Außenhaut ermöglicht. Seitdem freut sich die Direktorin Claudia Dillmann über einen doppelten so hohen Besucherzustrom und auch über die hohe Auszeichnung mit dem Deutschen Museumspreis des Jahres 2012.

Auch **Städel** und **Städtische Galerie** unterstützte die Stadt mit sechs Millionen Euro für den spektakulären Erweiterungsbau unter Tage mit einem bullaugenbedachten Doppelatrium, ein Zugewinn von fast 3.000 Quadratmetern Ausstellungsfläche. Max Hollein entriet dabei dem falschen Ehrgeiz, das Städel zu einer Kathedrale der klassischen Künste emporzubauen.

Der Philosoph Peter Sloterdijk charakterisierte eine des utopischen Moments enthobene Architektur der Moderne als „Quadratmeter ohne Eigenschaften". Auf den raumgreifenden Städelneubau übertragen, erweisen sich diese Quadratmeter aber geradezu als ideal für die Inszenierung von Kontexten, in die hier die Kunstwerke einander kommentierend eingebunden werden. Utopieverluste sind bei Max Hollein und seinem Team nicht zu verzeichnen.

In einer Zeit, in der die Welt des Kapitals bereit ist, für Kreativität und Schönheit zu zahlen, dient der Städelneubau als Paradebeispiel dafür, wie sich in Frankfurt die Partnerschaft von engagierten Bürgern, potenten Sponsoren und Kultur immer wieder bewährt. Durch das europaweite mediale Echo auf dieses Großereignis fühlten sich nicht nur die edlen Spender bestätigt, die zu den Gesamtkosten von 52 Millionen Euro die Hälfte beitrugen. Durch das hinzugewonnene riesige Raumvolumen können die bis dahin im Depot verborgenen Schätze nun als unser konkret faßbares Erbe endlich bewundert und in Besitz genommen werden. Die Qualität und Vielfalt der vielen neu erworbenen Gemälde, Skulpturen und Fotos verbindet sich mit der geballten Suggestionskraft der Höhen und Tiefen dieser neuen Architektur, die den Selbstanspruch des Städel genauer definieren. Das Gelingen dieser Erlebnissynthese im Reich der bildenden Künste, die einmal die Schönen Künste genannt wurden, bestätigen mit ihrer Neugier die staunenden Besucherströme, die über eine majestätisch breite Treppe ins Kunstuniversum geführt werden, als wäre sie für Zarah Leanders großen Auftritt gebaut worden.

Schließlich hat der Abriß des faden, wertvolle historische Reliquien erdrosselnden Betonbollwerks des **Historischen Museums** einer ästhetisch angemessenen Architekturplanung Platz gemacht. In einem modernen Gehäuse des Architektenbüros Lederer+Ragnarsdóttir+Oei soll im Jahr 2014 auf einer 6.000 Quadratmeter großen Ausstellungsfläche die Prätention eines „Universalmuseums" eingelöst werden. Anhand von authentischen Zeugnissen der Vergangenheit aus dem Speicher soll die glorreiche Frankfurter Geschichte sinnlich erfahrbar vermittelt und in identifikationsstiftender historischer Atmosphäre angeeignet werden können: Schließlich bedeutet Identität die Partizipation am kulturellen Erbe. Gegen ein grassierendes historisches Analphabetentum ist im Sinne Goethes die erfahrungsgesättigte Anschauung immer noch der beste Unterricht, der alle letzten und vorletzten Fragen ins Auge faßt.

Direktor Jan Gerchow möchte in seinem Museum einen diskursiven Geist walten sehen. Im Konsens mit der Oberbürgermeisterin und dem Kulturdezernenten geht es ihm nicht nur um Erkenntnisgewinn, sondern auch um Aufklärung. Aus seiner professionellen Perspektive will das Historische Museum der geschichtlichen Vergangenheit eine Zukunft geben, statt diese weiter zu vertagen. Goethes Rat, die Weltgeschichte öfter mal umzuschreiben, um die Geschichtsschreibung „einer fortgesetzten Reflexion der Erinnerung" auszusetzen, soll in den dann maßgeschneiderten Vermittlungsräumen exemplarisch vorgeführt werden können.

Gerchows Museumsstil widerspricht der gängigen Tendenz, Geschichte als ein vorzüglich ästhetisches Phänomen zu würdigen. Hier soll vielmehr der verloren geglaubte Begriff von einem „Bildungsgang durch die Geschichte" wörtlich genommen werden können. Jene didaktisch konnotierte Phase setzkastenartig vollgestopfter Museumsvitrinen ist passé. Im Universum der Frankfurter Museen die Besucher „zu Zeitgenossen aller Zeiten" zu machen, wie Schiller dies einmal als Desiderat formuliert hatte, erklärte Petra Roth zu ihrem kulturpolitischen Credo. Denn sie wußte, daß sich ohne historische Kompetenz keine Zukunftsentwürfe planen lassen. Dies sollte mit einer nachholenden Modernisierung jetzt im Historischen Museum auch gelingen können.

Schon jetzt informiert uns hier das aus seinem Jahrtausendschlummer in beinahe originaler Vollkommenheit wiedererwachte „Allerheiligste", der *Saalhof* aus dem 12. Jahrhundert, über Mythos und Realität der Stauferkönige. Auch der legendenumrankte Barbarossa, der „Kaiser lobesam", war hier zu Gast. In welchem Maße der authentische Geschichtsort über den Charme der Mythen Geschichtsbewußtsein zu stimulieren vermag, erfuhr schon Goethe, der in *Dichtung und Wahrheit* beschreibt, wie sehr ihn als kleinen Jungen sein erster Besuch in der Saalhofkapelle überwältigt hatte. So leistet insbesondere das Historische Museum mit der sinnlichen Vermittlung gesicherten empirischen Wissens einen wichtigen Beitrag zur Identifikation der Frankfurter Bürger mit ihrer Stadt.

Eine Laune der Archäologiegeschichte, wurde bei den tief ins 12. Jahrhundert schürfenden Baggerarbeiten für den Neubau des Historischen Museums erst 2012 eine 25 Meter lange Kaimauer aus Quadersteinen der Stauferzeit entdeckt. Damals reichten die Wasser des Mains noch bis an dieses markante, urtümliche Relikt aus Kalkstein, dort, wo ehedem die Handelsschiffe von weit her anlegten, um die Welt nach Frankfurt zu bringen. Auf dem seit 1886 kanalisierten Main, bis heute eine der wichtigsten Wasserstraßen Europas, fanden Transporte von Öl, Baumaterialien, Getreide usw. von der Nordsee bis zum Schwarzen Meer statt. Dieser einzigartige historische Fund gibt endlich Auskunft auch über die schon sehr früh einsetzende kosmopolitische Magnetwirkung unserer Stadt als internationaler Messeort. Der Hafen war zwischen 1190 und 1303 errichtet und sukzessive erweitert worden. Das erste Messeprivileg hatte Kaiser Friedrich II. der Stadt Frankfurt schon 1240 erteilt. Hier am zentralen Umschlagplatz der Waren gaben sich nicht nur die Handelsherren aus allen Kontinenten ein Stelldichein. Seit 1562 landeten an der nun wiederentdeckten Kaimauer auch die Könige, Kaiser, Fürsten und Erzbischöfe, um an den diversen Krönungsfeiern im Dom und im Römer teilzunehmen, die bis dahin die Karlstadt Aachen ausgezeichnet hatten.

Diese späte Trouvaille eines gut erhaltenen historischen Zeugnisses wird als ein die Tiefenstruktur von Geschichte auslotender begehbarer Erinnerungsort in Jan Gerchows Ausstellungskonzept voll integriert. Die aufgrund des einzigartigen Fundes notwendige Umplanung des Projekts mit Kosten in Höhe von weiteren 3,7 Millionen Euro hat Petra Roth erfochten.

In Roths Amtszeit wurde der Phalanx der 70 am Main residierenden Kulturinstitute das **Bibelhaus Erlebnis Museum** am Ende der Metzlerstraße hinzugesellt. Auf der anderen Seite des Mains im dafür umgerüsteten Leinwandhaus am Kaiserdom aus dem Jahr 1396 wurde das **caricatura museum frankfurt** eingeweiht. Hier können seit 2008 die Frankfurter Meister der komischen Kunst Chlodwig Poth, Robert Gernhardt, Felix Mussil, Hans Traxler oder F. K. Waechter zu neuer Geltung kommen.

Im Einklang mit hedonistischen Ansprüchen des gattungsübergreifenden „Jahrhundertprojekts Museumsufer" (*F.A.Z.*) findet 2006 als überraschend neue Perspektive die Verlegung des **Portikus** von der Schönen Aussicht am rechten Mainufer an einen einzigartigen insularen Ort großen Anklang. Dem

Architekten Christoph Mäckler ist hier auf der bis dahin verwaisten Maininsel an der Alten Brücke ein origineller Solitär gelungen – im wahrsten Sinne „am Busen der Natur". Dem Ehrgeiz, im Portikus in neue Dimensionen vorzustoßen, „worin noch niemand war" (Bloch), sind seit 1987 über hundert zeitgenössische Künstler aus aller Welt gefolgt, von On Kawara über Claes Oldenburg bis zu Richard Artschwager. Mit ihrem polyphonen, aufsässigen Kunstpanorama haben sie unter dem Zauberer Kasper König den internationalen Ruf der Kunsthalle Portikus begründet und die Wünsche von dessen vorwiegend postmoderner Klientel befriedigt. Kasper König hatte exemplarisch demonstriert, wie Kunst öffentlich gemacht wird. Mit „All the lonely people" begrüßte der Beatles-Song *Eleanor Rigby* denn auch sinnfällig die Kunstwelt zur Eröffnung von Königs Kunstcontainer. Das wichtigste Meublement innerhalb der asketischen vier Wände dieses „kleinsten Ausstellungshauses der Welt mit der größten internationalen Wirkung" ist ihre Aura – ein Sperrbezirk für die üblichen Entertainment-Effekte der Konsenskunst ebenso wie für die Symmetriesehnsüchte der Ewiggestrigen. In der Welt der Kunst muß es unregulierte Bereiche geben – wie das durch die Kulturpolitik der Petra Roth und des Felix Semmelroth garantiert ist.

Mit Einzelausstellungen registriert seit 2006 auch der neue Portikus auf der Insel den Wechsel der Ausdrucksformen und Trends einer flüchtigen Moderne ähnlich häufig wie der Main einen veränderten Wasserstand. Buchstäblich im Strom der Zeit hat Christoph Mäckler eine an der Tradition der Altstadthäuser vermessene sandsteinrote Architektur mit typischem Spitzgiebel als wahres Kleinod in die Phalanx der großen Mainmuseen gefügt.

Mit dem Ende des Containerprovisoriums von Kasper Königs Portikus hinter den Säulen der altehrwürdigen Stadtbibliothek wurde deren Wiederaufbau 2005 wiederum dank Roth schöne Realität. Ebenfalls von Christoph Mäckler in der alten Fasson der denkmalwürdigen Johann-Hess-Architektur aus dem Jahr 1825 für den neuen Zweck entworfen, versammelt dort das **Literaturhaus Frankfurt** unter Leitung von Hauke Hückstädt Literaten, Philosophen und Kritiker zu oft spannenden Lesungen und Diskursen. Einst hatte Schopenhauer, der in unmittelbarer Nachbarschaft im Haus An der schönen Aussicht Nr. 16 wohnte, in der damaligen Stadtbibliothek seinen Kopf durch Lektüre zum Tummelplatz fremder Gedanken gemacht. Der über dem Sechs-Säulen-Portikus wieder blankgeputzte goldletterne Gründungsspruch hat eine neue Aktualität bekommen: „Litteris recuperata liberta civitas" – Die der Freiheit wiedergegebene Stadt (hat dieses Haus) den Studien (gewidmet).

Einweihung der neuen Alten Stadtbibliothek im Oktober 2005 (von links): Baronin Alexandra Freifrau von Berlichingen, Roman Herzog und Petra Roth

Der Mäcklersche Portikus auf der Maininsel erhält auf der anderen Seite der Alten Brücke ein Pendant mit gleicher Traufhöhe. Christoph Mäckler plant in dem Neubau ein **Brücken-Museum** mit Restaurant sowie vier kleinen Wohnungen. Die Finanzierung der Baukosten organisiert die Neue Brückenbauverein GmbH. Die Tatsache, daß dieses neue Museum laut amtlichem Kataster im sogenannten „Überschwemmungsgebiet des Mains" entstehen soll, scheint die engagierten Betreiber wenig zu scheren. Was hier zu beweisen war: Mäckler nimmt die Grenzen seines Fachs gelegentlich nur wahr, um sie zu negieren. Inzwischen versuchen notorische Negierer anderer Art das Projekt mit 3.000 Unterschriften zu verhindern.

Das doppeldeutige Bild vom kulturellen Brückenschlag findet am Main seine reelle Entsprechung. Das Museumsufer war von Anfang an als ein großes Ganzes aus vielen Teilen geplant, als eine Art Gesamtschau heterogener Panoramen verschiedener Epochen. Die starke Resonanz, die das Museumsufer mit rund zwei Millionen Besuchern im Jahr findet, ist der beste Beweis seiner Notwendigkeit wie auch seiner noch nicht ausgeschöpften Möglichkeiten. Das Museumsuferfest, das größte europäische Kulturfestival, lockte 2012 viermal so viele Menschen an den Main, wie die Stadt Einwohner zählt: 2,8 Millionen.

Um diese Möglichkeiten zu realisieren, braucht es die Urteilskraft des Kunstflaneurs, auf die Walter Benjamin sich einst berief. Roth gefiel jene Benjaminsche Sentenz ganz besonders, die sie als fürs Museumsufer wie geschaffen annektierte: „In tausend Augen, tausend Objekten spiegelt sich die Stadt". Petra Roth ist es wichtig, den Mangel an Kunstverstand des Durchschnittsbürgers durch ästhetische Bildung und durch die Kunst der Wahrnehmung zu beheben. Sie läßt die suggestive Zauberformel der 80er Jahre, die Postmoderne, als eine Moderne gelten, die vom Abrakadabra der Modernisierungsfetischisten mit ihren Einheitswünschen Abschied genommen hat.

Leider wurde versäumt, durch den rechtzeitigen Erwerb des benachbarten „Sudfaß"-Geländes das letzte Filetstück am rechten Mainufer für die Erweiterung der Museumslandschaft in Richtung Hanauer Landstraße zu erwerben, um es an den Stromkreis des Museumsufers mit einem weiteren Museumsbau anzuschließen: Zum Beispiel könnte dort ein Industrie- und Technikmuseum oder ein Musikmuseum als kulturelle Brücke zwischen dem Literaturhaus und dem Neubau der Europäischen Zentralbank Sinn machen, dessen beide Türme nach Fertigstellung Ende 2013 185 bzw. 165 Meter in den Himmel ragen werden. Frankfurt war einst ein wichtiger Industriestandort, der mit Chemie, Elektrotechnik, Maschinenbau, Druckindustrie, Büromaschinen und Feinmechanik die internationalen Märkte versorgte. Neben Berlin verfügt Frankfurt zudem über die größte und bedeutendste Sammlung an Musikinstrumenten, auch dafür hätte das „Sudfaß"-Gelände taugen können.

Das Kölner Architekturbüro KatzKaiser hat in der EZB ein Museum eingeplant, einen Ort der Erinnerung im Raster des NS-Regimes, der die Deportation Tausender Juden im „Dritten Reich" dokumentieren soll, die ab 1935 von der Großmarkthalle aus organisiert wurde: „Während im Keller Tausende auf ihren Abtransport warteten, ging oben der Marktbetrieb ganz normal weiter", erinnert sich Harry Schnabel von der Jüdischen Gemeinde Frankfurt. Ein bedeutender Schlußstein zur Vollendung des Museumsufers auf der rechten Mainseite.

Mit der Berufung von Jean-Christophe Ammann und Kasper König, beide sympathisch-kapriziöse Mandarine der Kunstvermittlung, errang Frankfurt mit dem neuen **Museum für Moderne Kunst** und der Gründung des Portikus als neu zu entdeckende Orte für die zeitgenössischen Künste schlagartig die Aufmerksamkeit der internationalen Kunstwelt. In der Beschäftigung mit

Kunst sahen beide eine Konstante der menschlichen Existenz. Auch deren Nachfolgerin Susanne Gaensheimer, 2009 vom Münchner Lenbachhaus nach Frankfurt gekommen, hat sich mit ihren eigenwilligen Ausstellungen schnell einen Namen gemacht. 2011 erhielt sie den ehrenvollen Auftrag, den Deutschen Pavillon in Venedig zu kuratieren, wofür sie mit dem „Goldenen Löwen" der Biennale ausgezeichnet wurde.

In Frankfurt ist in den achtziger Jahren ein unvergleichliches Universum der kühn-innovativen Sprache der frühen „Moderne", der „Postmoderne" und der „sogenannten Moderne" entstanden. Das Erbe der nonkonformistischen Avantgarde, von der Pop-art der 60er Jahre über das Epochensymbol Joseph Beuys im Museum für Moderne Kunst bis hin zum Meister weichgespülter Kitschkunst Jeff Koons im **Liebieghaus** und der **Schirn**, wird in der Ära Petra Roth im kumulativen Zusammenspiel mit den anderen Häusern der Kunst wie dem „altehrwürdigen" Städel sowie den 80 privaten Galerien der Stadt zu einem Kosmos der Moderne vernetzt. Für Susanne Gaensheimer, Max Hollein und von der Städelschule Nikolaus Hirsch ist Kunst kein ästhetischer Selbstzweck, sondern auch ein Mittel des gesellschaftlichen Diskurses.

Im **Kunstverein** im Steinernen Haus, in dessen Räumen in einer langen Phase der Distanz zur glutvollen Malerei eindimensional fast nur noch Fotokunst ausgestellt wurde, wird nach mehrfachem Staffentenwechsel 2012 unter Holger Kube Ventura endlich wieder figurative Kunst präsentiert. Er definiert den Kunstverein als „Think Tank". Hier sei der Ort, an dem moderne Kunst die Wahrnehmung irritiert. Damit erweitert sich das Angebots-Spektrum um eine weitere Komponente im Reigen der modernen Kunstvermittler.

Am Museumsufer scheint die weite Welt verdichtet auf ein gleichsam fußläufig erschließbares Kultur-Universum. Museen sind für Petra Roth „Orte der Reflexion, der Identitätsprüfung und der Identitätsfindung". Man könnte den Museumsuferparcours ein Lehrstück nennen über das Ende eines schönen Traumes durch seine Realisierung. Eine erfolgreiche kommunale Kulturpolitik erhöht die „Chancen der Menschen, an kultureller Bildung teilhaben zu können", findet Petra Roth.

Drei Petra Roth besonders am Herzen liegende Projekte hat sie noch kurz vor dem Ende ihrer Amtszeit auf den Weg gebracht: In Erfüllung eines ihrer vielen kulturellen Träume soll in logischer Nachbarschaft zum **Goethe-Haus** ein **Romantik-Museum** gegründet werden, das ultimative Proprium des Literaturwissenschaftlers Felix Semmelroth und ein Fixstern am Wertehimmel der Petra Roth. Der damalige Direktor des Goethe-Hauses Ernst Beutler hatte dieses Projekt schon 1939 für notwendig gehalten. „Die Welt muß romantisiert

Der neue Oberbürgermeister Peter Feldmann, Friedrich von Metzler und OB a.D. Petra Roth (von links) werben für das Romantik-Museum

werden“, forderte einst Novalis und erklärte zugleich, wie dies zu bewerkstelligen sei: „Indem ich dem Gemeinen einen hohen Sinn, dem Gewöhnlichen ein geheimnisvolles Ansehn, dem Bekannten die Würde des Unbekannten, dem Endlichen einen unendlichen Schein gebe, romantisiere ich es.“ Diese Sehnsucht nach einer Verwandlung der Welt durchpulst die einzigartige Sammlung von 130.000 Bänden im **Freien Deutschen Hochstift** mit dem Schwerpunkt auf der Goethezeit, darunter berühmte Editionen von Clemens Brentano, Novalis, Bettina Brentano, Joseph von Eichendorff, Ludwig Tieck, Friedrich Schlegel und Karoline von Günderrode als einzigartiger Grundstock für die Gründung des Romantik-Museums. Leider versäumte man zu verhindern, daß das neue Haus keine eigene Fassade und Adresse Am Großen Hirschgraben erhält, der Bau soll im hinteren Teil des gemeinsamen Grundstücks versteckt werden. Statt mit angemessenem Außenprofil zu glänzen, soll es eine Hinterhofexistenz führen. Stadt, Land, Bund und das Freie Deutsche Hochstift wollen einen Kostenanteil von je vier Millionen Euro übernehmen. Die Stadt allerdings vergaß, ihre vier Millionen in den Etat einzustellen.

Die Romantik genannte geistes- und kunstgeschichtliche Epoche der ersten Hälfte des 19. Jahrhunderts war ein gesamteuropäisches Ereignis. In Deutschland stieg sie zum damals dominierenden Kunstprinzip auf, wurde freilich erst vom „letzten abgedankten Fabelkönig der Romantik", wie Heinrich Heine sich selbstironisch nannte, „populär" gemacht. Wie die Künste und die Literatur der Romantik das Reale poetisierten und in eine Funktion des Unendlichen der Seele, des Gemüts, des Intellekts verwandelten und das Endliche mit dem Unendlichen in eins setzten, könnte im Goethe-Museum mit seinen einschlägigen Sammlungsbeständen wie an keinem anderen Ort der Welt studiert werden, gäbe es denn hier genügend Raum zur Veranschaulichung und Vermittlung der umfassenden Materie. Zur Analyse und Reflexion solcher Themen wie Naturbeseelung, Unendlichkeitssehnsucht, irrationaler Fantastik und Erweckung eines neuen, teils chauvinistischen Nationalbewußtseins braucht es aber ein Romantik-Museum *sui generis*. Nur hier können fürs Nacherleben, für den intellektuellen Diskurs und für eine hedonistische Vermittlung, ja für die Vergnügung an der intellektuellen Besitzergreifung die originalen Zeugnisse unserer Geistesgeschichte angemessen ausgebreitet und neu vermessen werden. Petra Roth argumentierte mit der romantischen Konvergenz von Dichtung, Musik und Malerei, mit dem poetischen Aspekt der Weltbetrachtung.

Daß man der Provinz auch in der Metropole manchmal nicht entkommt, bewiesen renitente Mitglieder der schwarz-grünen Koalition der Post-Roth-Zeitrechnung, indem sie dem Tenor folgten, den einst Brecht mit seinem Leitspruch „Glotzt nicht so romantisch!" vorgegeben hatte: Mit seiner Streichliste vom Februar 2013, die auch den städtischen Anteil für den Bau des Romantik-Museums in Höhe von läppischen vier Millionen Euro erwischte, stiftete ein bornierter Magistrat gehörige Verwirrung. Bund, Land und das Freie Deutsche Hochstift hatten ihren Anteil von je vier Millionen längst fest zugesagt. Als Sandra Kegel in der *F.A.Z.* auf Seite eins des Feuilletons diesen Schildbürgerstreich ganzseitig anprangerte, schlugen die Wellen der Erregung hoch und bewegten in Frankfurt damit endlich auch müde Gemüter. Nachdem sich eine kulturell ahnungslose Haushaltskommission unter Vorsitz von CDU-Kämmerer Uwe Becker ultimativ gegen ein Romantik-Museum ausgesprochen hatte, sorgte im Mai 2013 eine unvermutete Allianz zwischen dem neuen Oberbürgermeister Peter Feldmann (SPD) und seiner Vorgängerin Petra Roth (CDU) für einen publizistischen Paukenschlag: Gemeinsam traten die beiden vor ein goldgerahmtes Goethe-Bildnis im Goethe-Haus, um vereint mit Ehrenbürger Friedrich von Metzler gegen solch banausisches Denken zu demonstrieren. Mit ungebrochener Empörungswut ließ Roth Dampf gegen ihre eigene Partei ab: Sie habe „eine solche Enttäuschung in 17 Jahren im Amt nicht erlebt". Frankfurt sei ausgestiegen aus der Museumsplanung, entrüstete sie sich weiter und fragte: „Was hat die Stadt denn da im Sinn gehabt?“ Schließlich sei sie es gewesen, die noch kurz vor dem Ende ihrer Amtszeit bei Bund und Land die acht Millionen dingfest gemacht habe: „Ich stehe im Wort, das ist doch Vertragsbruch!“ Und Roths Nachfolger Peter Feldmann sprang ihr historisch argumentierend bei: Er sei „deshalb hier, weil man nicht soziales Engagement gegen das setzen sollte, was die Menschen im Herzen freut“. Außerdem sei die romantische Dichterin Bettina von Arnim, geborene Brentano, „auch eine der ersten Vorkämpferinnen für soziale Gleichheit gewesen“. Eigentlich Antipoden, verteidigte das prekäre Paar Seit’ an Seit’ die Hinterlassenschaften bürgerlicher Hochkultur mit gleicher Verve: „Zwei Oberbürgermeister gemeinsam, das ist doch typisch Frankfurt“, kommentierte die *Frankfurter Rundschau.*

Inzwischen häufen sich die Spenden an die Stadt. Die fehlenden vier Millionen wird die stolze Frankfurter Bürgerschaft hoffentlich bald zusammenbekommen, weil sonst auch die geparkten Zuschüsse von Bund und Land verlustig gingen. Ein Volkslied aus der 1807 von Johann Büsching und Friedrich von der Hagen herausgegebenen *Sammlung Deutscher Volkslieder* beginnt mit den Worten: „Kein Feuer, keine Kohle“. Hat man aber erst Feuer gefangen, wird auch Kohle da sein. Wie in Amsterdam: Dort hat Königin Beatrix ihren

Petra Roth im Mai 2003 vor einem Foto von Max Beckmann in der Beckmann-Ausstellung des Museum of Modern Art in New York

Stolz auf das für 375 Millionen Euro umgebaute Rijksmuseum nicht verbergen müssen. Das Romantik-Museum würde zusammen mit dem Weltkulturen Museum das universale Projekt unseres Museumsufers ergänzen, ohne diesen Prozeß des Werdens damit schon zu vollenden.

Zweitens soll die dringend benötigte Dependance des im historischen Rothschildpalais aus allen Nähten platzenden **Jüdischen Museums** endlich als Anbau realisiert werden, wofür Josef Ackermann und Josef Buchmann aus privater Schatulle schon eine erkleckliche Spende als Anschubfinanzierung angekündigt haben.

Und drittens ging es Petra Roth um geeignete Maßnahmen, um den Exodus unserer Künstler, meistens in Richtung Berlin oder Leipzig, und besonders auch der Absolventen der Städelschule mit einem reichen Angebot an Ateliers endlich zu stoppen. Da Kreativität ein knappes Gut ist, hat Roth sich dafür engagiert, ab 2013 in der Schwedlerstraße am Osthafen eine 9.000-Quadratmeter-Fläche für 200 bildende Künstler vom Kunstfreund Michael Loulakis günstig anzumieten, um den Notstand an Atelierraum zu beheben. Hier soll im neuen Asyl der Maler, Zeichner und Bildhauer der „produktive Eigensinn" ausgelebt werden können. Seit 2012 neue Beiratsvorsitzende von ATELIERFRANKFURT, hat Petra Roth jetzt Zeit, Sponsoren anzuwerben: „Ich will mein hervorragendes Netzwerk in der Kunst- und Kulturszene dafür nutzen". Für sie ist das Gefühl der Begeisterung das wirksame Prinzip jeder bildenden Kunst und Wissenschaft. Denn nichts ist ja bekanntlich wichtiger, als den vielbeschworenen urbanen Humus zu kultivieren, ohne den keine moderne Großstadt gedeihen kann. „Nichts ist schließlich so wichtig für eine lebendige Szene wie Produktionsbedingungen an Ort und Stelle in urbaner Mitte" (Michael Hierholzer, *F.A.Z.*).

Kunst kostet. Kunst amortisiert sich aber auch. Gut abgehangen, steigern sich die Werte einzelner Bilder oft mehr als gut plazierte Aktien. So schlägt nach der Städtischen Vermögensstatistik des Jahres 2011 das im Museum für Moderne Kunst zu besichtigende Roy-Lichtenstein-Gemälde *Yellow and Green Brushstrokes* mit 50 Millionen Euro zu Buche. Die Lichtenstein-Preziose war 1981 Teil eines Pakets von 100 Bildern der Ströherschen Pop-art-Sammlung, für die wir insgesamt nur 5 Millionen D-Mark gezahlt hatten. Der Gewinn allein aus diesem einen Gemälde entspricht jener Summe, die der Kämmerer für den kompletten Bau des MMK damals abgerechnet hatte. Lichtensteins *We rose up slowly* bringt es auf stolze 35 Millionen Euro und die drei Gemälde *Daily News, Green Disaster* und *Thirty-five Jackies* von Andy Warhol würden heute vom Kunsthandel für jeweils mindestens 25 Millionen Euro ersteigert. Als ich im Magistrat allergrößte Mühe hatte, das 26teilige Beuys-Kunststück *Blitzschlag mit Lichtschein auf Hirsch* für 2,5 Millionen D-Mark zu erwerben, konnte keiner ahnen, daß dieses Werk 30 Jahre später mit 10 Millionen Euro in der städtischen Vermögensbilanz verzeichnet würde. Das Highlight des Historischen Museums, der Erdglobus von Johannes Schöner aus dem Jahre 1515, der als weltweit erster Globus den neu entdeckten Kontinent im Westen als solchen begreift und beim Namen nennt („America"), schlägt mit 30 Millionen Euro zu Buche. Die teuerste Preziose, das Gemälde *Fleurs et céramiques* von Henri Matisse, ist inzwischen 70 Millionen Euro wert und kann ebenso wie Claude Monets *Le Déjeuner* (50 Millionen Euro) und die *Orchestermusiker* von Edgar Degas (30 Millionen Euro) im Städel besichtigt werden.

Die Kulturschätze aller städtischen Museen bilanziert die städtische Vermögensverwaltung mit einem Gesamtwert von sage und schreibe 2,5 Milliarden Euro, die zum übrigen städtischen Vermögen von 13,2 Milliarden Euro hinzuaddiert werden dürfen. Neben ihrer großen künstlerischen Bedeutung erschöpft sich der Wert der genannten Kunstwerke nicht in ihrem Beitrag zur Vermögenssteigerung. Sie sind, in den Worten von Kulturdezernent Felix Semmelroth, zugleich „unveräußerliche Zeugnisse eines Engagements der Stadt und ihrer Bürger, die sich bis heute mit der Anschauung bestimmter Werke stets auf der Höhe der Zeit befinden und das Ansehen gemehrt haben".

11. Erinnernswerte Ausstellungen der Frankfurter Museen seit 1995

Schirn Kunsthalle

Leitung: Hellmut Seemann (1993–2001), Max Hollein (seit 2001)

Sehnsucht nach Glück
September bis Dezember 1995
Die legendären Werke der Wiener Jahrhundertwende, die Bilder von Gustav Klimt, Egon Schiele und dem jungen Oskar Kokoschka waren zentraler Bestandteil dieser etwa 250 Exponate umfassenden Ausstellung. Thematisch konzentrierte sich die Bildauswahl auf die Darstellung der Frau, auf die Femme fatale und die Gebärende, auf die laszive Verführerin und die Unnahbare: Die Wiener Malerei der ästhetischen Unmittelbarkeit um die Jahrhundertwende

Panorama-Aufnahme des Museumsufers aus dem Jahr 2012

wird von den schaffenden wie den zerstörenden Kräften des Weiblichen bestimmt.

Henri Matisse. Mit der Schere zeichnen
Dezember 2001 bis März 2002
Die Scherenschnitte von Henri Matisse gelten als Höhepunkt seiner künstlerischen Laufbahn. In ihrer unverwechselbaren Farbigkeit und ornamentalen Kraft üben sie bis heute eine ungebrochene Faszination aus. Die Ausstellung führte den Besucher anhand von über 70 Werken aus internationalen privaten Sammlungen und Museen in die sinnliche Welt dieser einzigartigen Kompositionen des großen Meisters der Moderne.

Shopping
September bis Dezember 2002
Kuratiert von Max Hollein, dokumentierte die Ausstellung „Shopping" 100 Jahre Faszination, Wechselwirkung und Annäherung von bildender Kunst an die Ästhetik, Strategien und Verführungstechniken der Konsumkultur. Die erfolgreiche Ausstellung versammelte insgesamt über 60 künstlerische Positionen, darunter Arbeiten von Man Ray, Marcel Duchamp, Gerhard Richter, Claes Oldenburg, Andy Warhol, Roy Lichtenstein, Christo, Joseph Beuys und Jeff Koons.

Impressionistinnen. Berthe Morisot, Mary Cassatt, Eva Gonzalès, Marie Bracquemond
Februar bis Juni 2008
Manet, Monet, Degas, Renoir, Pissarro – jeder kennt die Namen berühmter Impressionisten, doch ist weniger bekannt, daß es in ihrem Kreis auch bedeutende Malerinnen gab. Die Ausstellung würdigt am Beispiel von Berthe Morisot, Mary Cassatt, Eva Gonzalès und Marie Bracquemond den weiblichen Anteil an der impressionistischen Bewegung und präsentiert rund 150 Werke aus vielen internationalen Museen wie dem Musée d'Orsay Paris, dem Metropolitan Museum New York oder der National Gallery of Art Washington.

Edvard Munch. Der moderne Blick
Februar bis Mai 2012
Die Ausstellung rückt das wenig erforschte Spätwerk bis 1944 in den Vordergrund und beweist, daß Munch nicht nur ein Künstler des 19. Jahrhunderts, sondern ebenso des 20. Jahrhunderts war. Im Zentrum steht Munchs Auseinandersetzung mit modernen Aufnahmetechniken wie Fotografie und Film oder der intimen Theaterbühne. Mit ihrer lebendigen Vermittlung der Signatur der Moderne und mehr als 200.000 Besuchern die bis dato erfolgreichste Ausstellung der Schirn Kunsthalle.

Städel Museum

Leitung: Prof. Dr. Herbert Beck (1994–2006), Max Hollein (seit 2006)

Adam Elsheimer 1578–1610. Im Detail die Welt entdecken
1995
340 Jahre nach der 1966 von Ernst Holzinger in Szene gesetzten Elsheimer-Ausstellung gelang es dem Städel, fast das gesamte malerische Werk Adam Elsheimers in Frankfurt zu versammeln. Die umfassende Schau war inspiriert von der Wiederherstellung von Elsheimers unübertrefflichem Hauptwerk, dem aus insgesamt sieben einzelnen Täfelchen bestehenden Kreuzaltar. Diese Geschichte der Wiederherstellung eines Schlüsselwerks der europäischen Kunstgeschichte dürfte einmalig sein. Ermöglicht hatte sie als hilfreicher Mäzen Werner Wirthle vom Frankfurter Societäts-Verlag.

Das Städelmuseum mit Anbau

Rembrandt Rembrandt

Februar bis Mai 2003

Bevor die Ausstellung „Rembrandt Rembrandt“ Gemälde aus allen Schaffensperioden des Malers im Städel präsentierte, hatte sie Station im National Museum Kyoto gemacht. Für das Städel ergab sich daraus die Chance, die Ausdrucksnuancen der in seinen Mauern beheimateten Werke Rembrandts *David spielt Harfe vor Saul, Bildnis der Maertgen von Bilderbeecq, Die Blendung Simsons* erstmals in einen größeren Zusammenhang zu stellen. Der Bogen spannte sich von dem Frühwerk *Die Taufe des Kämmerers* von 1626 bis zu Rembrandts Selbstporträt aus seinem Todesjahr 1669. In dieser Ausstellung zum „Malergenie des Abendlandes schlechthin“ konnte einer Prousts „berauschendes Gefühl“ erleben, das nur wirklich große Kunst dem Menschen schenkt.

Der Bürgermeister, sein Maler und seine Familie. Hans Holbeins Madonna

2004

Um dem Holbein-Gemälde diejenige Öffentlichkeit zu erschließen, die seine künstlerische und kunsthistorische Stellung einfordert, bot das Haus Hessen dem Städel das Bild als langfristige Leihgabe an, verbunden mit dem ausdrücklichen Wunsch, es dort auf Dauer beheimatet zu sehen. Selbstverständlich hatten alle großen Museen ihr Interesse signalisiert, das Bild für sich zu gewinnen. Frankfurt konnte die Ankunft des Gemäldes, das von der älteren Kunstgeschichtsschreibung des 19. Jahrhunderts als „Sixtinische Madonna des Nordens“ tituliert worden war, mit einer Ausstellung zur Entstehungsgeschichte des Bildes feiern. Herbert Becks Traum, das Werk dauerhaft der Städelsammlung einzuverleiben, hat sich nicht erfüllt. Nach zehnjährigem Aufenthalt im Städel krönt Holbeins Schutzmantelmadonna nunmehr die Kunstsammlung von Reinhold Würth in der Johanniterkirche in Schwäbisch Hall.

Cranach der Ältere
November 2007 bis Februar 2008
Max Hollein präsentierte in einer umfassenden Ausstellung über 70 Meisterwerke von Lucas Cranach dem Älteren, dem großen Maler der Reformationszeit. Seine frühen Landschaftsdarstellungen waren wegweisend, religiösen Themen hauchte er völlig neues Leben ein, für den reformierten Glauben schuf er gänzlich neue Bildtypen. Nach ihrer Präsentation in Frankfurt zeigte die Royal Academy of Arts in London 2008 die vom Städel erarbeitete Ausstellung.

Eröffnung des Erweiterungsbaus des Städel Museums mit Oberbürgermeisterin Petra Roth, Museumsdirektor Max Hollein und Ministerpräsident Volker Bouffier am 22. Februar 2012

Michelangelo. Zeichnungen und Zuschreibungen
März bis Juni 2009
Die Graphische Sammlung des Städel Museums zeigte 2009 eine Ausstellung, die sich an dem besonders umstrittenen Beispiel des Malerfürsten der italienischen Hochrenaissance Michelangelo Buonarroti (1475–1564) mit der Frage der Zuschreibung von Altmeisterzeichnungen beschäftigte. Anhand ausgewählter Beispiele – darunter kostbare Leihgaben aus den Sammlungen der Royal Collection, Windsor, der Casa Buonarroti, Florenz – bot die Ausstellung Möglichkeiten des unmittelbaren visuellen Vergleichs der Meisterzeichnungen.

Botticelli
November 2009 bis Februar 2010
Die Schau „Botticelli“ – die erste Einzelausstellung zu Sandro Botticelli im deutschsprachigen Raum – war mit über 367.000 Besuchern die bislang besucherstärkste Ausstellung in der Geschichte des Städels. Ausgehend von seinem monumentalen *Weiblichen Idealbildnis*, einem der Hauptwerke der Sammlung des Städel Museums, zeigte Max Hollein rund 80 Werke aus allen Schaffensphasen des großen Meisters der italienischen Renaissance.

Peter Roehr. Werke aus Frankfurter Sammlungen
November 2009 bis März 2010
Gemeinsam mit dem MMK Museum für Moderne Kunst Frankfurt am Main präsentierte das Städel rund 100 Arbeiten aus allen Schaffensperioden und Werkgruppen des Frankfurter Künstlers, dessen seriell geprägtes Werk in nur sechs Jahren entstand. Anhand dieser exzellenten, aus öffentlichen und privaten Sammlungen zusammengetragenen Werkauswahl wurde erstmals ein umfassender Einblick in das Schaffen des Künstlers ermöglicht.

Ernst Ludwig Kirchner. Retrospektive
April bis August 2010
Als einen weiteren Höhepunkt des Ausstellungsjahres 2010 feiert Max Hollein die Retrospektive zu Ernst Ludwig Kirchner, der ersten, 170 Werke umfassenden Retrospektive in Deutschland seit 30 Jahren. Aufbauend auf der hauseigenen Kirchner-Sammlung, ermöglichte die Schau einen neuen Blick auf die verblüffende Modernität Kirchners, dessen exzessives Leben in seiner Kunst auf unvergleichliche Weise seinen Niederschlag fand.

Liebieghaus Skulpturensammlung

Leitung: Prof. Dr. Herbert Beck (1969–2006), Max Hollein (seit 2006)

Mehr Licht – Europa um 1770. Die bildende Kunst der Aufklärung
1999

Die Idee zu dieser Ausstellung keimte mit dem Erwerb der bis dahin unbekannten Alabasterbüste eines bärtigen alten Mannes von Franz Xaver Messerschmidt im Jahre 1988. Wenig wissen wir über die Beweggründe, die ihn um 1770, bis dahin tätig als Bildhauer für den Hof in Wien, veranlaßten, sich dem rätselhaften Projekt der „Charakterköpfe“ zu verschreiben. Die Büste aus den Jahren 1770–1772 entzieht sich stilistisch den gängigen Epocheneinteilungen der Kunstwissenschaft. Herbert Beck weist aber exemplarisch auf die historische Epoche der Aufklärung hin, die um 1770 europaweit unterschiedlichste künstlerische Ausformungen fand.

Ägypten Griechenland Rom. Abwehr und Berührung
2005

Im Jahr 2000 erwarb der Städelsche Museums-Verein zur Präsentation im Liebieghaus eine 162 cm hohe Statue aus Rosengranit, die zuerst von dem Münchener Ägyptologen Alfred Grimm mit den Darstellungen Alexanders des Gro-

Das Liebieghaus

ßen in Verbindung gebracht worden war. Im altägyptischen Typus der Pharaonen dargestellt, ist die Statue aber von den Gesetzen des in klassisch-griechischer Zeit entwickelten Chiasmus geprägt, der jeder Form durch entgegengesetzte oder komplementäre antworten läßt. Etwa 370 Leihgaben verliehen der Ausstellung schließlich monumentales Gewicht, insbesondere aber Einsichten in die unterschiedlich entwickelte Bereitschaft, Einflüsse benachbarter Kulturen aufzunehmen. Die Kulturgeschichte Ägyptens kann als Paradigma für die Begegnung unterschiedlicher Kulturen gelesen werden und die Chancen, aber auch Risiken interkulturellen Zusammenlebens aufzeigen.

Die phantastischen Köpfe des Franz Xaver Messerschmidt
November 2006 bis März 2007
Der ungewöhnliche Künstler Franz Xaver Messerschmidt (1736–1783) zählt zu den eigenwilligsten Bildhauern der Kunstgeschichte, dem das Liebieghaus die erste Einzelausstellung in Deutschland widmete. Sein Ruhm gründet vor allem auf den sogenannten Charakterköpfen mit ihren grimassierenden, clownesken, schreienden, lachenden Gesichtern, deren kraftvolle Ausstrahlung den Betrachter bis heute in ihren Bann zieht.

Bunte Götter. Die Farbigkeit antiker Skulptur
Oktober 2008 bis Februar 2009
Die antike Marmorskulptur war nicht weiß, sondern bunt, wie antike Schriftquellen berichten. In der aus intensiven Forschungsarbeiten hervorgegangenen Schau prunken im Liebieghaus mit ihren individuellen Mustern rund 70 Originale: farbige Terrakotten, Marmorskulpturen und Mumienporträts, darunter über 30 spektakuläre Rekonstruktionen, welche die „bunte Antike“ erneut aufleuchten lassen.

Niclaus Gerhaert. Die Bildhauer des Mittelalters
Oktober 2011 bis März 2012
Mit der Schau „Niclaus Gerhaert. Der Bildhauer des Mittelalters“ präsentierte Max Hollein einen der zweifellos wichtigsten und einflußreichsten Künstler der Spätgotik. Das Werk des Niederländers Niclaus Gerhaert von Leyden (ca. 1430–1473) überzeugt durch überraschende Modernität und große Lebensnähe der Figuren.

Jeff Koons. The Sculptor & The Painter
Juni bis September 2012
Max Hollein mischte in der Schirn und im Liebieghaus die Popkultur des US-amerikanischen Künstlers Jeff Koons mit Plastiken des europäischen Erbes. Bewußt ließ er die glitzernden Arbeiten dieses richtungsweisenden Skulpturen-

Bei der Eröffnung seiner Ausstellung „Jeff Koons. The Sculptor & The Painter" legt der Künstler eine mit seinem Autogramm versehene Uhr ums Handgelenk der Oberbürgermeisterin

Künstlers mit den Werken der Altmeister in scharfen Kontrast treten. In dieser bislang besucherstärksten Ausstellung des Liebieghauses trat das große Ausdrucksspektakel von Jeff Koons als Reizfaktor in Dialog mit einer Skulpturensammlung, die eine Zeitspanne von 5.000 Jahren umfasst. „Koons demonstriert, daß er von bleibender Kunst nichts versteht", urteilte die *Süddeutsche Zeitung*. Marmor läßt sich nicht mit Wachs vergleichen.

Frankfurter Goethe-Haus/Freies Deutsches Hochstift

Leitung: Prof. Dr. Christoph Perels (1982–2003), Prof. Dr. Anne Bohnenkamp-Renken (seit 2003)

Ein Dichter hatte uns alle geweckt. Goethe und die literarische Romantik
Goethejahr 1999
Mit unaufdringlicher Begeisterung zeigte die Ausstellung Goethes Auseinandersetzung mit einer Dichtergeneration seiner Epoche, die in selbständiger Aneignung seines Werks ganz eigene Wege ging: den Romantikern.

Goethe und Schiller für Kinder. Weltliteratur im Kinderbuch
2004/2005
Seit Mitte des 19. Jahrhunderts gibt es immer wieder Versuche, die Texte der beiden Klassiker für ein junges Publikum einzurichten. Die Ausstellung zeigte zahlreiche Beispiele aus mehr als 100 Jahren. Im Mittelpunkt standen zeitgenössische Arbeiten bekannter Kinderbuchillustratoren.

Eichendorff wiederfinden
2007
Das Freie Deutsche Hochstift besitzt den weltweit größten Nachlaßteil des Romantikers Joseph von Eichendorff. Die Ausstellung zeigte eine repräsentative Auswahl dieser Schätze und dokumentierte in verschiedenen thematischen Abteilungen den geistigen Kontext seines Lebenswerks.

Der Brief – Ereignis & Objekt
2008
Mit unendlicher Melancholie begleitet die Ausstellung ihren Streifzug durch 350 Jahre Briefgeschichte. Sie lenkt den Blick auf den Wandel der konkreten

Goethe-Haus und Freies Deutsches Hochstift

Eigenschaften des sinnlich-ästhetischen Gegenstands Brief und zeigt damit, was sich über das Schreiben und Lesen von Briefen historisch und mental erkennen läßt.

Wie stellt man Literatur aus? Sieben Vorschläge zu Goethes „Wilhelm Meister"
2010
Anne Bohnenkamp-Renken stellt in der Ausstellung verschiedene Herangehensweisen an das Thema vor. Sieben Ausstellungsteams aus dem In- und Ausland hatte sie eingeladen, ihre je eigene Variante der Vermittlung von Literatur zu präsentieren.

Weltkulturen Museum

Leitung: Prof. Dr. Josef Franz Thiel (1985–1999), Dr. Johanna Agthe (1999–2000), Dr. Anette Rein (2000–2008), Dr. Christine Stelzig (2008–2010), Dr. Clémentine Deliss (seit 2010)

Fremde. Die Herausforderung des Anderen
Mai 1995 bis Januar 1997
Mit dieser Ausstellung reagierte das Museum auf die Ausschreitungen Anfang der 1990er Jahre gegen Menschen mit Migrationshintergrund. Im Kulturvergleich wurde der Umgang mit Fremden sowohl in der eigenen als auch in anderen Gesellschaften dargestellt. Kulturen vermischen sich beständig. Große Beachtung in der Frankfurter Bevölkerung fand das Begleitprogramm unter dem Titel „Verschlungene Pfade. Kunst und Migration" in Form von kleineren Sonderausstellungen, Musikveranstaltungen und Lesungen, in denen Autoren, Musiker und bildende Künstler mit Migrationshintergrund ihre Werke präsentierten.

Sinnwelten
Mai bis November 1997, Galerie 37
In der Eröffnungsausstellung der Galerie 37 gab Josef Franz Thiel einen Einblick in seinen Sammlungsschwerpunkt der zeitgenössischen außereuropäischen Kunst mit neuen Präsentationsformen. So wurden etwa traditionelle Objekte aus Afrika und Neuguinea sowie zeitgenössische Gemälde einander gegenübergestellt oder künstlerische Auftragsarbeiten präsentiert, welche die

Bedeutung des brasilianischen Candomblé für die Entstehung einer originären brasilianischen Kunstszene zeigten.

Menschen und ihre Gegenstände. Amazonien – Ozeanien
November 2001 bis September 2002
Objekte sind mehr als nur ihr funktioneller Gebrauch. Sie verweisen durch die mit ihnen verbundenen Bedeutungen auf immaterielle Qualitäten von Wirklichkeit. Indem Objekte mit einer Schutzfunktion belegt sind (wie etwa das Amulett) oder als Teil der Identität von Individuen behandelt werden, zeigen sie ihre besonderen Qualitäten jenseits von Materialität. Anhand von Kriterien wie Beseeltheit, Stärke, Ordnung, Verwandlung, Trennung etc. wurden Objekte aus Amazonien und Ozenanien mit ihren jeweils kulturspezifischen spirituellen Hintergründen präsentiert.

Lebenswelten – Kunsträume. Zeitgenössische irokesische Kunst
Mai bis Oktober 2003, Galerie 37
Ausgewählte Beispiele zeitgenössischer irokesischer Malerei, Graphik, Plastik, Fotografie und Installationen zeigten, welche Rolle traditionelle Themen noch in der Gegenwart spielen: etwa die Erde als lebenspendende Grundlage für den traditionellen Anbau von Mais, Kürbis und Bohnen (den „Drei Schwestern" der irokesischen Mythologie) oder die Bedeutung von Grund und Boden im Zuge der kolonialen Eroberung, die in Landrechtsprozessen bis heute fortwirkt.

Ansichtssachen aus 100 Jahren. Museum der Weltkulturen Frankfurt am Main
Oktober 2004 bis Mai 2005
In dieser Jubiläumsausstellung zum 100. Geburtstag des Museums setzte Anette Rein auf Perspektiven- und Stimmenvielfalt. Sechs Kustoden hatten die Aufgabe, je ein Objekt aus den Sammlungen auszuwählen und mit Hilfe einer dafür entwickelten Szenographie in je verschiedenen Kontexten zu präsentieren. Dabei wurde etwa nach der Sammlungsgeschichte, nach indigenen Namen oder nach dem Handelswert der Objekte gefragt. So ist ein buntes Kaleidoskop von oft sehr persönlichen Geschichten entstanden, in fast jedem Kiesel ein Kleinod.

Im Schatten des Kongo. Leo Frobenius, Stereofotografien 1904 bis 1906
Dezember 2005 bis April 2006, Villa 37
Nach über 100 Jahren wurden erstmals Stereofotografien der Expedition von Leo Frobenius in die Kongo-Kasai-Region gezeigt. Die Fotografien waren

nicht nur ein erfolgreiches Experiment, sondern sind zugleich aussagekräftige Zeugnisse jenes Blickwinkels, aus dem der Forscher auf Afrika schaute und der zum Teil bis heute westeuropäische Vorstellungen vom Schwarzen Kontinent prägt und deshalb in der Ausstellung kritisch hinterfragt wurde. Die Schau zu diesem virtuosen Welt-Erforscher mit der Kamera ist in Kooperation mit dem Frobenius-Institut der Goethe-Universität Frankfurt entstanden.

Hautzeichen – Körperbilder
April 2006 bis September 2007
Gestaltungsformen des menschlichen Körpers wurden exemplarisch im transkulturellen Vergleich über einen Zeitraum von 5.000 Jahren vorgestellt – von den Tattoos des „Ötzi" (ca. 3000 v. Chr.) bis hin zu den Silikonbrüsten von Pamela Anderson (2004). Beispiele wie etwa die Praxis des Einschnürens von Mädchenfüßen oder der Körperbemalung in Afrika bezeugten eindrucksvoll die panhumane Vorstellung, „wahre" und „schöne" Menschen schaffen zu können, indem man ihrem Körper jeweils kulturspezifische Zeichen aufprägte.

Black Paris. Kunst und Geschichte einer schwarzen Diaspora 1906–2006
März bis April 2007
Die Ausstellung „Black Paris" zeigte, daß Paris, einst Hauptstadt eines französischen Kolonialreichs, heute nicht nur die größte afrikanische Enklave in Europa, sondern auch das unangefochtene Zentrum der afrikanischen Mode, Musik, Kunst und Literatur ist, das mit seinen Geschäften, Verlagen, Ateliers und Agenturen der Seine-Metropole ihr multikulturelles Flair verleiht. Geschichte und Ikonographie des schwarzen Paris wurden als Collage aus historisch-dokumentarischen Bildzeugnissen und Arbeiten moderner und zeitgenössischer Künstlerinnen und Künstler präsentiert.

Being Object. Being Art. Meisterwerke aus den Sammlungen des Museums der Weltkulturen
Oktober 2009 bis Oktober 2010
Erstmals wurden aus der Fülle des etwa 67.000 Objekte umfassenden Sammlungsbestandes des Museums 130 Ethnographica, Gebrauchs- oder Ritualgegenstände indigener Gesellschaften aus Afrika, Amerika, Südostasien, Ozeanien und Ostasien unter dem Aspekt „Meisterwerke" vorgestellt: Objekte, deren Schöpfer aufgrund ihres überragenden handwerklichen Könnens allgemein als „Meister" anerkannt wurden.

Objekt Atlas – Feldforschung im Museum
Januar bis September 2012
In dieser Ausstellung zeigte Clémentine Deliss Objekte aus der Sammlung des Weltkulturen Museums im Dialog mit eigens für diese Schau neu geschaffenen Werken von Alf Bayrle, Helke Bayrle, Thomas Bayrle, Marc Camille Chaimowicz, Sunah Choi, Antje Majewski, Otobong Nkanga und Simon Popper, die bestimmte Aspekte der historischen Artefakte in unsere Gegenwart übertrugen. So hatte etwa Thomas Bayrle, angeregt von fein gewebten Fischreusen aus Indonesien und Papua-Neuguinea, eine Falle für dumme Autos entworfen.

Trading Style – Weltmode im Dialog
November 2012 bis August 2013
In einem beispiellosen Dialog zwischen vergangenen und zukünftigen Modewelten präsentiert „Trading Style“ mehr als 500 historische Objekte, Fotografien und Filme aus den Sammlungen des Museums zusammen mit aktuellen Designs für Kleidung und Accessoires von vier internationalen Modelabels.

caricatura museum frankfurt

Leitung: Achim Frenz (seit 2008)

Die schärfsten Kritiker der Elche in Wort, Strich und Bild – 40 Jahre Neue Frankfurter Schule
2001 im Historischen Museum
Die Erzväter der Neuen Frankfurter Schule F. W. Bernstein, Robert Gernhardt, Chlodwig Poth, Hans Traxler und F. K. Waechter, die die bürgerlichen Rollenbilder der Gesellschaft karikierten, sind in den darauffolgenden Jahren jeweils mit einer Einzelausstellung gewürdigt worden. Im Kirchentagsjahr 2001 wurde auch die satirische Ausstellung „Unsern täglichen Witz gib uns heute“ gezeigt.

Bernd Pfarr – Komische Welten
1. Oktober 2008
Mit seiner Eröffnungsausstellung zündete das Museum für Komische Kunst „caricatura“ im Leinwandhaus publikumswirksame Pointen zwischen Witz und Melancholie. Die Gründung des caricatura museums frankfurt im Jahr 2008 ist ganz sicher einer der Höhepunkte in der kulturpolitischen Bilanz der Ära Roth.

Das Museum für Angewandte Kunst mit Metzler-Villa

Titanic – Das Erstbeste aus 30 Jahren
2009
Große Jubiläumsausstellung zum 30. Geburtstag des endgültigen Satiremagazins Titanic, dem noch keiner ideologische Linientreue vorwerfen konnte und dem nichts heilig ist. Denn Satire kennt kein Tabu.

Vive Reiser!
2011
Zum 70. Geburtstag des 1983 verstorbenen bedeutenden französischen Cartoonisten und Karikaturisten Jean-Marc Reiser präsentierte das caricatura museum frankfurt mit über 240 Originalarbeiten des Zeichners die erste repräsentative und mit Abstand größte Ausstellung seines Werkes.

HADERER
2011
Die Ausstellung mit den unbarmherzigen Cartoons des österreichischen Zeichners Gerhard Haderer für den *stern* war mit knapp 40.000 Besuchern die beim Publikum bislang erfolgreichste Ausstellung des caricatura museums unter der Leitung von Achim Frenz.

Museum für Angewandte Kunst

Leitung: Dr. Arnulf Herbst (1988–1998), James Bradburne (2000–2002), Prof. Dr. Ulrich Schneider (2003–2012), Dr. Matthias Wagner K (seit 2012)

Schatzhaus Kuweit
Mai bis Oktober 1996
Arnulf Herbst zeigte mehr als 120 Leihgaben islamischer Kunst aus der al-Sabah Collection – von Schmuck und Juwelen über seltene Keramiken bis hin zu kostbaren Handschriften und Buchmalereien.

Wilhelm Zimmermann: Anschläge – Bilder und Plakate
August bis September 2002
Der ehemalige Art Director der Werbeagentur McCann Wilhelm Zimmermann gilt neben Klaus Staeck als einer der bedeutendsten Plakatkünstler der Republik: Petra Roth nannte ihn in ihrer Einführungsrede „einen pointensicheren Satiriker mit Biß, dessen politische Botschaften jeder versteht".

Blut
November 2001 bis Januar 2002
James Bradburne braute aus Perspektiven der Kunst, Macht, Politik und Pathologie einen ganz besonderen Saft. Die umfangreiche Ausstellung im Museum für Angewandte Kunst und in der Schirn Kunsthalle thematisierte eine zur totalen Transparenz verdammte postmoderne Gesellschaft.

Fragile. Die Tafel der Zaren und das Porzellan der Revolutionäre
April bis August 2008
Die größte in Deutschland gezeigte Ausstellung zur kanonischen russischen Porzellankunst aus der Sammlung des staatlichen Porzellanmuseums Schloß Kuskovo Moskau; in Zusammenarbeit mit Schloß Bad Homburg.

André-Charles Boulle
Oktober 2009 bis Januar 2010
Ulrich Schneider präsentierte in einer umfangreichen Ausstellung mit Möbeln des französischen Hoftischlers Boulle, Protagonist des barocken Repräsentationsstiles König Ludwigs XIV., auch die Semantik ästhetischer Parameter der dreidimensionalen Kunst.

Eröffnung der Plakat-Ausstellung Wilhelm Zimmermanns im Foyer des Museums für Angewandte Kunst (von links): Kulturdezernent Felix Semmelroth, Petra Roth und der Künstler

Less and More. Das Designethos von Dieter Rams
Mai bis September 2010
Mit bestechender Genauigkeit informiert diese Ausstellung über die changierende Produktgestaltung des langjährigen Chefdesigners des Frankfurter Unternehmens Braun, Dieter Rams; mit insgesamt sechs Ausstellungsstationen weltweit.

Historisches Museum

Leitung: Prof. Dr. Rainer Koch (1982–2005), Dr. Jan Gerchow (seit 2005)

Das Gedächtnis der Kunst. Geschichte und Erinnerung in der Kunst der Gegenwart
Dezember 2000 bis März 2001
Große Ausstellung über 30 zeitgenössische Künstler, die sich mit den Topoi Erinnerung, Gedächtnis, Zeitgeschichte auseinandersetzen, darunter Marina Abramovic, Gerhard Richter, Richard Serra, Sigrid Sigurdsson und Kara Walker,

deren Werke hinter die Fassade des oberflächlich Sichtbaren blicken. Die Exponate waren über drei Ausstellungsorte verteilt: die Schirn Kunsthalle, das Historische Museum und die Paulskirche.

„Von Fremden zu Frankfurtern": Ausstellung zur Geschichte der Migration
2004 bis 2010
Erste Dauerausstellung zur Migrationsgeschichte in Deutschland überhaupt, die in einer Stadt mit einem Bevölkerungsanteil mit Migrationshintergrund von 25 Prozent besonders großes Interesse fand.

Die Kaisermacher. Frankfurt am Main und die Goldene Bulle 1356–1806
September 2006 bis Januar 2007
Großes Geschichtspanorama anläßlich „650 Jahren Goldene Bulle", innovative Ausstellung über „Ritual und Politik", in Kooperation mit dem Dommuseum, dem Institut für Stadtgeschichte und dem Jüdischen Museum. Von hoher geschichtswissenschaftlicher Evidenz.

„Die 68er. Kurzer Sommer – Lange Wirkung"
Mai bis August 2008
Jan Gerchow präsentiert die bundesweit einzige umfassende Ausstellung zu allen Facetten der Protestbewegung von 1968, gefördert von der Kulturstiftung des Bundes und der Bundeszentrale für politische Bildung.

Das Historische Museum

„Peter Struwwel – Heinrich Hoffmann, ein Frankfurter Leben"
Juni bis September 2009
Zentrale Ausstellung des großen „Heinrich-Hoffmann-Sommers 2009" mit zahlreichen Originalzeichnungen des Arztes und berühmten Kinderbuchautors, der auch mit Gedichten, Theaterstücken und humoristischen wie medizinischen Studien hervortrat. Der „Struwwelpeter-Hoffmann" lebte von 1809 bis 1894 in Frankfurt am Main.

Museum Giersch

Leitung: Dr. Manfred Großkinsky (seit 1999)

Henriette Amalie von Anhalt-Dessau
Oktober 2002 bis Februar 2003
In ihrem Bockenheimer Schloß und ihrem Frankfurter Stadthaus versammelte die verstoßene Prinzessin Henriette Amalie eine umfangreiche Universalkollektion an Mineralien, Büchern, Münzen, Porzellanen, Juwelen und Gemälden. Von den ehemals über 80 Frankfurter Privatsammlungen des 18. Jahrhunderts mit Werken niederländischer und deutscher Malerei vom 16. bis 18. Jahrhundert überdauerte allein jene der Henriette Amalie von Anhalt-Dessau als einmaliges Zeugnis des Frankfurter Sammlertums im 18. Jahrhundert mit Sinn fürs zeitlos Schöne.

Willi Baumeister – Die Frankfurter Jahre 1928–1933
März bis Juli 2005
Baumeister, einer der wichtigsten Künstler der deutschen Moderne, verbrachte viele produktive Jahre in Frankfurt als Lehrer an der Städelschule und als Mitarbeiter der innovativen Zeitschrift *Das Neue Frankfurt.* Als Typograph und Werbegestalter verfolgte er eine moderne, funktionale Schrift- und Werbeästhetik. Als Maler vollzog er in Frankfurt erste Schritte in die Abstraktion. 1933 wurde er von den Nationalsozialisten aus dem Lehramt vertrieben.

Marie-Louise von Motesiczky 1906–1996
September 2006 bis Januar 2007
Motesiczky ist eine der wichtigsten Künstlerinnen aus der Frankfurter Beckmann-Klasse. In Auseinandersetzung mit ihrem Lehrer entwickelte sie eine in-

dividuelle künstlerische Handschrift, die zeitlebens dem Figürlichen verpflichtet blieb. Die gebürtige Wiener Jüdin verließ Deutschland 1938 zunächst nach Amsterdam und emigrierte 1939 schließlich nach London. Dort knüpfte sie Kontakte zu intellektuellen und künstlerischen Emigrantenkreisen, zu denen auch der Schriftsteller Elias Canetti und der Maler Oskar Kokoschka gehörten.

Vom Taunus zum Wannsee – Der Maler Philipp Franck (1860–1944)
März bis Juli 2010
Der gebürtige Frankfurter und Städelschüler Philipp Franck verließ bereits in den 1880er Jahren seine Vaterstadt, um sich zunächst in Düsseldorf, später in Berlin niederzulassen. Als Mitbegründer der Berliner Secession pflegte er eine farbkräftige, pleinairistische Malweise und eine realistische Themenwahl. Seine Motive bezog er aus dem Brandenburger Umfeld sowie aus dem Taunus, wo er alljährlich die Sommermonate verbrachte. Mit seinen Landschaftsbildern zählt Philipp Franck zu den bekanntesten deutschen Impressionisten. „Die Natur allein ist unendlich reich und bildet den großen Künstler" (Goethe).

Expressionismus im Rhein-Main-Gebiet – Künstler, Händler, Sammler
April bis Juli 2011
Mit dieser Ausstellung hat Manfred Großkinsky erstmals zu einem umfassenden Überblick über die expressionistische Malerei, Bildhauerei und Graphik im Rhein-Main-Gebiet eingeladen. Der Bogen spannte sich von ihren Anfängen in der Umbruchszeit des Ersten Weltkriegs über die 1920er Jahre bis in die Zeit des Nationalsozialismus, in der die Moderne als „entartet" diffamiert wurde. Zahlreiche Neuentdeckungen bereicherten die Kenntnisse über die facettenreiche Szene des expressionistischen Kunstbetriebs in unserer Region.

Museum für Moderne Kunst

Leitung: Prof. Dr. Jean-Christophe Ammann (1989–2001), Udo Kittelmann (2002–2008), Prof. Dr. Susanne Gaensheimer (seit 2009)

Bill Viola – 25 Year Survey Exhibition
Februar bis April 1999
Jean-Christophe Ammann präsentierte die bis dato größte Retrospektive des amerikanischen Videokünstlers in Kooperation mit dem Whitney Museum of

Das Museum für Moderne Kunst

American Art, New York. Mehrere raumbezogene Videoinstallationen waren dabei auch an verschiedenen Standorten in der Frankfurter Innenstadt zu sehen, unter anderem in der Schirn Kunsthalle, im Dominikanerkloster, im Römer und im Foyer der Börse.

Jeff Wall – Figures & Places
September 2001 bis März 2002
Retrospektive mit Werken von 1978 bis 2000 des kanadischen Fotokünstlers, der mit seinen großformatigen „Transparencies" (Diapositiven in Leuchtkästen) bekannt geworden ist. *The Storyteller* von 1986, ein Hauptwerk des Künstlers, gehört zu den programmatischen Ankäufen des MMK noch vor der Eröffnung des Museums im Jahr 1991.

STURTEVANT – The Brutal Truth
September 2004 bis Januar 2005
Erste Retrospektive der amerikanischen Konzeptkünstlerin mit Arbeiten von 1965 bis 2004, der Udo Kittelmann sein komplettes Haus widmete. Diese ungewöhnliche Entscheidung folgte dem konsequenten und radikalen Œuvre dieser Künstlerin. Ihre Werke gehören zweifellos zu den interessantesten und außergewöhnlichsten Beiträgen der Gegenwartskunst. STURTEVANT wurde 2011 auf der Biennale in Venedig der Goldene Löwe zuerkannt.

MURAKAMI
September 2008 bis Januar 2009
Die bis dato umfassendste Werkschau des japanischen Künstlers Takashi Murakami, der neben Jeff Koons und Damien Hirst sicherlich zu den einflußreichsten Künstlern seiner Generation zählt. Die Ausstellung wurde in Zusammenarbeit mit dem Museum of Contemporary Art in Los Angeles entwickelt. Diese Einzelausstellung sollte zum größten Publikumsmagneten in der bisherigen Geschichte des MMK werden.

MMK 1991–2011: 20 Jahre Gegenwart
Juni bis Oktober 2011
20 Jahre nach seiner Eröffnung zählt das MMK zu den weltweit bedeutenden Museen für Gegenwartskunst. Seine einzigartige Sammlung umfaßt mittlerweile über 4.500 Kunstwerke seit den 1960er Jahren. Mit dieser Jubiläumsausstellung zeigt Susanne Gaensheimer erstmals die umfangreichen Bestände des MMK zugleich auch im MMK Zollamt sowie auf dem MainTor-Areal am Frankfurter Mainufer.

Douglas Gordon
November 2011 bis März 2012
Überblicksausstellung mit Video- und Klanginstallationen, Fotografien, Texten und Skulpturen des schottischen Künstlers, der an der Städelschule in Frankfurt eine Professur für Film wahrnimmt. Sein Hauptwerk *Play Dead; Real Time* von 2003 aus der Sammlung des MMK bildete den Ausgangspunkt dieser großen Einzelausstellung.

Institut für Stadtgeschichte

Leitung: Prof. Dr. Dieter Rebentisch (1991–2004), Dr. Evelyn Brockhoff (seit 2004)

Die Paulskirche. Symbol demokratischer Freiheit und nationaler Einheit
Dauerausstellung in der Paulskirche seit 1998
Anläßlich der 150-Jahr-Feier der Deutschen Nationalversammlung 1998 ließ die 1822-Stiftung der Frankfurter Sparkasse die bereits bestehende Dauerausstellung durch das Institut für Stadtgeschichte aktualisieren. Sie dokumentiert

die Geschichte des klassizistischen Bauwerks und des für die deutsche Geschichte und Demokratie bedeutsamen historischen Schauplatzes.

März 1944. Frankfurt im Bombenkrieg
März bis Mai 2004
Anläßlich des 60. Jahrestages der schweren Luftangriffe auf Frankfurt im März 1944 zeigte die Ausstellung einzigartige Fotografien, die an die Zerstörung der Stadt im Zweiten Weltkrieg erinnern. Dabei schlug die Schau einen Bogen von der Zeit vor der Zerstörung über den Zweiten Weltkrieg bis hin zur unmittelbaren Nachkriegszeit.

Der Frankfurt Sound. Eine Zeitreise in Jazz
Oktober 2004 bis Januar 2005
Mit dieser Ausstellung dokumentiert Evelyn Brockhoffs Institut die Geschichte des Jazz in Frankfurt mit Fotos, Konzertplakaten, Zeitungsausschnitten sowie mit vielen zum Teil erstmals veröffentlichten Tonbeispielen. In einem Rahmenprogramm zur Ausstellung kamen Zeitzeugen der „Hauptstadt des Jazz" ebenso zu Wort wie in Konzerten die Vertreter der modernen Jazz-Generation zu Gehör.

Die Kaisermacher. Frankfurt am Main und die Goldene Bulle 1356–1806
September 2006 bis Januar 2007
Zum 650jährigen Jubiläum der Goldenen Bulle Kaiser Karls IV., die Frankfurts Status als Wahlort der römisch-deutschen Könige reichsrechtlich verankerte, präsentierten vier Frankfurter Kulturinstitute eine Ausstellung zu Wahl und Krönung, die sich mit Entstehung und Inhalt insbesondere des Frankfurter Exemplars befaßte, das lange für das „Reichsexemplar" gehalten wurde. 2013 erklärte die UNESCO die Goldene Bulle zum Weltkulturerbe, der ganze Stolz der Chefin Evelyn Brockhoff.

Hans Steinbrenner. Gleichnis der Harmonie. Skulpturen
März bis Juni 2009
Kurz nach dem 80. Geburtstag des renommierten Bildhauers Hans Steinbrenner widmete das Institut für Stadtgeschichte dem Frankfurter Künstler eine Retrospektive. Schon 1965, 1980 und 1990 waren im Karmeliterkloster Arbeiten Steinbrenners gezeigt worden. Ein Exponat der Ausstellung, die *Liegende Figur* (1986/1993), konnte dank der Unterstützung der Adolf und Luisa Haeuser-Stiftung für Kunst und Kulturpflege für den Kreuzgang erworben werden.

„Wahrlich eine schöne Stadt ...“ Frankfurt zur Zeit des Klassizismus. Eine Ausstellung zum 225. Geburtstag des Stadtbaumeisters Johann Friedrich Christian Hess

Mai 2010 bis Januar 2011

Aus Anlaß des 225. Geburtstages von Johann Friedrich Christian Hess (1785–1845) führte ein Rundgang durch das Frankfurt zur Zeit des Klassizismus. Die Ausstellung im Dormitorium des Karmeliterklosters präsentierte jedoch nicht allein von Hess errichtete oder andere klassizistische Gebäude, sondern stellte allgemein Bauwerke vor, die damals als modern galten.

„Es führt über den Main ...“ Frankfurts Alte Brücke gestern, heute, morgen

März bis Juni 2010

In Kooperation mit dem Amt für Straßenbau und Erschließung, das die Sanierung bzw. den Umbau der Alten Brücke plant, führt eine Ausstellung durch die Geschichte dieses für die Stadtentwicklung so wichtigen Bauwerks von den Anfängen um 1200 bis hin zur virtuellen Neugestaltung.

Was die Welt bewegt. Schopenhauer in Frankfurt am Main

September 2009 bis Februar 2010

Zum 150. Todestag von Arthur Schopenhauer erinnerte die Ausstellung an Leben und Werk des großen Philosophen, der von 1843 bis zu seinem Tod 1860 in Frankfurt lebte. In abwechslungsreicher Präsentation eröffnete die Ausstellung lebendige Einblicke in Schopenhauers Biographie und vor allem in dessen Philosophie.

Frankfurt in frühen Farbdias 1936 bis 1943

Januar bis August 2011

Bei Katalogisierungsarbeiten fanden sich im Institut bisher unbekannte Farbdias aus den Jahren 1936 bis 1943. Obwohl manche der neuentdeckten rund 600 Aufnahmen technische Unzulänglichkeiten aufweisen, öffneten sie in ihrer Gesamtheit neue Blicke auf das alte Frankfurt, das bis dato überwiegend schwarzweiß überliefert worden war.

Das Gedächtnis Frankfurts. 575 Jahre Institut für Stadtgeschichte

September 2011 bis Januar 2012

Frankfurt unterhält mit dem Institut für Stadtgeschichte eines der ältesten und bedeutendsten Kommunalarchive in Deutschland. Seit dem Bezug des ersten Archivzweckbaus 1436, des Turms Frauenrode, ist das „Gedächtnis Frankfurts“ als Hüterin der städtischen Überlieferung historisch belegt. In den vergangenen Jahrhunderten entwickelte es sich von einem Anhängsel der Verwaltung zu einer institutionell autonomen Einrichtung der Geschichtskultur – unter der Leitung von Evelyn Brockhoff mit besonderer Relevanz für Deutschland insgesamt.

Herausragende Vorträge und Vortragsreihen:

I. Kunst und Künstler in Frankfurt am Main im 19. und 20. Jahrhundert
II. Stadt am Fluß – Literaturstadt Frankfurt und der Main
III. Musik in Frankfurt am Main
IV. Das „neue" Frankfurt. Innovationen in der Frankfurter Kunst vom Mittelalter bis heute
V. Eingemeindungen
VI. Frankfurter Stadtoberhäupter vom 14. Jahrhundert bis 1946
VII. Oberbürgermeisterin Petra Roth
VIII. Frankfurter Parkgeschichten
IX. Frankfurter Frauen-Geschichte(n)

Jüdisches Museum

Leitung: Georg Heuberger (1985–2006), Prof. Dr. Raphael Gross (seit 2006)

Moritz Daniel Oppenheim. Die Entdeckung des jüdischen Selbstbewußtseins in der Kunst
Dezember 1999 bis April 2000
Mit Oppenheim, der als erster jüdischer Maler eine akademische Ausbildung erhielt, fanden viele andere jüdische Künstler Anschluß an die aktuellen künstlerischen Strömungen der Neuzeit. Im öffentlichen Leben seiner Zeit erlangte Oppenheim hohe Anerkennung.

Verehrt und verfemt. Chagall und Deutschland
Februar bis April 2004
Die Ausstellung schilderte die komplizierte, ein Leben lang andauernde Wechselbeziehung zwischen einem der bedeutendsten Künstler der Moderne und einem Land, das zu Anfang des 20. Jahrhunderts einen ungeheuren künstlerischen Aufbruch erlebte, der jedoch durch den Nationalsozialismus abrupt beendet wurde. Heute sind Chagalls Werke sowohl zu Zeugnissen dieses Zivilisa-

Das Jüdische Museum

tionsbruches geworden als auch zu Sinnbildern eines universalen, Länder und Kulturen übergreifenden Humanismus.

„Und keiner hat für uns Kaddisch gesagt ...“ Deportationen aus Frankfurt am Main 1941 bis 1945
März bis September 2005
Georg Heubergers Museum stellte in dieser Ausstellung die Lebensläufe exemplarischer Personen in den Mittelpunkt, die anhand von persönlichen Zeugnissen, Dokumenten und Fotos nachgezeichnet wurden. Aus der Perspektive der Opfer wurden so der Ablauf der Deportation in Frankfurt und das Schicksal der Verschleppten in den Lagern und Ghettos rekonstruiert.

Ignatz Bubis (1927–1999). Ein jüdisches Leben in Deutschland
Mai bis November 2007
Wie keine andere jüdische Persönlichkeit hat Ignatz Bubis das öffentliche Leben in Deutschland nach 1945 mitgeprägt. Er war Überlebender des Holocaust, Unternehmer in der Nachkriegszeit, Funktionär der Jüdischen Gemeinde Frankfurt und von 1992 bis 1999 Präsident des Zentralrats der Juden in Deutschland. In seiner Biographie spiegeln sich wie in einem Brennglas die fundamentalen Entwicklungen und Konflikte der bundesrepublikanischen Nachkriegsgesellschaft.

Die Frankfurter Schule und Frankfurt. Eine Rückkehr nach Deutschland
September 2009 bis Januar 2010
Die Nationalsozialisten hatten das 1923 gegründete Institut für Sozialforschung in die Emigration getrieben. Der „Gedanke der Erinnerung“ ebenso wie der politische Entschluß, den demokratischen Wiederaufbau aktiv mitzugestalten, bewogen schließlich Friedrich Pollock, Max Horkheimer und Theodor W. Adorno, nach Deutschland zurückzukehren. Raphael Gross rückte in dieser Ausstellung den spezifisch jüdischen Erfahrungshorizont der Protagonisten in den Mittelpunkt.

Stoltze-Museum

Leitung: Werner O. Fey (1978–1998), Petra Breitkreuz (seit 1998)

150 Jahre Nationalversammlung
März 1998 bis Oktober 1999
Petra Breitkreuz' erste Ausstellung mit musikalisch umrahmten Lesungen von Stoltze-Texten im damaligen 1822-Forum in der Töngesgasse. Friedrich Stoltze hat sich intensiv mit dem ersten deutschen Parlament in der Frankfurter Paulskirche auseinandergesetzt. Seine Freiheitsgedichte wurden von verschiedenen Komponisten vertont und erstmals im Rahmen dreier Matineen unter dem Titel „Der Freiheit eine Gasse“ auf die Bühne geholt.

250. Geburtstag Goethes – Friedrich Stoltze verehrt Goethe
März bis Oktober 1999
Friedrich Stoltze hat Goethe verehrt, ihm zahlreiche Gedichte gewidmet und Goethe-Zitate in seiner *Frankfurter Latern* mit Blick auf die politischen und gesellschaftlichen Verhältnisse seiner Zeit persifliert. Das Museum präsentierte in zwei Sonderausstellungen Stoltze und Goethe als Dioskuren und lud zu einer Open-Air-Veranstaltung unter dem Titel „Goethe-Variationen von Friedrich Stoltze“ in den Innenhof des Dominikanerklosters ein.

Friedrich Stoltze und Offenbach – eine besondere Beziehung
Juni bis Juli 2002
Das Stoltze-Museum wagte mit dieser Ausstellung eine kritische und zugleich humorvolle Retrospektive auf Friedrich Stoltzes Werk. Ergänzend dazu lasen

Der Schauspieler, Kabarettist und Autor Michael Quast erhält den Binding Kulturpreis 2007 im Kaisersaal (von links): Kulturdezernent Felix Semmelroth, der Preisträger und Petra Roth

Dieter Schneider, Petra Breitkreuz und Hans-Otto Schembs im Büsing-Palais in Offenbach Texte des Dichters.

30jähriges Jubiläum des Museums

April bis Oktober 2008

Mit der Neugestaltung der Dauerausstellung und des Kabinettzimmers feierten Petra Breitkreuz und ihr Stoltze-Museum dessen 30jähriges Bestehen. Die Stiftung der Frankfurter Sparkasse hat die inhaltliche Neukonzeption mit einem namhaften Betrag gefördert. Zur Wiedereröffnung nach mehrmonatiger Umbauzeit präsentierte das Museum zugleich einen Rückblick auf seine ersten 30 Jahre breiter Zuneigung.

Und sie brennt doch! 150 Jahre Frankfurter Latern

März bis November 2010

Das Museum feierte den Geburtstag von Stoltzes satirischer Wochenzeitschrift mit einem umfangreichen Katalog. Höhepunkt des Jahres war eine Sonderausstellung im Kundenzentrum der Frankfurter Sparkasse. Mit lebenszugewandter Heiterkeit rezitierte zur Ausstellungseröffnung Michael Quast Stoltze-Gedichte unter dem Motto: „Und immer sind wir bei Humor".

Ikonen-Museum

Leitung: Dr. Richard Zacharuk (seit 1988)

Der Glanz des christlichen Orients
November 2002 bis März 2003
Erstmalig präsentiert Richard Zacharuks Ikonen-Museum christliche Ikonen aus dem Libanon und aus Syrien.

Großmächtiges Nowgorod
September 2003 bis Januar 2004
Meisterwerke der Ikonenmalerei und die Kirche auf dem Wolotowo-Feld. Die Ausstellung war ein Beitrag Rußlands zur Frankfurter Buchmesse 2003. Sie zeigte die Geschichte und Kunst der Stadtrepublik Nowgorod, die bis zur Einnahme durch Zar Iwan den Schrecklichen zu den mächtigsten in Rußland zählte.

„... von der Hand deines Dieners ..."
Oktober 2004 bis Januar 2005
Die Arabische Liga war 2004 Hauptgast der Frankfurter Buchmesse. Aus diesem Anlaß wurden Meisterwerke der christlichen Ikonenkunst aus Syrien, Libanon und Ägypten präsentiert.

„Unter Deinen Schutz ..."
November 2005 bis März 2006
Ikonen vom 15. bis 18. Jahrhundert aus den polnischen Karpaten wurden im Rahmen des Deutsch-Polnischen Jahres 2005/2006 gezeigt.

„Steh auf und geh nach Süden"
November 2007 bis März 2008
Für viele war es eine Entdeckung, daß Äthiopien zu den ersten Ländern gehörte, in denen das Christentum als offizielle Religion eingeführt wurde.

Portikus

Leitung: Prof. Kaspar König (1987–2001), Prof. Dr. Daniel Birnbaum (2001–2010), Prof. Nikolaus Hirsch (seit 2010)

Wolfgang Tillmans
1995
Wolfgang Tillmans' Ausstellung im Portikus vereinte großformatige Tintenstrahldrucke, Originalseiten aus Zeitschriften sowie Fotografien in unterschiedlichen Formaten.

Matthew Barney: „CREMASTER 5"
1997
Unserem listenreichen Bonifatius der zeitgenössischen Kunst, Kaspar König, gelang es, das filmische Werk *CREMASTER 5* des in New York lebenden Künstlers Matthew Barney im Portikus als Weltpremiere zu zeigen.

Olafur Eliasson: „light lab"
2006
Im April 2006 eröffnet Daniel Birnbaum das neue Gebäude des Portikus auf der Maininsel an der Alten Brücke mit dieser Ausstellung. Eliasson präsentierte einen Lichtbogen, der die Anmutung einer aufgehenden Sonne hatte (*light lab, test 1*) und auch heute noch häufig im spitzgiebeligen Dachgeschoß weithin ausstrahlt. Es handelt sich dabei um eine Form des Umgangs mit den speziellen architektonischen Bedingungen des neuen Ausstellungsraumes als dessen buchstäbliche Öffnung ins urbane Bild der Stadt.

Haegue Yang: „Siblings and Twins"
2008
Haegue Yang kreierte mit alltäglichen Materialien und *objets trouvés* wie Jalousien, Glühbirnen, Lochblechen und Scheinwerfern Metallkonstruktionen und somit eine abstrakte Ausstellungssituation.

Michael Stevenson: „A Life of Crudity, Vulgarity and Blindness"
2012
Nikolaus Hirsch hatte Michael Stevenson eingeladen, das gesamte Gebäude in eine Camera obscura zu verwandeln. Auf der transparenten Dachgeschoßseite des Portikus strandete ein Flugzeug, sichtbar vom gegenüberliegenden Main-

ufer. Bei Tageslicht wurde ein fotografisches Bild eines eingeschlossenen Flugzeuges durch das gesamte Gebäude transportiert, um schließlich im Hauptausstellungsraum sichtbar zu werden.

Museum für Kommunikation Frankfurt

Leitung: Dr. Klaus Beyrer (1993–1997), Dr. Helmut Gold (seit 1997)

Abgestempelt. Judenfeindliche Postkarten
April bis August 1999
Die gemeinsam mit dem Jüdischen Museum konzipierte Ausstellung im Neubau des Architekten Günter Behnisch belegte die Durchdringung des Alltags mit antisemitischen Bildern und Vorstellungen seit dem ausgehenden 19. Jahrhundert anhand des scheinbar harmlosen Mediums Bild-Postkarte.

Kinder schreiben an die Väter 1939–1945
März bis Juli 2000
Mit mehr als 30 Milliarden „Feldpostbriefen“ kommunizierten die Landser des Zweiten Weltkrieges mit ihren Familien. Die Ausstellung rückte die Briefe von Kindern und Jugendlichen als Zeugnisse erlebter Zeitgeschichte ins Zentrum.

Vom Postkutschenüberfall zum virtuellen Datenraub
Februar bis September 2006
Zwischen ästhetischem Vergnügen am Schauder und der Projektion des Räubers als Sozialrebell changiert die Romantisierung vermeintlich cleverer Kapitalverbrecher. Die Ausstellung erzählte die Geschichte vom Postraub bis zum Datenklau nach, entzauberte sie in durchaus aufklärerischer Tradition und konfrontierte das „reale Räuberleben“ mit dessen medialer Rezeption.

Globalisierung 2.0
März bis Mai 2007
Erstmals widmete Helmut Gold eine große Ausstellung dem Phänomen der Globalisierung, die anhand von einem Dutzend spannender Stationen die internationale Vernetzung beleuchtete.

Die letzten Telegramme der Titanic. Zum 100. Jahrestag der Unglücksfahrt
März bis April 2012
Mit dem einzigartigen Sammlungsbestand von über 160 Original-Telegrammen der Titanic sowie dem handgeschriebenen Bericht des Funkers Harold Bride zeichnet die Ausstellung minutiös nach, wie unbeachtet gebliebene Eisberg-Warnungen in die Katastrophe führten, wie aber mit Hilfe der Funktechnik 705 Menschen gerettet werden konnten.

Petra Roth war sowohl bei der Ausstellung „Janosch – Grafiken und Aquarelle" (März 2009 bis Januar 2010) mit einem Grußwort präsent wie auch bei der Präsentation der Fotoserien von Herlinde Koelbl zum Thema „Schlafzimmer. Wohnzimmer" (November 2005 bis Januar 2006), die mit einem Porträt der Oberbürgermeisterin ornamentiert war.

Deutsches Filmmuseum

Leitung: Prof. Walter Schobert (1984–2003), Hans-Peter Reichmann (2004–2006), Claudia Dillmann (seit 2006)

Deutsches Filmmuseum und Deutsches Architekturmuseum

Film-Architektur: Set Designs von Metropolis bis Blade Runner
Juni bis September 1996
Mit Plänen, Skizzen, Entwürfen, Fotos und Modellen präsentiert Gründungsdirektor Walter Schobert mehr als 70 Jahre Film- und Architekturgeschichte und versinnlicht den Dialog zwischen beiden Künsten. Hauptakzente lagen auf dem deutschen Stummfilm der Weimarer Republik, dem angloamerikanischen Kino und dem Topos Großstadt. Speziell für den Film erschaffene Architektur diente darüber hinaus als Experimentierfeld für innovative, visionäre Ideen. Gemeinschaftsausstellung mit dem Deutschen Architekturmuseum.

Film & Computer – digital media visions
September bis November 1998
Kaum eine große Filmproduktion kommt heute noch ohne digitale Technik aus. Die Ausstellung zeigt, in welchem Maße und auf welche Weise die Produktion von bewegten Bildern sich in den vergangenen Jahren durch die rapide Entwicklung digitaler Prozesse verändert hat. Zahlreiche Beispiele für Animationen und Special Effects wie Morphing oder Compositing.

Audrey Hepburn – a woman, the style
Juli bis September 2001
Im Mittelpunkt standen der Stil, die Ausstrahlung und die unverwechselbare Aura Audrey Hepburns. Neben Kostümen und Dokumenten zeigte das Museum die Original-Vespa aus dem Film *Roman Holiday*. Nachdem die Ausstellung in Japan, Australien und Amerika Station gemacht hatte, war sie in Deutschland exklusiv im Deutschen Filmmuseum zu sehen. Sie wurde zur bis dahin besucherreichsten Schau des Hauses mit begleitender Filmreihe.

Stanley Kubrick
März bis Juli 2004
Weltweit erste Ausstellung über das Gesamtwerk des Regisseurs Stanley Kubrick. 2003 in Kooperation mit dem Deutschen Architektur Museum erarbeitet, kann sie auf Materialien aus Stanley Kubricks umfassendem Nachlaß zurückgreifen. Die Öffentlichkeit erhielt Einblick in Kubricks Arbeitsunterlagen zu allen seinen Projekten, auch den nicht realisierten. Mit begleitender Filmreihe gelang die bislang erfolgreichste Ausstellung des Deutschen Filmmuseums mit über 660.000 Besuchern. Weitere Stationen in Berlin, Melbourne, Gent, Zürich, Rom, Paris, Amsterdam, Los Angeles steigerten den internationalen Rang des Deutschen Filmmuseums.

DAS BOOT Revisited
September 2006 bis Januar 2007
Zum 25. Mal jährte sich die Uraufführung (17. September 1981) der international bis dato erfolgreichsten deutschen Filmproduktion nach einem Roman von Lothar-Günther Buchheim. Regisseur Wolfgang Petersen und Kameramann Jost Vacano inszenierten die Geschichte des U 96 im Zweiten Weltkrieg unter anderem mit Jürgen Prochnow, Heinz Hoenig, Martin Semmelrogge, Otto Sander und Herbert Grönemeyer. Zur Ausstellungseröffnung kamen zahlreiche Mitglieder von Cast und Crew ins Filmmuseum. In Kooperation mit der Berliner Universität der Künste und der Münchner Bavaria Film.

JIM RAKETE – STAND DER DINGE
August 2011 bis Februar 2012
In den Jahren 2009 bis 2011 fotografierte Jim Rakete exklusiv für das Deutsche Filmmuseum Legenden, Macher und Talente des deutschsprachigen Kinos. Entstanden ist die Porträtreihe „Stand der Dinge", die ursprünglich als überschaubare Hall of Fame geplant war, sich dann aber zu einer umfangreichen Schau für Claudia Dillmanns neue Erlebnisräume des Filmmuseums entwikkelte. Jim Rakete porträtierte außer über hundert Filmstars auch Petra Roth: ein ästhetische Kanonisierung der Oberbürgermeisterin durch die Kamera. Weitere Stationen: Berlin, Aachen, Braunschweig.

Deutsches Architekturmuseum

Leitung: Wilfried Wang (1995–2000), Prof. Dr. Ingeborg Flagge (2000–2005), Peter Cachola Schmal (seit 2006)

DIGITAL REAL BLOBMEISTER. erste gebaute projekte
Mai bis August 2001
Die neue Welle der digital erzeugten Bauten würdigt Ingeborg Flagge kritisch anhand von zahlreichen Beispielen ihrer Diversität und genialen Kreativität und in ihrer ärgerlichen Nähe zum Klischee.

LEICHT WEIT. Light Structures – Jörg Schlaich, Rudolf Bergermann
November 2003 bis Februar 2004

Die bisher am häufigsten gewanderte Ausstellung des DAM, die in über 16 Stationen vom Werk der größten lebenden deutschen Bauingenieure kündet, denen wir nicht nur das inzwischen geschichtsträchtige Münchner Olympiastadion verdanken, sondern auch das Dach der Frankfurter Commerzbank-Arena, das nicht nur die Frankfurter Eintracht vor Regen schützt, sondern auch 52.000 Fans.

NEU BAU LAND. Architektur und Stadtumbau in den neuen Bundesländern
Juni bis August 2007
Die erste Ausstellung des neuen Direktors Peter Cachola Schmal, die an zahlreichen Beispielen das neue Bauen in den neuen Bundesländern umfassend und kritisch unter die Lupe nimmt.

ERNST MAY (1886–1970). Neue Städte auf drei Kontinenten
Juli bis November 2011
Eine retrospektive Ausstellung, die erstmalig das Gesamtwerk des legendären Stadtplaners Ernst May betrachtet, dessen Strahlkraft unsere Stadt mutig in der Moderne verankerte. Zum Beispiel mit seinem Wohnungsbauprogramm „Neues Frankfurt", das er in den 1920er Jahren realisierte: Mit den Siedlungen Römerstadt (1929), Praunheim, Bornheimer Hang, Riederwald, Goldstein und Am Lindenbaum hat sich May ein bewohnbares Denkmal gesetzt.

DAS ARCHITEKTURMODELL – Werkzeug, Fetisch, kleine Utopie
Mai bis September 2012
Eine große, forschende Ausstellung zur Geschichte und Funktion des Architekturmodells, wie es sie in dieser Fülle der originalen Anschauung und ästhetischen Qualität bisher nicht gab.

Senckenberg Naturmuseum

Leitung: Prof. Dr. F. F. Steininger (1995–2005), Prof. Dr. Volker Mosbrugger (seit 2005)

Sonderausstellung „Tiefsee"
Dezember 2008 bis Juni 2009
Die neue Wolfgang-Steubing-Halle eröffnete Volker Mosbrugger am 19. Dezember mit der Sonderausstellung „Tiefsee – entdecken, erforschen, erleben".

Das Senckenberg Naturmuseum

Mit 200.000 Besuchern ist sie die bisher erfolgreichste Sonderausstellung Senckenbergs. Auch in Basel, Berlin, London und Dresden gezeigt, erreichte sie eine Gesamtbesucherzahl von 650.000. Die Ausstellung zeigte einen wenig erforschten Lebensraum. Mit etwa 100 Einzelexponaten präsentierte sich dem Publikum eine facettenreiche, geheimnisvolle Unterwasserwelt.

Sonderausstellung „Safari zum Urmenschen“

Oktober 2009 bis August 2010

Die Ausstellung erlebten die Besucher buchstäblich auf zwei Reiserouten: Die erste führte zu einer nachgestellten Ausgrabungsstätte in Afrika, wo Wissenschaftler des Senckenberg die Ursprünge der Menschheit erforschen. Von dort aus begaben sich die Besucher auf eine Zeitreise, auf der sie die vor sieben Millionen Jahren beginnende Menschheitsgeschichte bis zum heutigen Menschen, vom Sahelanthropus tchadensis bis zum Homo sapiens nachvollziehen konnten. Zentrales Element dieses Besuches bei den Urahnen war die weltweit einzigartige Inszenierung von 26 lebensechten, mit individuellen Gesichtszügen versehenen Kopfmodellen, die nach anthropologisch-forensischen Methoden rekonstruiert worden waren.

Sonderausstellung „Gigasaurier“

Juli 2010 bis Januar 2011

Als buchstäblich gigantisch empfahl sich die Sonderausstellung „Gigasaurier – die Riesen Argentiniens“. In einer Zelthalle am Frankfurter Güterplatz wurden auf 2.400 Quadratmetern Fläche die weltweit größten und ältesten Dinosaurier präsentiert. Die Ausstellung wurde gemeinsam mit dem Ausstellungsnetzwerk „expona“ aus Bozen, dem Architekturbüro „cubo“ aus Venedig und dem „Nationalen Komitee für wissenschaftliche und technische Forschung“ (CONICET) aus Buenos Aires konzipiert.

Tyrannosaurus rex

Petra Roth ist seit dem 15. November 2004 Patin des von Josef Buchmann gestifteten *Tyrannosaurus rex* (lebensgroßes Modell) auf dem Rasen der Senckenberganlage vor der Frontfassade des Museums.

12. Chronik der Stadtbücherei und des Literaturhauses seit 1995

Petra Roth schätzt das Buch als befähigendes Vermögen. Ihr verdankt sich der konsquente Wiederaufbau des Portikus als Literaturhaus.

Stadtbücherei

Leitung: Dr. Barbara Purbs (1992 bis 2004), Dr. Sabine Homilius (seit 2004)

2000
Im Verbund der Schulbibliothekarischen Arbeitsstelle arbeiten in Frankfurt 41 Schulbibliotheken

2001
Die Stadtteilbibliothek Dornbusch zieht in das neu eröffnete Bürgerhaus Dornbusch um

2002
Eröffnung der Internationalen Bibliothek in der Stadtteilbibliothek Gallus. Beginn von strukturierten interkulturellen Bibliotheks-Services
Wiedereröffnung der Stadtteilbibliothek Seckbach und der Schulbibliothek in der Friedrich-Ebert-Schule

2003
Die Einführung der Bibliothekssoftware „Bibliotheca" macht alle Medienbestände der Stadtbücherei auch im Internet recherchierbar
Im Rahmen der Sparmaßnahmen beschließt der Magistrat, die Bibliotheken in Oberrad, Bockenheim, Bergen, Riederwald zu schließen, sowie die Umwidmung der Stadtteilbibliotheken in Sachsenhausen, Enkheim, Höchst und der Nordweststadt zu Bibliothekszentren (Süd, Ost, West, Nord)

2004
In der Nachfolge von Barbara Purbs übernimmt Sabine Homilius die Leitung der Stadtbücherei
Die hochfrequentierte Musikbibliothek feiert ihr 100jähriges Bestehen

2005
Die Stadtbücherei gewinnt den Hessischen Leseförderpreis
Eröffnung des Bibliothekszentrums Bergen-Enkheim
60 Schulbibliotheken arbeiten im Verbund der Schulbibliothekarischen Arbeitsstelle Frankfurt

2008
Wiedereröffnung der Stadtteilbibliothek Nieder-Eschbach und der Schulbibliothek in der Otto-Hahn-Schule

2009
Das neue Bibliothekszentrum Sachsenhausen wird im ehemaligen Straßenbahndepot am Südbahnhof eröffnet
Das Bibliothekszentrum Höchst und die Schulbibliothek im Friedrich-Dessauer-Gymnasium ziehen in das neue Bildungs- und Kulturzentrum um
Die Stadtteilbibliothek Rödelheim wird bei einem Brand beschädigt, saniert und wieder eröffnet
Die Stadtbücherei führt die „Onleihe" ein

2010
Die Zentrale Kinder- und Jugendbibliothek bekommt in Zusammenarbeit mit der Hochschule für Gestaltung in Offenbach eine „TeenLounge"

Einweihung der umgerüsteten Stadtbücherei 2007

Die Internationale Kinder- und Jugendbuchausstellung „LeseEule" feiert ihr 50jähriges Jubiläum

2011
Einweihung eines neuen Bücherbusses
Die Schulbibliothekarische Arbeitsstelle gewinnt den Deutschen Vorlesepreis

2012
Auszeichnung mit dem Hessischen Leseförderpreis für Bibliotheksarbeit für und mit Jugendlichen
90 Schulbibliotheken im Verbund der Schulbibliothekarischen Arbeitsstelle
Einrichtung der Stabsstelle Elektronische Dienste

Literaturhaus

Leitung: Dr. Maria Gazzetti (1995–2010), Hauke Hückstädt (seit 2010)

Die wichtigsten Lesungen, Vorträge, Veranstaltungen

4. Sept. 1995	Inger Christensen: *Das gemalte Zimmer*
27. Sept. 1996	Friederike Mayröcker: *Notizen auf einem Kamel*
4. Dez. 1997	Christoph Hein: *Von allem Anfang an*
26. Apr. 1998	Gudrun Pausewang, Lesung zu ihrem 70. Geburtstag
12. März 1999	Cees Nooteboom: *Allerseelen*
16. Febr. 2000	Durs Grünbein, Thomas Hettche, Ingo Schulze lesen Juan Carlos Onetti
20. Febr. 2001	Elfriede Jelinek: *Gier*
20. März 2002	Susan Sontag: *In Amerika*
23. Apr. 2003	Judith Hermann: *Nichts als Gespenster*
1. Dez. 2004	Gerald Zschorsch: *Torhäuser des Glücks*
10. Nov. 2005	Imre Kertész: *Detektivgeschichte*
14. Nov. 2006	Felicitas Hoppe: *Johanna*
3. Sept. 2007	Martin Mosebach: *Der Mond und das Mädchen*
16. Sept. 2010	Margarete Mitscherlich: *Die Radikalität des Alters*
22. Sept. 2011	Adam Zagajewski und Nora Bossong: *Du mußt die verstümmelte Welt besingen. Der zersplitterte Spiegel der Religion*
26. März 2012	Christian Kracht: *Imperium*

13. Roths Kulturpersonal

Als eine besonders kluge Wahl hat sich Roths Berufung von Felix Semmelroth zum Kulturdezernenten erwiesen, der nicht nur wegen seiner breiten Allgemeinbildung und seiner dialektischen Rhetorik hohes Ansehen genießt. Felix Semmelroth wurde Roths moderner Eckermann. Bescheiden im Hintergrund wird er auch zum eigenen Ruhme erfolgreich die Fäden einer avancierten Kulturpolitik spannen. Auf rührende Weise hat sie ihm bis zuletzt den Rücken freigehalten.

Nach Roths beherztem Zugriff auf die Bühnen zählen zu ihren wichtigsten Personalentscheidungen die Berufungen weniger der Selbstgenügsamen als vielmehr der selbstbewußt fordernden Individuen. Allen voran der belcantoversessene Bernd Loebe vom Théâtre Royal de la Monnaie in Brüssel für das Musiktheater und Oliver Reese aus Berlin als Schauspielintendant. Mit Loebe hatte Roth einen ersten Kontakt auf der Dachterrasse von Lutz und Katherine Raettig geknüpft. Bereits in der ersten Spielzeit unter Loebes Regiment

Der Geschäftsführer der Städtischen Bühnen Bernd Fülle, Schauspielintendant Oliver Reese und Opernintendant Bernd Loebe (von links) posieren mit Petra Roth, der Aufsichtsratsvorsitzenden der Städtischen Bühnen Frankfurt am Main GmbH

2002/2003 wurde die Oper Frankfurt mit ihren Weltklassesängern und originellen Regiestars in der jährlichen Kritikerumfrage der Zeitschrift *Opernwelt* erneut und damit insgesamt zum dritten Mal zum „Opernhaus des Jahres" gekürt. Loebes Musiktheater „scheint szenisch und musikalisch vor Intensität zu glühen", lobte die *Frankfurter Allgemeine Zeitung*. Und seit dem Amtsantritt von Oliver Reese, der sein einzigartiges Ensemble mitbringen und weiter ausbauen konnte, war endlich wieder vom Sprechtheater im genauen Wortsinn die Rede, das seither auch von den großen Feuilletons gepriesen wird.

Loebes und Reeses Ehrgeiz, eine möglichst „nachhaltige Identität zwischen Stadt und Theater" zu stiften, deckt sich mit Roths eigenen Aspirationen: Für sie ist die Bühne eine Art Brennspiegel des Lebens, der Antworten anbietet auf die Widersprüche der Zeit und ungerechte Weltzustände. Außer bei wichtigen Autoren des 20. Jahrhunderts wie Brecht oder Beckett, deren Stücke das Wasserzeichen der literarischen Moderne prägten, wird Reese immer wieder auch im klassischen Repertoire fündig und hier mit besonderer Verve bei Lessing, dem Wegbereiter der Dramenkonzeption des „Sturm und Drang" mit seinen Idealen der Aufklärung, der Toleranz und Humanität und seinem Eintreten für Vernunft und Freiheit gegen kirchliche Bevormundung und fürstliche Willkür. Auch Roth erhofft sich vom Theater, was Karl Jaspers „Existenzerhellung" nannte.

Weil Petra Roth die Muse Polyhymnia liebt und wie einst Kleist Musik als die Wurzel aller übrigen Künste betrachtet, war sie erfreut über das Testat der deutschen Musikkritik, die das Frankfurter Konzertprogramm – wie schon mehrfach zuvor und dann auch noch pünktlich in ihrem Abschiedsjahr – als des Jahres bestes feierten. Roths Engagement des schon bald erfolgreichen Alte-Oper-Chefs Michael Hocks war einmal mehr ihrem sicheren Gespür für Talente zu danken.

Mit dem Segen der Aufsichtsratsvorsitzenden Petra Roth konnte Hocks es vermeiden, im seichten Fahrwasser des Showbiz zu dümpeln und auf den Affektklaviaturen der leichten Muse zu klimpern, konditioniert durch einen latenten öffentlichen Geschmack. Roth stimmt Hocks' eigentlich trivialer Maxime zu, daß die Kulturindustrie mit ihren boulevardkompatiblen Offerten nicht unseren hohen Qualitätsbegriff von Kultur unterlaufen darf. Das Angebot der Alten Oper hat sich nicht um der Auslastung willen auf konsumistische Unterhaltung und profitable Events eingelassen, das Ästhetische wurde nicht an die „Quote" verraten, diesem geläufigen Begriff aus der Sprache des Marktes. Gleichwohl geht Roth nicht so weit, Adornos Meinung zu teilen, daß „seichte Unterhaltung mit der Hölle einer modernen Kultur" konnotiert sei.

In die Ära Petra Roth fallen auch die erfolgsgekrönten Berufungen von Evelyn Brockhoff (Institut für Stadtgeschichte), Max Hollein (Schirn), Susanne Gaensheimer (MMK), Raphael Gross (Jüdisches Museum), Paolo Carignani und Sebastian Weigle (Generalmusikdirektoren), Bernd Fülle (Geschäftsführender Intendant), Elisabeth Schweeger (Schauspielhaus), Daniel Birnbaum und Nikolaus Hirsch (Städelschule), Matthias Jenny (Palmengarten), Manfred Niekisch (Zoo) und Stephan Pauly (Alte Oper) – jeder von ihnen ein leuchtender Stern am Firmament der längst ins Globale aufgebrochenen Frankfurter Kultur.

Ihr Ingenium bei der Auswahl des kulturellen Führungspersonals war Roths Kapital, das sie mit Hilfe von Kulturdezernent Felix Semmelroth zu mehren verstand.

14. Roth, die freie Kulturszene und der Jazz

Anders als ihr habituell konservativer Vorgänger Walter Wallmann mit seiner gehobenen Voltaireschen Skepsis weiß Petra Roth, auch aus häufiger eigener Erfahrung, die einzigartige Bedeutung des Künstlerhauses Mousonturm zu schätzen. Hier wurde nach ihren Worten „vieles erdacht und riskiert, was internationale Weichen stellt und uns offen für das erscheint, was gemeinhin als das Andere gilt, als das verstörende Fremde". Auf dem kulturellen Humus müsse neben den Zierpflanzen auch der Wildwuchs Nahrung finden. Die in Frankfurt stark aufgeschossene freie Szene mit ihren experimentierfreudigen Theatergruppen und avantgardesüchtigen Tanz-Ensembles erfreuen sich in ihrem Vorgriff ins Ungewisse und ihrem Gespür für das ganz Andere Roths fröhlicher Sympathien! Im Verzicht auf die kategorische Trennung von Hoch-, Populär-

Petra Roth mit ihren beiden Söhnen Claudius und André

und Off-Kultur ist Roth fest davon überzeugt, das allgemeine Kulturinteresse mit solch alternativen Mitteln reanimieren zu können. Sie weigerte sich, E und U als einander widersprechende Sphären wahrzunehmen.

Roth zeigte sich besonders affiziert vom Angebot des Heterogenen und Ephemeren, des Schrägen und der ästhetischen Wagnisse als nicht minder wichtige Segmente für die Befriedigung der kulturellen Grundbedürfnisse einer Weltstadtklientel und für deren kulturelles Glücksverlangen. Risikobewußt war sie bereit, auch sogenannte Skandalkunst als eine Art Kultur der Erregung zu tolerieren. Schließlich gehört der Skandal zur modernen Kunst wie die kalte Dusche zur Sauna. Das Künstlerrecht auf den Skandal zu verteidigen, war in Frankfurt schon immer Ehrensache der Kulturpolitik. Der Mousonturm war in seinen besten Zeiten unter Dieter Buroch ein Hort der Unruhe. Für OB Wallmann war „Multikulti" ein Kampfbegriff und dessen Messias Cohn-Bendit eine Reizfigur.

Roths Söhne Claudius und André waren im Mousonturm kulturell zu Hause, hier, wo statt einem flüchtigen Zeitgeist einer grassierenden Mixed-Media-Einheitsästhetik verlebendigte Fantasien das Leben beflügeln helfen. Schon Frankfurts großer Kulturphilosoph Siegfried Kracauer billigte dem „phantastischen" wie dem „ästhetischen" Menschen seinen Anspruch auf kulturelle Gültigkeit zu. Roth glaubte an diese Paarung als Wesenskonstanten des Menschen. Im kreativen statt im stagnierten Denken eingerichtet, gilt Petra Roth ganz im Sinne Kracauers der Mousonturm als ein Ort, der im Prozeß der historischen Bewußtseinsbildung eine Entwicklung übergreift, die aus der Analyse ihrer unscheinbaren Oberflächenäußerungen schlagender zu bestimmen ist als aus den Urteilen der Beteiligten über sich selbst. Unter solcher Hypothese wäre auch ein nach Gediegenem, Exzentrischem hungerndes Bildungsbürgertum auf seine Kosten gekommen.

Anders als ihr moderneskeptischer Vorgänger Wallmann findet Petra Roth, daß erst mit der Breitenkultur die Kommunalpolitik sinnfällig und zukünftig wird. Sie hat jene Ambitionen Dieter Burochs begeistert unterstützt, welche die Gräben zwischen Hochkultur und Breitenkultur durch gegenseitige Annäherung zur kunterbunt-hybriden Koexistenz einebneten. Roth war fest davon überzeugt, daß sich in der unbefangenen Lust am Diskurs über das „Fremde" das jeweils „Eigene" differenzierter definieren ließe, um sich für das fremde „Andere" zu öffnen.

Entgleisungen, ästhetische Extravaganzen sogenannter Extremkünstler gilt es schon im Interesse des „Artenschutzes" zu tolerieren, denn es muß auch solche Käuze geben. Genialität folgt bekanntlich keinerlei Regeln. Ganz im Sinne von Thomas Mann sollte die Kultur den Weg „zu den Massen" finden, „die

Petra Roth, Johnny Klinke und Margareta Dillinger bei der Präsentation der Herbst/Winter-Revue des Tigerpalasts im September 2011

Kultur nicht haben, vielleicht aber dergleichen sein" werden. Oder wollte Thomas Mann die Kultur vielleicht nur zu einer Art Fugendichtung der Gesellschaft instrumentalisieren?

Mit ihrem grandiosen ästhetischen Anachronismus ist die freie Kulturszene in Frankfurt ein Selbsterzeugnis. Die einzelnen Gruppen wurden in den meisten Fällen erst dann von der Stadt gefördert, wenn sie den Qualitätsnachweis erbracht hatten. Das Kulturamt war nie eine Art Relaisstation der bloßen Geldverteilung, sondern eine demokratische Instanz der gezielten Nachwuchsförderung und, jeweils später, ein materieller Anreiz für die Gruppen, in unserer Stadt zu bleiben, die sie mit ihren pulsierenden Auftritten schließlich interessanter gemacht hatten.

Besonders die zahlreichen Privattheater und vielen freien Schauspielgruppen hatten und haben in Frankfurt fundamentalen Einfluß auf die Bildung jenes kollektiven Fluidums, das wir Zeitgeist nennen. Unter anderen zu nennen sind hier Claus Helmers Komödie und Rémond-Theater am Zoo, Liesel Christs Volkstheater, Daniel Nicolais English Theatre, Rainer Pudenz' Kammeroper, Forsythes Gastspiele, Michael Quast Fliegende Volksbühne, Johnny

Klinkes Tigerpalast, Willy Pramls Naxos-Theater, das Neue Theater Höchst, das TheaterHaus von Gordon Vajen, Reinhard Hinzpeters Freies Schauspiel Ensemble, Die Dramatische Bühne, Die KÄS, das Ensemble 9. November, das Gallus Theater, das antagon aktionstheater, das Stalburg Theater, die Internationale Bühne, das Bäppi La Belle und das TheaterGrüneSosse. Sie alle dürfen in diesem Kontext nicht unerwähnt bleiben.

Neben den freien Tanz- und Theater-Ensembles, deren beste der Mousonturm auf seiner Bühne beherbergte, war besonders die freie Musikszene in Frankfurt höchst lebendig. Schon bald nach Kriegsende war mit den Amerikanern der Jazz nach Frankfurt gekommen, der hier ein „Goldenes Zeitalter" des Modern Jazz begründete. Die heute mythisch verklärten Giganten aus New Orleans und New York, Charlie Parker, Chet Baker, Dizzy Gillespie oder Gerry Mulligan, jazzten sich mit ihren heißen Rhythmen im Jazzkeller in der Jazzgass' in die Herzen der Frankfurter. Ab 1953 machte dann das Deutsche Jazzfestival auf Frankfurt als Jazzhauptstadt bundesweit aufmerksam. Es war der Hessische Rundfunk unter dem Intendanten Werner Hess, der ein eigenes Jazz-Ensemble gründete. Sein Sender schickte regelmäßig Jazzklänge in den noch nicht mit Schnulzen verseuchten Äther. Die schnell berühmt gewordene „Frankfurt Jazz Big Band" des HR erhielt viele Preise und die populäre „Barrelhouse Jazz Band" die Ehrenbürgerschaft der Welt-Jazzmetropole New Orleans am Mississippi River.

Der Frankfurter Posaunist Albert Mangelsdorff, 2005 viel zu früh verstorben, ist im Pantheon des internationalen Jazz verewigt. Petra Roth war vom weltumspannenden Phänomen des Modern Jazz so stark beeindruckt, daß sie Mangelsdorff die goldenen Worte „ein großer Sohn unserer Stadt" ins Grab streute, auf daß ihm die Erde leicht werde. In Frankfurt sorgte das Programm „Kultur in den Stadtteilen" mit „Jazz im Museum", „Jazz im Höchster Burggraben" oder „Jazz um 12 Uhr mittags" auf dem Römerberg und Jazz im Grüneburgpark für ubiquitäre Präsenz.

Der Musikwissenschaftler Wolfgang Sandner versichert uns 2012 in der *Frankfurter Allgemeinen Zeitung*: „New York bleibt die Zentrale des Jazz und Frankfurt ihre Filiale in Europa." Dieses Kompliment ließe sich noch auf Prag und Paris erweitern.

15. Schule und Bildung wurden im schwarz-grünen Magistrat zum Apriori

Wir müssen von Grund auf beginnen. Bei den Kindern.
Astrid Lindgren

„In meinem Elternhaus hingen keine Gainsboroughs / wurde auch kein Chopin gespielt / ganz amusisches Gedankenleben / mein Vater war einmal im Theater gewesen / Anfang des Jahrhunderts / Wildenbruchs ‚Haubenlerche' / davon zehrten wir / das war alles." Schon in meinem Buch *Kultur für alle* habe ich auf Gottfried Benns Gedicht *Teils-teils* hingewiesen, in dem er das häusliche Milieu seiner Kindheit erinnert. Soziologisch formuliert, ist es die Familie, die als primäre Sozialisationsinstanz bereits im frühesten Kindesalter die künftigen Lebenschancen festlegt. Für über 80 Prozent der Kinder verstärkt sich die soziale Benachteiligung noch dadurch, daß die sozialen Bedingungen, unter

1.500 Frankfurter Grundschüler, die am Projekt „Primacanta - Jedem Kind eine Stimme" teilnehmen, singen im März 2009 auf dem Römerberg, OB Petra Roth und Bürgermeisterin Jutta Ebeling (rechts) singen kräftig mit

denen ihre Eltern leben, den Besuch weiterführender Schulen verhindern. So entspricht unser Schul- und Ausbildungssystem teilweise noch der Sozialstruktur des 19. Jahrhunderts.

Die Schule ist nach Einschätzung des Soziologen Helmut Schelsky noch immer „die zentrale soziale Dirigierungsstelle", die wesentlich darüber entscheidet, was einer werden kann, was nicht; sie entscheidet über „die künftige soziale Sicherheit", über „den künftigen sozialen Rang", über „das Ausmaß künftiger Konsummöglichkeiten", also auch des Kunst- und Kulturkonsums. Weil aber Kunst und Kultur entscheidende Faktoren der Persönlichkeitsbildung sind, beeinflussen sie auch die Entwicklung von Wahrnehmung, die wiederum die Grundlage menschlicher Erkenntnis und damit der Bewußtseinsbildung und der Verhaltensprägung bildet. Diese Voraussetzungen für Lebensqualität sind nur dann gegeben, wenn dem Kind frühzeitig die wesentlichen ästhetischen Bereiche erschlossen wurden. Denn Ästhetik ist die Ethik von morgen, so hofften schon Maxim Gorki in seinen sozialrevolutionären Dramen und später Peter Weiss in seinem Bühnenstück *Die Ermittlung* und in seinem Roman *Die Ästhetik des Widerstands*.

Weil ästhetisches Lernen ebenso wie die Fächer für die Entfaltung von Kreativität in den Stundenplänen von Schleswig-Holstein bis Bayern zu kurz kommen, hat der Magistrat unter Petra Roth und der energischen Bildungsdezernentin Jutta Ebeling mit 410 Millionen Euro den Steuerzahler in die Pflicht genommen und damit im Jahr 2008 ein Schulbauprogramm entwickelt, das in der Republik wahrlich seinesgleichen sucht.

Roth und Ebeling halten ästhetische Erziehung für den menschlichen Entwicklungsprozeß für ebenso wichtig wie die kognitive Ausbildung oder die handwerkliche Unterweisung. Zu dem, was Schiller in seinen *Briefen über die ästhetische Erziehung des Menschen* den „tabellarischen Verstand" und die „mechanischen Fertigkeiten" nannte, sind ästhetische und musische Bildung die notwendige Ergänzung und Optimierung. Da aber der Mensch nach Schillers Ästhetik-Begriff „sich selber nicht versäumen" darf, müßte er rechtzeitig in die Lage kommen, alle seine Kräfte schon in der Schule entfalten zu können. Nur so wird er zu seiner Selbstverwirklichung davon später nützlichen Gebrauch machen können.

Die Defizite der Schule – und nicht nur der Haupt- und Berufsschule – mit Hilfe eines Kultur-Curriculums für Kinder und Jugendliche auszugleichen, machte Jutta Ebeling zu ihrem großen Projekt, von dem sie mit Hilfe der Oberbürgermeisterin den Magistrat und auch die Stadtverordneten überzeugen konnte. Hier erwies es sich als Segen, daß die Bildungsdezernentin als ehe-

Oberbürgermeisterin Petra Roth trifft im Palmengarten Schüler der International School

malige Oberstudienrätin mit relevantem Fachwissen und leibhaftiger Erfahrung im Umgang mit Adoleszenz ausgestattet und mit den besseren Argumenten ihre Widersacher als Ignoranten vorzuführen in der Lage war. Mit ihrer Analysefähigkeit wurde sie zur idealen Mediatorin auch für jene Menschen, die aus Gründen von Bildungsdefiziten durchs soziale Netz gefallen sind und auf einem Trampolin der Weiterbildung ins eigenverantwortliche Leben und autonome Handeln zurückspringen möchten.

Obwohl die CDU lange gegen die neue Gesamtschule gewettert hatte, haben Ebeling und Roth diese schließlich durchgesetzt und damit den ewigen Kampf Gesamtschule versus Gymnasium beendet, indem sie dem Elternwillen Rechnung trugen.

In einem Interview für die *Frankfurter Rundschau* nach ihrem Abgang als OB watscht Petra Roth ihre Partei gehörig ab: „Mein Gott noch mal, was liegen in Frankfurt für Potentiale!“ Die Frankfurter CDU sei aber „nicht in der Lage, das aufzugreifen“, um liberale Großstadtpolitik umzusetzen und den Schwerpunkt Bildung für sich zu reklamieren: „Da wurden Jahre verpennt.“

An den genannten 410 Millionen für das Programm „Zukunft und Betreuung“ war die Bundesregierung mit 26 Millionen beteiligt und aus dem Konjunkturpaket II erhielt Frankfurt 102 Millionen für zwölf Erweiterungsbauten und acht Sanierungen. Auf dem neuen Bildungshügel Riedberg wurden für 29 Millionen zwei Grundschulen und für 51 Millionen das größte Einzelobjekt dieses ehrgeizigen Projekts, das Gymnasium Riedberg aus dem Boden gestampft. Das Riedberg-Gymnasium an der Friedrich-Dessauer-Straße ist die erste gymnasiale Neugründung in Frankfurt seit 100 Jahren. Mit 9.000 Quadratmetern Nutzfläche bietet die bilinguale Schule Platz für 1.350 Schüler. Universitätspräsident Rudolf Steinberg erweiterte den Campus Riedberg der Goethe-Universität, wo die Naturwissenschaften residieren, mit dem Ziel der Exzellenz auch auf diesem Sektor.

Roths Fazit der Kooperation mit Jutta Ebeling: „Jenseits der ideologischen Differenzen läßt sich mit den Grünen unaufgeregt und verläßlich Politik machen.“ Das Urheberrecht für das Riedberg-Gymnasium überläßt die Oberbürgermeisterin der Bürgermeisterin.

Jutta Ebeling vertraut der humanistischen Idee eines im Ursprungssinn in sich selbst ruhenden Bildungs- und Lebensideals ohne jedwede ideologische Fermentierung.

16. Roths Vision von einem Kulturcampus in Bockenheim und anderen Projekten

Kultur kennt keine Wachstumsgrenzen. Vom Feuerwerk ihrer Fantasie erleuchtet, stellte in utopiearmer Zeit Petra Roth noch rechtzeitig vor ihrem Abschied aus dem wechselwirksamen Gefüge aus Pflicht und Kür die Weichen für ein Megaprojekt: den „Bockenheimer Kulturcampus“. Mit leuchtenden Augen hat sie diese weit in die Zukunft weisende Vision als Paralleluniversum zum Museumsufer mit entsprechender Bedeutung aufgeladen.

Auf einem dann leergeräumten siebzehn Hektar großen Unigelände entsteht an der Bockenheimer Warte eine einzigartige Nutzungsmischung, dem ständigen Wandel der Gesellschaft angepaßt: Allein für die Hochschule für Musik und Darstellende Kunst, die Forsythe Company, die Junge Deutsche Philharmonie, das Ensemble Moderne, das Hindemith Institut und das Frankfurt LAB sowie für flott expandierende Forschungssegmente des Senckenberg

Frank Junker und Petra Roth beim symbolischen „Spatenstich“, der in Wirklichkeit eine Bodenbohrung mit dem Handbohrer ist, zum Beginn des Bauprojektes Kulturcampus auf dem Parkplatz neben dem Bockenheimer Depot im Dezember 2011

wurden 16,5 Hektar reserviert. Gemeinsam mit dem hier schon seit 1990 erfolgreich mit Theaterexperimenten aufwartenden Bockenheimer Depot soll das sprichwörtliche Prinzip der kommunizierenden Röhren auch kulturell gelingen.

Kein eingehegtes Campusgelände, mit Wohnquartieren durchmischt, wird hier ein neuer Standard des Zusammenlebens angestrebt. Dieser Campus soll mitten hinein in Frankfurts Lebenswelt „implantiert" werden. Gegen den als Sachkompetenz kostümierten Kleinmut der üblichen Bedenkenträger hat Roth das Kostenvolumen dieses Quantensprungs in die kulturelle Zukunft der Stadt mit einem Betrag von vorläufig mindestens 100 Millionen Euro beziffert. Land, Bund und Sponsoren werden Anteilseigner.

Ihr Programm, Stadtentwicklung und Stadtkultur in eins zu setzen, hat Petra Roth mit Befürwortern und Gegnern öffentlich vor Ort diskutiert. Als sie in der Aula der Goethe-Universität den neuesten Stand erläuterte und Studenten die Bürgerversammlung sprengen wollten, reagierte sie souverän mit der Bemerkung: „Sie wollen ihre Gaudi haben, und ich nehme den Spaß an."

Nicht ganz unbeteiligt war Petra Roth auch an der grandiosen Umquartierung der Europäischen Zentralbank in den Doppelturm, der derzeit auf dem Gelände der 1928 erbauten und seit 1984 denkmalgeschützten Großmarkthalle des Architekten Martin Elsaesser an der Hanauer Landstraße errichtet wird. Die im Volksmund „Gemieskerch" (Gemüsekirche) genannte, seinerzeit größte Markthalle Europas war 2004 geschlossen worden. Von dem stadtplanerischen Coup der Umsiedlung der EZB in den Osthafenbezirk verspricht Roth sich eine erhebliche Aufwertung des Ostends. Anfang des Jahres 2014 wird EZB-Präsident Mario Draghi die Zwillingstürme eröffnen. Wie bei solchen Großprojekten inzwischen üblich, wachsen allerdings auch die Kosten in den Himmel: Hatte das Architekturbüro Coop Himmelb(l)au blauäugig noch von 500 Millionen Euro gesprochen, wurden schon bald 850 Millionen veranschlagt, beim Richtfest im September 2012 wurde gar von 1,2 Milliarden Euro gemunkelt.

Auch ein weiteres Großprojekt avisierte Petra Roth als „Meilenstein der Stadtentwicklung": das Europaviertel. Auf dem Gelände des ehemaligen Hauptgüterbahnhofs im Stadtteil Gallus wird bis 2019 ein attraktives Quartier mit Büros, Hotels, Wohnungen, Parks sowie Einkaufs- und Freizeitmöglichkeiten entstehen, in dem 30.000 Menschen einen Arbeitsplatz und 10.000 eine Wohnung finden sollen.

Als allererste sichtbare Maßnahme wurde im Mai 2000 die sogenannte „Ersatzstraße" zwischen Emser Brücke und Güterplatz eröffnet. Diese vier Millionen teure Asphaltader ersetzt den Hemmerichsweg und wird am Ende dieser „Großstadterweiterung" zum 60 Meter breiten Boulevard aufgewertet werden, der mitten durch das Europaviertel führt. Bei der Einweihung verkündete Petra Roth frohgemut, sie halte jede Wette, daß dieser Boulevard einst zu einer „urbanen Flaniermeile" avancieren werde.

Bei der Vorbereitung der Eröffnungsfeier gab es allerdings gehörigen Zoff zwischen der Oberbürgermeisterin und dem damaligen Baustadtrat Martin Wentz, der statt Roth die Eröffnungsrede halten wollte, weil er das Copyright beanspruchte. Geredet hat selbstverständlich aber nur das Stadtoberhaupt wie auch schon bei Willi Brundert üblich. Als der die U-Bahn einweihte, erwähnte er nur am Rande mit einem läppischen Dank den eigentlichen Erfinder Walter Möller, als hätte der Dezernent an der Arche Noah nur ein wenig mitgezimmert. Auch Walter Wallmann hielt sich an diesen ungeschriebenen Comment und hat zu Recht alle neu errichteten Museen eingeweiht.

EZB-Präsident Mario Draghi bei der Eintragung ins Goldene Buch mit (von links): Petra Roth, Herbert Hans Grüntker, Vorstand der Frankfurt Sparkasse, Bundesbankpäsident Jens Weidmann, Friedrich von Metzler, Stadtkämmerer Uwe Becker und Rüdiger von Rosen

17. Petra Roths letzte Großtat: die Dom-Römerberg-Bebauung

Das seit Walter Kolb von allen Nachfolgern vor sich hergeschobene und als lästige Altlast vererbte Großprojekt Dom-Römerberg-Bebauung hält uns die verdrießliche Serie so vieler Nachkriegsbausünden als Menetekel städtebaulicher Stümperei bis heute plastisch vor Augen. Wie ein ewiger Phantomschmerz präsentiert sich zwischen Dom und Römer diese Brache schon fast ein halbes Jahrhundert lang als eine Art innerstädtisches Niemandsland und zugleich als lausiges Exempel für ideenlose Stadtverplanung, das heißt für rasenden Stillstand.

Der Frankfurter Kaiserdom St. Bartholomäus

Der Rest des Realen werde zugunsten dessen verschwinden, sagt Baudrillard, „was wahrer ist als das Wahre: das ist die Simulation“. In jener Nacht vom 22. März 1944 war die Zerstörung des schönsten, ästhetisch geschlossensten mittelalterlichen Bauensembles Deutschlands zur furchtbarsten Realität geworden, die heute nur als Simulation vorstellbar scheint. Der todbringende Feuersturm von britischen Bombern am wolkenfreien Himmel hatte den Lebensnerv unserer Stadt getroffen. Alle diese Behausungen höchster ästhetischer Glückseligkeit waren in kurzen ewigen Stunden verglüht und in Schutt und Asche zerfallen. Mit dem altersschönen mittelalterlichen Häuserkranz auf der „Hügelzunge“ rund um den Kaiserdom ging auch der einzigartige Zauber der Stadt verloren. Ein versehrter historischer Römerberg hatte seine Seele verloren. Er war am 22. März 1944 zum Kalvarienberg geworden. Die allmächtige Vergangenheit hatte eine ästhetisch erbärmliche Gegenwart bis ins neue Jahrtausend hinein in Geiselhaft genommen.

Die Signatur einer Epoche spiegelt sich außer in ihren geistigen Protagonisten auch im architektonischen Erbe. Bei Würdigung besonders auch des ästhetischen Raumes der Stadtgeschichte kann die durch ständige Anschauung vermittelte Sicht auf die Vergangenheit zur Identifikation der Bewohner mit ihrer Stadt wesentlich beitragen. Als Energiefelder der Erinnerung helfen sie, die seelische Beheimatung der Bürger zu fördern. Der Römerberg war wegen seiner ufernahen Lage schon seit der jüngeren Steinzeit besiedelt worden.

In unserer von Bomben malträtierten Stadt repräsentieren nur noch wenige steinerne Zeitzeugen wie Saalhofkapelle, Paulskirche, Goethe-Haus, Leinwandhaus, Steinernes Haus, Kaiserdom oder Römer ihre über tausendjährige Geschichte. Zum Gedächtnisverlust hat besonders eine banausische architektonische Spurentilgung beigetragen. Der Kernbezirk der Frankfurter Geschichte zwischen Kaiserdom und Römer hat nach 1945 in unserer sich täglich umbauenden City unter Wachstumsexzessen und Maßstabssprüngen schwer gelitten, die eine enorme Unschärfe historischer Urteile bewirkten.

Unter dem Firnis einer oberflächlichen Emblematik war die stolze Vergangenheit unserer Stadt nur mehr als Vakuum zu besichtigen, anstatt die „Fülle der Gesichte“ unserer Frankfurter Bautradition durch relevante Anschauung zu bewahren. Zwar stark beschädigt, hat immerhin der Frankfurter Dom aus dem 13. Jahrhundert die Bombennächte überstanden, die Türen blieben unversehrt, das Innere des Gotteshauses aber war ausgebrannt. Kirchenrechtlich eigentlich nur eine Pfarr- und Stiftskirche, firmierte das nach dem heiligen Apostel Bartholomäus benannte gotische Gotteshaus als Wahl- und Krönungskirche der deutschen Kaiser und Könige im Volksmund stets als Dom oder Kaiserdom. Den historischen Weg der gekrönten Häupter vom Dom zum Kaisersaal (ab 1562) durch die enge Krönungsgasse „Auf dem Markt“ im alten Ambiente nacherleben zu können, eröffnet jetzt die Möglichkeit, den Römerberg in ein offenes Museum zu verwandeln. Denn die beste Vision der Kunst ist nach Herder ihre Geschichte. Damit die Dualität von Erbe und Aktualität kein Janusgesicht gebiert, wollte Roth die Rivalität zwischen alten und neuen Maßstäben als einmalige Chance nutzen: „Dieser Teil der City muß belebt sein wie in alten Zeiten, um den Bewohnern das Gefühl zu geben, sich dort wirklich heimisch zu fühlen.“

Ich erinnere an diesen unwiederbringlichen Verlust so ausführlich, um daran zu verdeutlichen, wie sträflich leichtsinnig von den Magistraten der Vor-Roth-Zeit mit der Herzkammer der alten Freien Reichsstadt Frankfurt umgegangen wurde. Der ehedem das Frankfurter Stadtbild prägende Glanz ist verweht und wurde mit den Zumutungen des eiligen Wiederaufbaus Geschichte. Zwischen dem im Modernisierungsfuror der Nachkriegsjahre an der Braubachstraße errichteten Technischen Rathaus und dem 1971 eingeweihten Betonklotz Historisches Museum gähnten auf dem Römerberg unerträglich lange funktionale Leere und ästhetische Ödnis.

Erst seit den achtziger Jahren änderte sich auf dem „Samstagsberg" mit einer historisierenden, „Ostzeile" genannten Fachwerk-Fassade die Tristesse der Anschauung: Seitdem lockt ein idyllisches Remake mit dem geheuchelten Charme des Mittelalters als fragwürdige Baedekerempfehlung mit fünf Sternen vorzüglich japanische Fototouristen auf den Plan. Dieser von Rudi Arndt angestiftete und von Walter Wallmann in Szene gesetzte nostalgische Akt der „Wiedergutmachung" eines kapitalen Verlustes wird von einem „Kulturschirn" genannten Zweckbau für die Künste ergänzt. Die beiden einander beargwöhnenden Solitäre stilistischer Kontrafaktur, Technisches Rathaus und Schirn, setzten künftigen Planungsvisionen selbstverliebter Architektenzirkel enge Grenzen. Heute werden aber Architekten gebraucht, die über exaktes historisches Reflexionswissen verfügen und keine Faksimiles hinstellen.

Voraussetzung für die Reanimierung der ehemaligen Frankfurter Herzkammer war der mutige Abriß des Technischen Rathauses und des Sichtbetonmonsters Historisches Museum. Damit hat Petra Roth dem Projekt zusätzliche Dynamik verliehen und endlich die lange Phase des Stillstands beendet, die traurige Hinterlassenschaft ihrer Vorgänger. Deren Methode, die weitere Bebauung des Römerbergs mit zeitraubenden „Planverfahren" zu verschleppen, hatte, wohl nicht ganz ohne Absicht, das genaue Gegenteil bewirkt. Im Rückgriff auf den einstigen Altstadtcharme will die Stadt in einer Symbiose aus Faksimiles originaler Häuser von ehedem und von stilverwandten modernen Wohnquartieren dort künftig „normale Bürger" behausen, um mit ihnen „bewohnte" Geschichte erlebbar werden zu lassen. Roth wollte am historischen Ort keine Dönerbuden, kein Disney- oder Legoland. Die Altstadt soll nicht als putziger Reliquienschrein wiederauferstehen. Roth sieht das Projekt als Dialog mit der eigenen Zeit, deren Architektur das Echo auf die versunkene Epoche bildet. Für Roths architekturästhetisches Verständnis gehen Moderne und Rekonstruktion in eins.

Als Gewinn für Frankfurts Erinnerungskultur soll die Keimzelle Frankfurts, die karolingische Pfalz von König Ludwig dem Frommen (um 822), deren Reste im Archäologischen Garten verwittern, gerettet werden: durch ein in die neu-alte Ästhetik des Platzes eingeschmiegtes „Stadthaus" als schützenden Deckel über den Rudimenten einer fränkischen Königshalle. Der erst kürzlich bei Ausgrabungen entdeckte alte „Gang der Könige", eine unterirdische Passage zur Kirche, wird den Besuch des Archäologischen Gartens noch interessanter machen.

Das Stadthaus (Meurer Architekten Stadtplaner Ingenieure) soll diversen Nutzungszwecken dienen – warum nicht auch als Ort der „Römerberggespräche", künftig vielleicht sogar mit Geist und Gemüter auffrischendem Tribunalcharakter? Warum sollte das Institut für Sozialforschung nicht *extra muros* hier eine Dependance für ihre Vortragsreihen finden? Der Römerberg als Philosophenhügel im Verein mit den visuellen Metaphysikern in Schirn, Kunstverein und MMK?

Die „sauren Mühen der Erkenntnis", von denen Hegel spricht, werden so dem zukünftigen Publikum des Römerbergs sicher erleichtert. In einer Atmosphäre der auf menschliches Maß gemilderten Proportionen einer erzählenden Architektur, die historische wie zeitgenössische Momente vorrätig hält, die statt zur Flucht zum Verweilen anhält, da kann der Besuch der Kulturtempel ringsum zum unangestrengten Lernvergnügen werden.

Vor dem Hintergrund der stadtplanerischen Versäumnisse der Vergangenheit kann Petra Roth nicht genug dafür gerühmt werden, zum Ende ihrer Amtszeit noch den Ausbruch aus dem Grau der ästhetischen Langeweile geschafft zu haben. Die subjektive Langeweile ist nach Adorno bekanntlich der rationale Reflex auf „objektives Grau". Qualifizierte Wettbewerbe und konkrete Ausschreibungen verheißen diesem für die Würde Frankfurts und die Identität ihrer Bürger so wichtigen Areal endlich eine passable Zukunft, dem Selbstverständnis Frankfurts angemessen. Petra Roths vielversprechende Vision und deren Realisierung werden am Ende miteinander übereinstimmen.

Hier soll Urbanität durch bewahrte Dichte entstehen. Umhegt vom historischen Flair soll die neu-alte Altstadt das Gefühl vermitteln, getreuer Teil dieser Geschichte zu sein. Die hier künftig wohnenden Menschen sollen in der eigenen Geschichte, in ihrer Tradition, Kultur, Sprache und Nation Geborgenheit finden, auch wenn sie die alte Altstadt nur noch angedeutet vorfinden. Die 35 neuen Altstadthäuser mit spitz aufragenden nostalgischen Giebeldächern „markieren künftig einen Ort, den man recht bald Frankfurts neue Mitte nennen wird", verheißt uns Petra Roth. Dieses 130-Millionen-Projekt – einschließlich der neun Millionen für das Stadthaus – braucht vier Jahre Bauzeit. Projektleiter ist der als kompetent ausgewiesene Leiter der ABG Frankfurt Holding Frank Junker.

Die Vorarbeiten zur Deckelung des Archäologischen Gartens laufen schon seit Ende 2012. Auch mit dem Neubau des ehemaligen barocken Messehofs „Rebstockhof" an der Braubachstraße 19 wurde bereits begonnen. Als allererste Rekonstruktion soll 2014 die berühmte „Goldene Waage" aus dem frühen 17. Jahrhundert wiedererstehen. Hoffentlich wird Architekt Jochem Jourdan mit fantasievoll Beiläufigem wie dem originalen Belvederchen, jener pittoresken Dachlaube von anno dazumal, auch die Nostalgiker beglücken. Die neuen Wohnhäuser auf dem Areal des abgerissenen Technischen Rathauses entlang der Braubachstraße verhindern gottlob einen ursprünglich hier geplanten gigantischen Hotelneubau. Die Tiefgarage unterm Römerberg verliert ihr Obergeschoß, um das Niveau des alten Krönungsweges zwischen Dom und Römer für den Bau der neuen alten Häuser wiederherzustellen. So wird das vom Berliner Architektenbüro Jordi & Keller entworfene Haus Markt 40 prominent am wiederentstehenden Krönungsweg neu erfunden. Mit den geretteten Sandsteinarkaden und Konsolen aus der Renaissance, die das Original bezeugen, wird hier eine interessante Variante des ursprünglichen entstehen.

Es bleibt zu hoffen, daß die These des Frankfurter Spaziergängers Wilhelm Genazino, die er in seiner lesenswerten autobiographischen Skizze *Tarzan am Main* (2013) als Erfahrung formuliert, sich auf dem Römerberg nicht erfüllt: Die Dynamik des Kapitals führe zwar zum fortwährenden Stadtumbau, sie sei aber nicht darauf angelegt, auch zu gefallen.

18. Viele Feste schmücken sich mit der Oberbürgermeisterin

Die geselligen Frankfurter erfreuen sich ihres Lebens nicht nur an kalendarisch fixierten Fest- und Feiertagen. Petra Roth kann selbstbewußt ein Lied davon singen: Sie ist so populär, daß Bürger der Stadt sich trauen, sie einfach zu ihren Vereinsfesten einzuladen. Und wie man weiß, sehr oft sogar nicht mal vergebens. Sie schmückt nicht nur die Feten der Banker in einer Stadt mit über 200 Kreditinstituten oder die reich gedeckten Tafeln der Nachkriegsmillionäre. Auch die klassische Bürgerschaft kennt keine Berührungsängste und bittet ihre Oberbürgermeisterin unbefangen zu Tisch, wenn ein Jubiläum oder ein runder Geburtstag ins Haus steht, und „die Petra" mit ihrem Glanz dem Fest die höheren Weihen erteilen soll. Sie schätzt die Geselligkeit und deren Bindekräfte. Petra Roth beherrscht die Königsdisziplin Höflichkeit und kann mit ihrem lebensbejahenden Charme auch auf höchstem gesellschaftlichem Niveau ungekünstelt lächeln. Diese „freiwilligen" Termine beziffert Roths Sekretärin mit „rund fünfzig" im Verlaufe eines Jahres.

Mit natürlicher Noblesse spielt Petra Roth das Spiel der Gesellschaft mit, zumal sie sich nach den tagespolitischen Linsengerichten gern unter Menschen

Petra Roth auf dem Opernball 1995

mischt, die sie noch nicht kennt. So wie es Bill Clinton nachgerühmt wird, blikken auch Petras blaue Augen ihrem unbekannten Gegenüber neugierig ins Gesicht, als habe sie sich ewig schon darauf gefreut, sie oder ihn kennenzulernen. Kommunikation ist eines der Geheimnisse ihres Erfolgs. Unbefangene Hinwendung und einnehmender Charme gehören zu ihrer Natur wie das Atmen, viele empfinden diese natürliche Mitgift als wunderbar unangestrengte individuelle Wohltat. Hier erteilt das Gefühl der Politikerin Bestnoten.

Die Ehrenbürger ihrer Wahl haben diese Trumpfkarte, mit Petra Roths Glanz ihre Hütte zum Strahlen zu bringen, gern ausgespielt: Frankfurts Bierkönig Bruno H. Schubert, ein Gastgeber von hohen Graden, versammelte jeden Mittag jedes neuen Tages eine größere Tischgesellschaft in seiner Villa am Wendelsweg unterm Henninger-Turm. So weilten per annum summa summarum 3.000 Neugierige im gesellschaftlichen Durchlauferhitzer des weltumarmenden Generalkonsuls von Chile: Chefärzte, Banker und Börsianer, Notare, Richter und Staatsanwälte, Künstler, Dezernenten, Museums- und Zoodirektoren, WWF-Notable, Reiche und Trickreiche und Politiker jeder Couleur. Mit ihren Einwürfen irritierten die Künstler und andere Spaßvögel die festen Verhaltensmuster saturierter Seelen.

Petra Roth mit den Stadträten Markus Frank (links) und Ulrich Caspar beim „Schützenschielen" des Magistrats auf dem Wäldchestag 2002

Auch wenn ein Minister oder einer der Oberbürgermeister a.D. einen runden Geburtstag bei Schubert feierte, hat Petra Roth als Überraschungsgast vorbeigeschaut. So wurde sie amüsierte Zeugin, als beim Geburtstagsessen für Alt-OB Walter Wallmann die Spottdrossel Rudi Arndt sein Proseccoglas zu Ehren seines Nachfolgers erhob und wider Erwarten zu einem mächtigen Lob auf den einstigen Rivalen ausholte, das mit subversivem Humor im Eigenlob gipfelte: „Sie waren der beste Oberbürgermeister, den Frankfurt je hatte – nach mir."

Ins *juste milieu* des Generalkonsuls erstmals eingeladen worden zu sein, verwechselten manche gar mit einem gesellschaftlichen Ritterschlag. Schuberts sagenhafte Tafelrunden mit dem Personal einer prosperierenden Gesellschaft sind 2011 mit ihm gestorben und damit ein einzigartiger Ort originellen Austauschs eines breiten Interessenvielerleis.

Ehrenbürger Siegfried Unseld, der legendäre Suhrkamp-Verleger, hatte alle Monate zu einer literarischen Ereignissoiree vorzüglich Frankfurts Intellektuelle in die Klettenbergstraße eingeladen. Als „moralisches" *hors-d'œuvre* wurde in der Doppelvilla den hundert Gästen Literatur vom aktuell jeweils Feinsten serviert, und erst danach wurde das Brechtsche „Fressen" aufgetischt. Fast jedes Mal saß Petra Roth mitten unter den Literaten. Sie war oft aber nur der literarischen Kost wegen gekommen, um dann schnell wieder zum nächsten Termin zu eilen. Sie wurde bewußt nicht offiziell begrüßt, „weil hier nur der Dichter eine Rolle spielt" (Unseld). Unselds Witwe Ulla Berkéwicz setzt nicht nur während der Buchmesse diese schöne Suhrkamp-typische Tradition tapfer fort.

Die opulentesten Frankfurter Feste finden im allerschönsten Rhododendron- und Azaleenpark des Ehrenbürgers Friedrich von Metzler fünfmal im Jahr ein entsprechend lebhaftes Echo. Die jeweils bis zu vierhundert Gäste spiegeln die skurrile Differenziertheit der Frankfurter Gesellschaft wider, von Josef Ackermann und EZB-Boss Trichet über die bekannten Häuptlinge der hiesigen Kulturszene bis hin zu jener bunten Spezies, die man riskant „schräge Vögel" zu nennen pflegt. So hatte hier einmal auch der „Blutkünstler" Hermann Nitsch seine Aufwartung gemacht, für den Kunst ein Weg war, mit dem eigenen Irrsinn in Berührung zu kommen. Als einer fragte, ob sein Werk noch Kunst oder schon eine Straftat sei, antwortete Metzler: „Die Frage ist eine Straftat." Die exklusiven Gäste heute dienen in Metzlers „bewohntem Garten" (Goethe) an der Mörfelder Landstraße als Würze ihrer Feste. Und in der Metzler-Villa „Hohenbuchen" überläßt Petra Roth all jenen ihren „Auftritt", die ihn nötiger haben.

Außerdem lädt Sylvia von Metzler, die ihre Qualitäten als Vorsitzende des Städelschen Museumsvereins mit einer Verdoppelung der Mitglieder grandios

Neujahrsempfang der Fastnachter im Römer 1996

bestätigt, nach den Vernissagen von Städel, Liebieghaus und Schirn zum Gespräch mit den in den Fokus gestellten Künstlern und deren Kuratoren ein. „Die Sylvia" organisiert nicht nur im „Haus Hohenbuchen", sondern auch im klassizistischen Metzlerschen Landhaus an der Alten Mühle in Alt-Bonames Begegnungen zum Beispiel mit Oliver Reeses sprechgenialen Mimen oder mit Autoren, die Metzlers Gäste aus ihrer mentalen Reserve locken sollen. Fritz von Metzler hat es sich nicht nehmen lassen, auch dem Autor dieses Buches hier die Ehre einer Lesung aus *Die großen Frankfurter* zu erweisen.

Keine Neureichen, erwarben die Metzlers die Lizenz für große Feste schon im 18. Jahrhundert. Worauf auch Petra Roth gerne hinweist: Die Tradition festlicher Begegnungen der ästhetisch gebildeten Stände mit berühmten Dichtern und illustren Staatsmännern begann schon mit Johann Wolfgang Goethe, dem König von Preußen Friedrich Wilhelm III., Otto von Bismarck sowie dem Freiherrn vom Stein oder dem Dichter Ernst-Moritz Arndt. Goethe hatte 1775 seine erst in *Dichtung und Wahrheit* gelüftete Romanze mit Lili Schönemann auf dem Offenbacher Anwesen der Metzlers begonnen. Dieses ehedem am Mainufer blühende Arkadien mag ihn zu seinem späteren Lobgesang auf die „herrlich leuchtende Natur" inspiriert haben. Und manche gesellungsfreudige Konversation mag heute an jene feinen Kreise erinnern, denen wir in Hofmannsthals Gesellschaftskomödien so häufig applaudierten.

Wer aber aus den drei Exempeln Schubert, Unseld und Metzler den Schluß zöge, tolle Partys zu schmeißen oder kostspielige Feste zu finanzieren machten aus einem Millionär schon einen Ehrenbürger, der irrt.

Das glanzvollste aller Feste war zweifellos der alljährliche **Opernball**. In der angemessen prächtigen Kulisse der Alten Oper charmierte auf allen Ebenen die High Society im langen Abendkleid oder im Smoking. Hollywoodstars der Güteklasse Sophia Loren, Catherine Deneuve, Alain Delon, Gérard Depardieu, Roger Moore, Rod Steiger, Geraldine Chaplin rührten sich nach der Begrüßung durch Petra Roth nicht vom Fleck. Sie saßen bis pünktlich um Mitternacht am Ehrentisch ihre stolze Abendgage ab. Neben den wechselnden hessischen Ministerpräsidenten und Ministern gab sich auch die Berliner Politprominenz schon mal die Ehre des Dabeiseins: Walter Scheel, Hans-Dietrich Genscher, Joschka Fischer. Und Politrentner Helmut Kohl hat, Petra Roth zuliebe, einmal sogar die Schirmherrschaft übernommen. Von Walter Wallmann 1982 ins Leben gerufen und von der Wiener Gräfin Schönfeldt inszeniert, hatte Alte-Oper-Chef Rudolf Sailer den Manager Manfred Pasenau vom Wiesbadener Ball des Sports abgeworben und ihm 1994 den Opernball anvertraut. Aufgrund finanzieller Schwierigkeiten kam 2012 leider das vorläufige Aus für die beliebte Veranstaltung, nachdem endlich auch junge Gesichter mit verbilligten Flanierkarten den Altersdurchschnitt gesenkt und die Atmosphäre frisch aufgemischt hatten. Neuesten Meldungen zufolge soll es 2014 mit neuem Ausrichter aber wieder einen Opernball in Frankfurt geben. Petra Roth hat keinen Opernball versäumt, und man sah sie zu später Stunde auch noch im Hotel „Arabella" mit ihrem immer gerngesehenen Lebensgefährten Robert Raeber und anderen prominenten Gästen fröhlich das Tanzbein schwingen.

Mit dem größten Weihnachtsbaum der Republik erfreut traditionell auf dem Römerberg der alljährlich vom Oberbürgermeister eröffnete **Weihnachtsmarkt** nicht nur Tausende Frankfurter. Auch das **Mainuferfest**, obwohl erst 1999 ins städtische Leben gerufen, ist kaum mehr aus diesem wegzudenken. Die ruhebedürftigen Anwohner dieser beiden arg lauten Amüsiermeilen befinden sich mit den zwar ebenfalls hart arbeitenden, aber eben auch ausgelassen feiernden Bürgern wegen der Geräuschkulisse im Dauerclinch. Die Ordnungsbehörde mußte die Lautstärke der Musik auf 65 Dezibel herunterfahren. *Rundschau*-Leser meinten, in einer sich als international und weltoffen präsentierenden Stadt müssten dröhnende Partys auch gegen Einsprüche philiströser Nachbarn möglich sein. Petra Roth teilte die lärmigen Präferenzen fröhlich öffentlich.

Als das wohl schrillste Fest des Jahres empfiehlt sich der aus dem Geist des Emanzipationskampfes geborene **Christopher Street Day** im Hochsommer.

Ein mit viel nackter Haut bekleidetes lustiges Völkchen versucht jedes Jahr wieder, den Mangel an sinnlicher Erfahrbarkeit zu kompensieren. Zu diesem bunten Lebenszweck versammeln sich rund um die Konstablerwache viele Neugierige, um dort vom Stadtoberhaupt und Vertretern aller Fraktionen mit Helau begrüßt zu werden. Entlang des Weges ernten die Motivwagen viel Applaus für all die Mühen, die im fantasiereichen Aufwand der farbenfrohen Parade stecken, ein immer wieder gelingender Beitrag zur urbanen Spaßkultur.

Die Kreise, die Petra Roth auf diesen Festen und Feiern zog, erweiterten mit den Jahren ihren persönlichen Beliebtheitsradius. Die Vielzahl der Frankfurter Feste hält sie für wie geschaffen, die Anonymität des städtischen Lebensraumes aufzuheben und die vielen Neubürger zu beheimaten. Petra Roth hat sich erfolgreich bemüht, den lange diskreditierten Begriff „Heimat“ auch mit Hilfe der jedermann zugänglichen großen identitätsstiftenden Volksfeste zu rehabilitieren, für die Frankfurt seit je berühmt ist.

Der älteste unter den populären Volksfeiertagen ist der **Wäldchestag** im Stadtwald rund um das alte Oberforsthaus. Es entspricht alter Väter Sitte, daß dort an Pfingsten der gesamte Magistrat „weg'n de Leut“ seine Aufwartung macht, bis zum Ende ihrer Amtszeit jedes Mal mit einer besonders gut gelaunten Petra Roth an der Spitze, die sich hier – in einer Wendung Hegels – „sauwohl“ fühlte. Im traditionellen Magistratsschießen ließ sie sich ausnahmsweise

Eröffnung der Dippemess 1997 mit Faßanstich durch Petra Roth

gern von schießwütigen Dezernenten darin überbieten, die Zwölf zu treffen. Es darf eine glückliche Fügung genannt werden, daß selbst der Komponist Felix Mendelssohn Bartholdy 1839 sich auf Frankfurts Wäldchestag verirrt hatte: Die feierfröhlichen Frankfurter sollen ihn zu seinem berühmten „Waldlieder-Zyklus" inspiriert haben. Frankfurts Adolf Stoltze, Sohn von Friedrich Stoltze, holte in seinem Mundartstück *Alt-Frankfurt* den Wäldchestag gar auf die Bühnenbretter, um solches Brauchtum theatralisch unsterblich zu machen.

Vor 350 Jahren haben Bornheimer Bürger die **Bernemer Kerb** in ein bis heute blühendes Leben gerufen. Unabhängig voneinander hatten Wilhelm Hauff und Heinrich Heine in diesem „Lustigen Dorf" schon einen sprühenden Frohsinn ausgemacht. Selbstverständlich ließ es sich auch Petra Roth in keinem Jahr nehmen, auf der gesperrten Berger Straße mit den Bürgern des bevölkerungsreichen Stadtteils mit einem Glas „Stöffche" aus den Äppelwein-Keltereien der Region auf eine noch bessere Zukunft anzustoßen.

Der **Berger Markt** in Bergen-Enkheim feierte im August 2013 sein 285. Jubiläum. Aber erst seit 1974 wird im stark überfüllten Festzelt ein „Stadtschreiber" ausgerufen, unter starker Beteiligung auch vieler literarisch eher wenig interessierter Besucher. Symbolisch demonstrieren die Bergen-Enkheimer mit dem Argument ihrer bloßen Anwesenheit ihr traumatisches Bedauern, 1977 eingemeindet worden zu sein. Als Markenzeichen ihrer Souveränität haben die Berger 1977 das Stadtschreiber-Statut im Eingemeindungsvertrag ein für allemal festgeschrieben. Den jedes Jahr neuen Stadtschreiber zu begrüßen, haben alle Oberbürgermeister ihrem Kulturdezernenten überlassen, auch Petra Roth. Einmal hatte sich Walter Wallmann aber doch hierher verlaufen, als er hoffte, kurz vor der Kommunalwahl hier noch ein paar Wählerstimmen zu ergattern. In einem Stadtteil mit vielen erntereichen Streuobstwiesen wie am Berger Hang wird jedes Jahr mit einem gediegenen Fest selbstverständlich eine schöne Berger Maid zur Apfelweinkönigin gekürt und abgeküßt.

Die **Dippemess** ist so alt wie die just im selben Jahr 1392 gegründete Universität Erfurt. Ihre frühe Existenz ist unter dem Namen „Maamess" in den Annalen des Stadtarchivs urkundlich verbürgt. Heute ist die traditionsreiche österliche Lustbarkeit in eine dreiwöchige Frühjahrs- und eine einwöchige Herbst-Dippemess saisonal aufgesplittet. Mit den ersten Krokusknospen strömen 1,5 Millionen Besucher auf den Festplatz am Ratsweg. Und wenn die ersten Blätter gilben, fallen wieder an die 500.000 über die bunte Angebotspalette her.

Deutschlandweit haben im Herbst potentielle Besucher die Wahl zwischen drei konkurrierenden Highlights der Volksbelustigung: dem Oktoberfest in

München, dem Cannstatter Volksfest in Stuttgart und Frankfurts Dippemess. In München eröffnet Roth-Freund Christian Ude die Gaudi mit dem traditionellen Schlachtruf „Ozapft is“, auf dem Ratsplatz in Frankfurt prostet Petra Roth den Schaustellern mit unserem „Stöffche“ ein „gutes Gelingen“ zu. Deren größte Attraktion war 2012 die mit 85 Stundenkilometern in die 80 Meter hohe Steilkurve rasende Achterbahn.

Größter Beliebtheit erfreut sich alle Jahre wieder die Frankfurter **Karnevalssaison**, die auch in einigen Stadtteilen wie besonders in Sachsenhausen munter ausgelebt wird. Im letzten Amtsjahr der Oberbürgermeisterin 2012 strömten über 300.000 Fastnachter in die Stadt. Der Magistrat in seiner Gänze demonstriert alljährlich Volksverbundenheit auf der Sitztribüne an der Braubachstraße zwischen Römer und Paulskirche, mit einer strahlenden Petra Roth in der Mitten, die als Hanseatin in den ersten Jahren den Karnevalstrubel allerdings noch gewöhnungsbedürftig fand. Am Ende war sie aber die Queen der Vereine und ließ sich offensichtlich gerne entsprechend herzen.

Die hiesigen Volksfeste haben seit je dazu beigetragen, das Heimatgefühl der Frankfurter als feste Größe ihrer Identität auszubilden: „Un besser is dahaam im Hemd, als wie im Smoking in de Fremd“.

19. Die Städtetagspräsidentin

Ohne die Städte ist kein Staat zu machen.
Theodor Heuss

Petra Roth war neben Christian Ude über Jahre das bekannteste und sympathischste Stadtoberhaupt der Bundesrepublik. Münchens und Frankfurts Oberbürgermeister wechselten alle zwei Jahre die Stühle als Präsident und Vizepräsident des Deutschen Städtetages, diesem wichtigen Zentralorgan der Städte und Gemeinden mit konkreten Vorschlägen für deren aller urbane Zukunft. Petra Roth war beileibe nicht die glamourösere Ausgabe Udes, er nobilitierte sie vielmehr mit dem Titel „Jeanne d'Arc der Städte“. Dank dieses Rufs wie Donnerhall wurde sie zweimal wiedergewählt.

Während Carl Schmitt die Abgrenzung vom politischen Gegner als Inbegriff des Politischen feierte, verbindet Ude und Roth eine gepflegte Freundschaft

Bundesfinanzminister Theo Waigel begrüßt im Juni 1997 die neugewählte Präsidentin des Deutschen Städtetages Petra Roth

über Parteigrenzen hinweg. Auch Roths privater Freundeskreis wird nicht von sogenannten Parteifreunden dominiert, sondern vorzüglich von ihren „Lebensmenschen", wie Thomas Bernhard seine „wirklichen" Freunde nannte. Deutschlands Städte profitieren von diesem Pas de deux zweier forsch vorwärtsdenkender, die Zunft inspirierender Oberbürgermeister. Beide sind eben keine Lokalmatadore, sondern weltläufige Urbanisten. Als die traditionsbewußten Städte durch Phänomene der Immigration stark verändert wurden, erforderte es das gefährdete Städtetagsaxiom der sozialen Gerechtigkeit, neue Initiativen zu entwickeln. Frankfurt und München haben für die Garantie dessen, was einst Kant mit der Idee vom „Weltbürgerrecht" auf den moralischen Begriff gebracht hatte, exemplarische Impulse für die Beheimatung der Zuwanderer gegeben.

Statt sich politisch ins Gehege zu kommen, haben die beiden nicht immer allgemein konsensuelle Lösungen gefunden. Petra Roth hat diese politische Doppelexistenz mühelos zu einem gut austarierten Gleichgewicht verschwistert, die allein der Wohlfahrt der Bürger dienen soll. Es war auch Roths Neigung zum wohltemperierten überparteilichen Ton und ihr „Komfort des Herzens", die sie in der normativen Parteienkonkurrenz wählbar machten.

Auf der Klimax der ökonomischen Krise und der aus dem Ruder gelaufenen Schulden setzen sich beide Stadtpolitiker jenseits höherer parteipolitischer Demarkationslinien dafür ein, den Gemeinden die Gewerbesteuer als unverzichtbare Einnahmequelle unbedingt zu erhalten. Dieser ewige Zwist zwischen Bundesfinanzminister und den Kämmerern jeglicher Couleur hält bis heute an. Nicht unbedingt zur hellen Freude von Alphatier Angela Merkel, entfachte

Die Präsidentin des Deutschen Städtetages Petra Roth eröffnet im Juni 2005 die Hauptversammlung in Berlin

das Tandem Roth und Ude das Debattenfeuer jedes Mal wieder neu, wenn beide mit ihrer an Deutlichkeit nicht zu überbietenden Klage über die finanzielle Schieflage der Nation an die Öffentlichkeit traten.

Später wird sich die Parlamentarische Staatssekretärin Barbara Hendricks (SPD) aus dem Finanzministerium positiv an Roths Engagements erinnern: „Petra Roth forderte für die Kommunen die Weiterentwicklung der Gewerbesteuer ein, um so mehr, als 2001 und 2002 die Gewerbesteuereinnahmen wegbrachen. Dabei scheute sie sich nicht, allen, die an der Sinnhaftigkeit der Gewerbesteuer zweifelten, mit deutlichen Worten und mit großem Engagement aufzuzeigen, wie elementar diese Steuer für die Kommunen ist."

Roth agierte nach dem Prinzip der Subsidiarität und gab zu Protokoll: „Gerade wenn die finanziellen Handlungsspielräume immer enger werden, müssen alle staatlichen Ebenen ihre Kräfte bündeln und ihre Kompetenzen einbringen, um den Bürgern moderne Dienstleistungen bestmöglich zu liefern. Die Entlastungen bei den Sozialausgaben müssen verwirklicht werden."

Mißlänge dies den Städtetagspräsidenten, dann litte im Falle einer unvermeidlichen Finanzkrise vor allem die kommunale Kultur, denn diese fälschlich so genannte „freiwillige Ausgabe" würde zuallererst gekürzt. Gestrichen werden vorzüglich immer jene „freiwilligen Leistungen", mit denen genau das, was das Leben in der Stadt erst erträglich und vielleicht sogar lebenswert macht, erhalten und gefördert wird. Zum Vergleich: Während Frankfurt rund 10 Prozent des Gesamthaushalts in die Kultur investiert, beträgt der durchschnittliche Kulturanteil in den Haushalten deutscher Gemeinden 1,9 Prozent. Mit Streichungen in der Kultur läßt sich in Krisenzeiten aber kein kommunaler Etat sanieren.

Nicht nur in dieser Frage gingen Roth und Ude konform und grenzten sich von den Zumutungen der Bundesregierung scharf ab, so etwa von der Bürde des Ausbaus von Kindertagesstätten. Ohne kleinkrämerische Kosten-Nutzen-Kalkulation wollte Roth der Kultur einen festen Platz in der Stadtgesellschaft und damit in einem schon von Friedrich Schiller ausgerufenen „ästhetischen Staat" sichern helfen, der gleichzeitig fest auf dem Prinzip der Wohlfahrt seiner Bürger gründet. Als glänzende Virtuosin auf der soziokulturellen Klaviatur wußte Roth, daß Sozialfähigkeit immer wieder neu hergestellt und daß Kultur in unseren Städten weiter zum offenen Prozeß gemacht werden muß.

Im Mai 2003 erlebte die Hauptversammlung des Deutschen Städtetages in Mannheim einen Schlagabtausch von einmaliger Brisanz zwischen Ministerpräsident Erwin Teufel und Petra Roth, beide CDU. Es ging einmal mehr um die Abschaffung der Gewerbesteuer, die Teufel durch ein Zuschlagsrecht auf

Anläßlich der Verleihung des Konrad-Adenauer-Preises trägt sich die ehemalige OB Petra Roth im September 2012 ins Goldene Buch der Stadt Köln ein. Mit ihr freuen sich der Münchner Oberbürgermeister und Präsident des Deutschen Städtetages Christian Ude (links) und der Kölner Oberbürgermeister Jürgen Roters (rechts)

die Einkommensteuer kompensieren wollte. Städtetagspräsidentin Roth drohte mit einer bundesweiten Protestwelle und einer Demonstration aller Oberbürgermeister vor dem Kanzleramt. Auch an die Regierung Schröder gewandt, sprach sie entsprechenden Klartext: „Faule Kompromisse bei der Gewerbesteuer und eine völlig unzureichende Entlastung von Sozialausgaben führen die Städte nicht aus der Finanznot." Christian Ude applaudierte. Stephan Articus, der Hauptgeschäftsführer des Städtetages, erinnert sich genau: „Im November 2003 schließlich Protest mit Flaggen ‚Städte in Not'". Und die Tagesschau berichtete: „Bürgermeister aus ganz Deutschland haben vor dem Bundesrat für eine bessere Finanzausstattung demonstriert." Mit Erfolg!

Roths aus der Identifikation mit dem Amt geborene steile Formulierung „Ich als Städtetag" war kein Versprecher, sie meinte es so, und tatsächlich war sie es ja auch. Dabei agierte sie nicht als selbstherrliche Sonnenkönigin, sondern als Oberhaupt der „großen kommunalen Familie", wie sie die Städte einmal nannte.

Als ehemalige Städtetagspräsidentin erhielt Petra Roth denn auch im Herbst 2012 aus der Hand des sozialdemokratischen Kölner Oberbürgermeisters Jürgen Roters den undotierten Konrad-Adenauer-Preis für ihre Bemühungen, „die Rechte und Pflichten der Kommunen zu verteidigen". Für die sukzessive Realisierung alles dessen hatte sie mit unakademischem Gestus immer wieder von ihren Oberbürgermeisterkollegen visionäre Fantasie eingefordert und gleichzeitig auch selber Vorschläge gemacht, wie diese Visionen finanziert werden könnten. Mit ihrem leidenschaftlichen Plädoyer für eine neue Inwertsetzung der Kultur durch die Autorität des Deutschen Städtetags haben Kultur und Bildung schließlich ein neues politisches Gewicht in deutschen Städten und Gemeinden erlangt.

Kulturpolitik im Sinne einer vom Deutschen Städtetag kanonisierten „Kultur für alle" fand endlich auch einen publizistischen Resonanzboden. Roth selbst plädierte für nichts weniger als für ein „Bürgerrecht auf Kultur". Sie wußte aber auch, daß es nicht genügen würde, humane Ideale nur zu proklamieren. Deshalb empfahl sie ihren Kollegen, im Städteranking die Kultur als politischen Hebel zu nutzen. Roth hat dafür gekämpft, Kultur als Staatsziel im Grundgesetz zu verankern. Allegorisch gesehen, war sie die Minerva, die von der grauen Theorie zur Tat aufbricht, um die Bedingungen zu ihrer Realisierung zu schaffen.

In der Zeitschrift *Politik und Kultur* formulierte sie als Städtetagspräsidentin in der Mai-Ausgabe 2010 klare Ziele der Kulturpolitik:

Der Städtetag erachtet die Kultur für gesellschaftspolitisch „systemrelevant". Kunst- und Kulturförderung sind unter den Gesichtspunkten Identitätsbildung, Integration, Chancengleichheit und Erwerb kognitiver Kompetenzen wichtig für die Abfederung der gesellschaftspolitischen Folgen allgemeiner Wirtschaftskrisen. Bei notwendigen kommunalen Einsparungen sollte von überproportionalen Kürzungen im Kulturbereich allein unter Hinweis auf den rechtlich freiwilligen Aufgabencharakter abgesehen werden. Ziel sollte sein, die kulturelle Infrastruktur und die Vielfalt der Kulturlandschaft auch bei schwieriger Finanzlage zu erhalten. Die Länder sollten bei Kürzungen der den Kommunen zugute kommenden Förderungen vornehmen. Alle kulturfördernden Gebietskörperschaften sollten bestrebt sein, die grundlegende Förderstruktur im Hinblick auf institutionelle Förderung, laufende Maßnahmen und Projektförderung möglichst konstant zu halten.

Petra Roth wußte jede Gelegenheit zu nutzen, die Interessen des Deutschen Städtetags und damit die notwendige Stärkung der Kommunen und besonders der strukturschwachen Städte öffentlichkeitswirksam zu vertreten. Bevor Bundespräsident Horst Köhler am 27. März 2009 beim Festakt zum 150. Jahrestag der Paulskirchenverfassung den Genius loci zum Zeugen einer Kontinuitätspflicht des hier aus der Taufe gehobenen Demokratiegedankens anrief, den sein Ko-Redner Winfried Hassemer dann bis zum Gründungstext der Bundesrepublik, dem Grundgesetz, fortspann, hatte die Oberbürgermeisterin in ihrer Begrüßung unser Staatsoberhaupt schon gehörig irritiert: Mit Blick auf das Subsidiaritätsprinzip erinnerte sie nicht bloß beiläufig daran, daß inzwischen etliche staatliche Aufgaben von oben nach unten statt in umgekehrter Richtung delegiert würden, was ja schließlich auch demokratischer sei. Sie empfahl die Rückverlagerung politischer Entscheidungen an die Basis, weil nur diese dazu beitragen könne, die Bereitschaft der Bürger zum politischen Engagement zu ermuntern. Roths politische Zauberformel „Subsidiarität" bedeutet im Kern aber nichts Geringeres, als den Kommunen mehr Gestaltungsfreiraum und mehr Entscheidungskompetenz einzuräumen und somit auch die notwendigen Mittel für die Bewältigung staatlicher Aufgaben zuzubilligen, anstatt ihnen kurzerhand die Einnahmen aus der Grunderwerbsteuer aus der Hand zu schlagen. Dabei berief sich Petra Roth in der Paulskirche gleich zu Be-

Petra Roth protestiert am 3. November 2003 auf dem Balkon des Kaisersaals gegen die Verschuldung der Städte

ginn ihrer Rede statt auf Köhler lieber auf Roman Herzog und dessen Satz: „Städte und Regionen müssen ein Höchstmaß an Handlungsfreiheit bekommen. Die Demokratie ist in Europas Städten geboren. Hier bleibt ihre Lebensquelle, hier ist sie am direktesten erfahrbar."

Als Köhler in seiner pedantischen Festrede gewisse Akzente des Bundespräsidialamtes konträr zur Position der Städtetagspräsidentin formulierte, ließ er das Frankfurter Publikum doch einmal kurz aufhorchen. Auch Wolfgang Schäuble ließ sich in seiner anschließenden mit der ihm eigenen lakonischen Ironie gehaltenen Rede dazu herab, mit seinem eher mühsamen Charme auf Roth so knapp wie eben möglich einzugehen: „Zur Respektierung der kommunalen Selbstverwaltung von Roth ermahnt, schließt sich die Bundesregierung der Frau Oberbürgermeisterin an." Der Vorhang zu und alle Fragen offen! Für Petra Roth jedenfalls waren politische Pseudogewißheiten, selbst wenn sie höchst präsidial verlautbart wurden, noch keine Gesetzestafeln.

Als Petra Roth auf dem Jahreskongreß des Deutschen Städtetages am 25. April 2013 im Congress Center der Messe Frankfurt unter *standing ovations* der tausend Delegierten die Ehrenmitgliedschaft verliehen wurde, mochte sie ihre Rührung kaum verbergen. Noch einmal hatte Ude konkret besonders „Roths beherztes Eintreten für den Erhalt der Gewerbesteuer, für Migranten und drogenkranke Menschen" gelobt. Die eigens angereiste Bundeskanzlerin Angela Merkel beklagte die „trügerische Aussagekraft" von Statistiken, indem sie zur schrägen Metaphorik griff: „Was hilft es, wenn man mit einer Hand auf die Herdplatte und mit der anderen in den Kühlschrank faßt?" Um dann zur politischen Binsenweisheit Zuflucht zu suchen, wonach „das wirkliche Leben in den Städten und Gemeinden stattfindet". Den Wert des Staates bilden auf lange Sicht die Individuen, die in den Städten leben und wirken. „Kein Wert, kein Ideal ist so wichtig, wie das Individuum", sagt der Philosoph Alain Finkielkraut. Wie für Ernst Jünger „der Ort des Waldes der Wald ist", ist der Ort der Kultur die urbane Stadt.

20. Europa und Frankfurts Städtepartnerschaften

Europa ist mehr als die gemeinsame Währung
Joachim Gauck

Frankfurt hatte im Vorgriff auf die Verwirklichung der großen Idee „Europa" schon früh Partnerschaften mit kulturell herausragenden europäischen Städten vereinbart: mit Lyon (1960), Birmingham (1966), Mailand (1970). Nach der Wende erweiterten Budapest (1990), Prag (1990) und Krakau (1991) den europäischen Horizont der Menschen. Roth bemüht gern das Futur vom „Europabürgerrecht" in Abwandlung von Kants Begriff des „Weltbürgerrechts".

Walter Wallmann verlegte das Interesse der Stadt mit Kairo (1979) und Tel Aviv (1980) lieber an die Gestade des Mittelmeers. Und anstatt das Verbindungsnetz mit anderen Städten Europas enger zu knüpfen, damit die Menschen verschiedener Nationen im Austausch ihrer Tugenden und Nöte, nationalen Befindlichkeiten und Traditionen einander näherkämen, entwickelte sich Frankfurts Ehrgeiz schließlich über den Atlantik bis nach Kanada (Toronto, 1989) und Nicaragua (Granada, 1991). Offenbar hatte man Hannah Arendts Wort von der „Politik als angewandte Liebe zur Welt" allzu wörtlich genommen.

OB Brück zog es in die andere Richtung, ins Reich der Mitte. Er schloß eine Partnerschaft mit der südchinesischen Stadt Guangzhou (1988). Auch Petra Roth konzentrierte sich mit Dubai (2005) und Yokohama (2011) auf Asien. Teure Ausflugsziele für die Stadtnotablen veranlassen aber nicht den normalen Bürger, in Länder der aufgehenden Sonne zu reisen, um sich dort an der bunten Folklore mit exotischem Flair zu delektieren. Die außereuropäischen Städtebündnisse dienen weniger dem Kulturaustausch als vielmehr rein wirtschaftlichen Nützlichkeitserwägungen. Braucht es dazu kostspielige Städtepartnerschaften?

Warum wurde bis heute keine Stadt in Griechenland von uns umworben, der Wiege der mythischen Sagengestalt „Europa"? Warum nicht Saloniki, Patras oder Korinth? Die zweitmeisten Deutschlerner unseres Globus studieren unsere Sprache in Griechenlands Goethe-Instituten.

In der anhaltenden Euro-Schuldenkrise gilt das insolvenzgefährdete Sorgenkind Griechenland manchem Europapolitiker als lästiger Ballast, der besser abgeworfen werden sollte, um den Euro zu retten. Der französische Philosoph Bernard-Henry Lévi prophezeit: Falls man sich vom griechischen Fundament und vom römischen Erbe trennen würde und nichts dafür täte, daß „diese beiden Teile seiner Identität und seines Seins in seinem Schoße blieben, dann wäre Europa tot." In einer von Widersprüchen zerrissenen Welt sei es auch um die Seele Europas „nie so schlecht bestellt gewesen wie heute". In diesem „flüchtigen Zustand Europas" (Ulrich Beck) scheint Brüssel kein geeigneter Ort für kulturelle und geistige Sinnprojektionen.

Ausgerechnet Griechenland haben geschichtsblinde deutsche Fiskalstrategen ins Fadenkreuz genommen, um damit ein sogenanntes „Exempel zu statuieren". Das Land der Griechen, das Goethes Iphigenie einst mit der Seele suchte, haben unzählige Menschen als Inspirationsquelle für eine nur mit der Kunst und der Kultur lebenswerte Welt schätzen gelernt.

Es war schließlich die antike griechische Philosophie, welche die *dignitas hominis*, wie Cicero den Begriff „Menschenwürde" buchstabierte, als ethische und zugleich politische Kategorie hervorgebracht hat und damit die Flamme der Kultur und der klassischen Bildung für ganz Europa entzündete.

In ihren Reden hat auch Oberbürgermeisterin Roth immer darauf hingewiesen, wie, an der Klassik orientiert, „die Würde des Menschen" zum Hauptsatz unseres Grundgesetzes wurde. Am Fuße der Akropolis wurde mit Perikles auf dem Humus der Kultur bekanntlich die erste Demokratie eingeübt – als Alpha und Omega einer freien, autonomen Lebensentfaltung. An dem, womit die Röslers, Dobrindts und andere ohne historische Kompetenz ihren auftrumpfenden Ehrgeiz feiern, zeigt sich das ganze Ausmaß des Kulturverlustes.

Ein Dichterfürst in Guangzhou: Bei ihrer Reise in die chinesische Partnerstadt verehrt Oberbürgermeisterin Petra Roth 2008 ihrem Amtskollegen eine Goethe-Büste als Gastgeschenk

Ohne Griechenland läßt sich Europa nicht denken, das ist ein Wort von Jack Lang, dem langjährigen französischen Kulturminister. Griechenland macht den Unterschied ums Ganze. Denn Europas Bürger bedürfen ja nicht nur der Stromversorgung, der gesicherten Nahrungszufuhr oder des fließenden Wassers auf allen Etagen. Ihr Leben wird erst mit der Befriedigung bestimmter ästhetischer, metaphysischer und mentaler Bedürfnisse gelingen. Ohne Rekurs auf die europäischen Ideale des Humanismus, der Renaissance und der Aufklärung und ohne Gespür für Symbole wird Europa keine gemeinsame Identität gewinnen. „L'Europe sera culturelle ou ne sera pas!" (Jack Lang)

Würde Griechenland vom europäischen Staatengefüge herausgelöst, wäre dieses Europa nicht wiederzuerkennen. „Europa entstand ein erstes Mal", sagt Bernard-Henry Lévi, „als es im klassischen Athen an die Stelle der Sprüche von Orakeln und Wahrsagern das Wort des Bürgers und des Magistrats setzte. Es entstand ein zweites Mal in der Aufklärung, als es dafür sorgte, daß das Anathema der Vernunft, das Schisma des Glaubens und der Körper einem zur Nation gewordenen Bewußtsein wich. Nun ist es in ganz ähnlicher Weise nötig, daß diesen neuen Eingeweidebeschauern, den Agitatoren der Finanzmärkte oder den Agenten des Triple-A, die Weisheit neuer Archonten entgegentritt, die den besten Elementen des europäischen Erbes die Treue halten."

Als Griechenland ganz oben auf der täglichen Schreckensagenda der Schlagzeilen stand, hat Petra Roth auf dem Deutschen Städtetag dafür plädiert, daß die größeren deutschen Städte mit ihren diversen Möglichkeiten Merkels Europapolitik unterstützen und einem klaren Bekenntnis zum Land der Griechen nicht nur Solidaritätsgefühle, sondern auch Taten folgen lassen sollten: durch Patenschaften oder Partnerschaften, die neben dem wichtigen Symbolcharakter in Zeiten der Not auch konkrete Hilfen einschlössen.

Ideal als Partnerstadt für Frankfurt wäre die mit rund 323.000 Einwohnern zweitgrößte Stadt Griechenlands, Thessaloniki, eine moderne Industrie-, Hafen- und Messestadt mit Universität und zahlreichen kunsthistorisch bedeutenden Beispielen byzantinischer Baukunst. Das darbende Griechenland von heute führt uns mit seiner unvergänglichen Kunst seinen Reichtum vor.

21. Die Occupy-Bewegung sucht Frankfurt heim

Die Bankenmetropole Frankfurt ist längst zum bevorzugten Demonstrationsort der Republik geworden. Daß sich die Stadt auch als ideale Kulisse für den medienwirksamen Protest gegen die Exzesse der Finanzmärkte geradezu aufdrängte, versteht sich von selbst.

Spätestens als sich die Pleite von Lehman Brothers zur Bedrohung für das gesamte westliche Finanzsystem auswuchs, wurde klar, daß die marktradikale Variante der ökonomischen Theorie, die seit den 1980er Jahren immer mehr Anhänger fand, ihre Rechnung ohne Adam Smith gemacht hatte. Der Moralphilosoph und Begründer der Wirtschaftswissenschaft hatte sich in seiner *Inquiry into the Nature and Causes of the Wealth of Nations* (1776) geschickt vor der Beantwortung der aristotelischen Frage gedrückt, ob das allgemeine, gesellschaftliche Wohl oder das persönliche, individuelle Glück Vorrang beanspruchen dürfe: Er behauptete, das Allgemeinwohl werde gerade dadurch gemehrt, daß jeder einzelne danach trachte, sein persönliches Glück zu maximieren – freilich im Rahmen gesellschaftlicher Grenzen. Als Liberaler lehnte Smith zwar regulierende Eingriffe des Staates ab, verzichtete deshalb aber beileibe nicht auf Spielregeln. Moralphilosoph, der er war, überantwortete er die Setzung und Kontrolle dieser Grenzen dem Individuum und vertraute – im Vorgriff auf Freuds Über-Ich – auf einen „inneren Richter", der jede Handlung daraufhin prüfe, ob sie gesellschaftlich anerkannt oder legitimierbar sei. Riskieren konnte er das nur, weil er ein Kind des optimistischen 18. Jahrhunderts war: Daß der Mensch im Kern gut sei, behauptete nicht nur Rousseau; Smith selbst zeigte sich in seinem Hauptwerk *The Theory of Moral Sentiments* (1759) überzeugt, daß die Sympathie für den Mitmenschen nicht nur die Grundlage der Moral sei, sondern auch die Triebfeder der menschlichen Arbeit. Daß 200 Jahre später ein Zeitalter heraufdämmern würde, in dem Gewissen und Moral als menschliche Schwächen verlacht würden, die den „Homo oeconomicus" bloß am „rationalen", sprich egoistischen Handeln hinderten, hätte er sich wohl nicht träumen lassen. Er konnte nicht ahnen, daß es in gewissen Kreisen einmal als „vernünftig" und damit als legitim gelten würde, gutgläubige Anleger systematisch mit Schrottpapieren aufs Kreuz zu legen.

Als sich immer mehr abzeichnete, daß die westlichen Regierungen zwar eingriffen, aber nur, um die Banken mit freundlicher Unterstützung des Steu-

Das Occupy-Camp wird am 6. August 2012 endgültig geräumt

erzahlers zu „retten“, es hinsichtlich der Regulierung des Finanzsektors aber im wesentlichen mit Lippenbekenntnissen bewenden ließen, und als schließlich das geduldige Publikum verdutzt feststellte, daß die Banker-Boni trotz allem weiterhin fröhlich in den Himmel wuchsen, schlug die Stunde von Occupy. Man befand nun die Analysen des Karl Marx wieder für „ziemlich brauchbar“ und forderte den Staat ultimativ auf, gefälligst nicht nur die globale Gier der Banken und Konzerne zu zähmen, sondern das Raubtier Kapitalismus überhaupt an die Leine zu legen. Der von den selbstherrlichen „Magiern der Märkte“ für obsolet erklärte „innere Richter“ kehrte als leibhaftiger äußerer Richter zurück und behauptete, auf die Durchsetzung verschärfter Spielregeln pochend, 99 Prozent der Bevölkerung zu repräsentieren.

Als im Herbst 2011 die Occupy-Bewegung in Manhattans Wall Street und vor den Banken in San Francisco und Tokio ihre Zelte aufschlug, um symbolträchtig gegen zunehmende soziale Ungleichheit, Spekulationsgeschäfte von Banken und den starken Einfluß der Finanzwirtschaft auf die Politik zu demonstrieren, schien diese Aktion keine flüchtige Seifenblase zu werden. Man war gekommen, um zu bleiben. Am 15. Oktober schwappte die in New York über Nacht ins Licht der Weltöffentlichkeit getretene Bewegung über den Atlantik auch in die internationalste deutsche Stadt, nach Frankfurt am Main, wo sich die Bankentürme als neue städtische Ikonen präsentieren. 5.000 Demonstranten versammelten sich vor der Europäischen Zentralbank, um Stéphane Hessels 2010 publizierten Aufruf *Empört euch!* in die Tat umzusetzen. Um dem Protest auch in Frankfurt sichtbare Dauer zu verleihen, pflanzten rund 150 Kapitalismuskritiker ein Camp aus bunten Zelten auf den gepflegten grünen Rasen zwischen dem Hochhaus der Europäischen Zentralbank und den Städtischen Bühnen – mitten im Spannungsfeld zwischen Finanzkapitalismus und theatralischer Aufklärung. „Der ins Ungeheuerliche gewachsene Abstand zwischen jenen, die in hohen Türmen mit der Weltökonomie spielen, und jenen, die unter den Auswirkungen des Spiels leiden" (*Frankfurter Rundschau*), sollte sich auch medienwirksam manifestieren. Daß die „Okkupanten" sich nicht ganz zu Unrecht als Stellvertreter einer schweigenden Mehrheit verstanden, zeigte sich exemplarisch darin, daß Schauspieldirektor Oliver Reese ihnen netterweise die Kantine öffnete und sogar die EZB ihnen winters die bankeigenen Duschräume mit Warmwasser wohlig einheizte.

Der Magistrat hat sich über lange Monate nicht entscheiden mögen, wie er taktisch klug auf das neue irrlichternde Phänomen eines durch ein Zeltlager verdinglichten Dauerprotests reagieren sollte, zumal bei Beginn dieser spektakulären Aktion viele Frankfurter mit dem munteren Völkchen der Bankenkritiker sympathisierten. Auch das Fernsehen begleitete täglich das neue bildmächtige Treiben vor der EZB mit erhöhter Aufmerksamkeit.

Die friedlichen Camper von Occupy blieben allerdings nicht die einzigen, die ihren Protest auf den günstigen Resonanzboden der Mainmetropole trugen. Nach einer handgreiflichen Konfrontation mit der Ordnungsmacht am 31. März 2012 wurden von 4.000 antikapitalistischen Demonstranten über 10 Prozent in Gewahrsam genommen, getreu der alten Bismarck-Maxime, das Volk solle sich nicht versammeln, sondern gefälligst zerstreuen. Das Ziel der Kapitalismusgegner, die Baustelle der neuen EZB im Ostend lahmzulegen, blieb ein unfrommer Wunsch. Sechs Wochen später mußten die Okkupanten gar für einige Tage der Konkurrenz weichen: Das linke Netzwerk „Blockupy" hatte für den Mai 2012 „Aktionstage" angekündigt, und so wurde das Zeltlager vor der EZB „aus Sicherheitsgründen" vorläufig geräumt.

Roths Magistrat hat bis gegen Ende ihres Mandats im Juli 2012 ein permissives Gewährenlassen für angemessen gehalten. Ihr Nachfolgekandidat von der SPD, Peter Feldmann, gab im Wahlkampf zu bedenken, daß, gäbe es „die Occupy-Bewegung nicht, man sie neu erfinden müsse". Kaum war die Chefin in Rente, hat Roths Ordnungsdezernent Markus Frank unter dem neuen OB Peter Feldmann am 6. August das Occupy-Camp „aus hygienischen Gründen" und einer gestiegenen Rattenpopulation wegen von der Polizei ultimativ räumen lassen. Allein die 300 Kubikmeter Müll in zahlreichen Abfallcontainern zu entsorgen, schlug mit mehr als 25.000 Euro zu Buche und die Renaturierung der ergrauten Grünfläche dürfte noch teurer geraten. Insgesamt seien Schäden in Höhe von 200.000 Euro entstanden.

Obwohl das Recht auch hier einen Raum umzäunt, in dem sich politische Freiheit entfalten kann, wurde das Protestlager aufgelöst. Am Ende war das Camp zum kuriosen Asyl für Obdachlose, Gestrandete, Yuppies und Schwarzarbeiter geworden, die mit viel Unrat und ihrer politischen Ignoranz die Ambitionen der idealistischen Aktivisten gründlich diskreditierten. Die bunten Vögel der Occupy bekamen keinen Wind der Sympathie mehr unter die Flügel.

Mit der Räumung des Camps ist aber nicht die Occupy-Idee verschwunden. Was in unserer von einer globalisierten Ökonomie beherrschten Welt von dieser Bewegung bleibt, wird mehr sein als ein entgrünter Rasen. Zwar hat man den Kredit verspielt, den Frankfurt der Aktion gewährt hatte. Occupy ist aber eines jener Phänomene, die deshalb weiter existieren, weil es jetzt einen Begriff davon gibt. Das Entstehen solcher Bewegungen ist zudem ein signifikantes Beispiel für die neue digitale Macht, die in der Kürze eines Wimpernschlags Meinungsbildungsprozesse in Gang setzen und immer wieder neu entfachen kann. Nur das Camp sei Geschichte, „nicht die Wut auf die Finanzmärkte und der kapitalismuskritische Protest", glaubte auch die *Frankfurter Allgemeine Zeitung*. Die Großdemonstration des linken Netzwerks „Blockupy" am 31. Mai und 1. Juni 2013 scheint das zu bestätigen. Ob der fortgesetzte Protest einen nachhaltigen gesellschaftlichen Klimawandel zu bewirken vermag oder am Ende in einer oberflächlichen medialen Empörungs(un)kultur versandet, muß sich noch zeigen. Entscheidend wird sein, ob jene Politiker und Bankvorstände, die versichern, sie hätten „verstanden", dies in Zukunft auch durch Taten werden belegen können.

22. Petra Roth und die CDU

Petra Roth und die CDU sind keine deckungsgleichen Synonyme. Beide verbindet eine eher zwiespältige Beziehung, die sich nicht nur unterschiedlichen politischen Positionen verdankt, sondern auch konkurrierenden persönlichen Interessen. So handelte es sich zum Beispiel beim Start von Petra Roths Parteikarriere weniger um einen Schönheitswettbewerb zweier ansehnlicher Blondinen, als 1992 mit Erika Steinbach eine ernstzunehmende Rivalin mit ihr um den Frankfurter Parteivorsitz rangelte. Roth konnte die Wahl für sich entscheiden, Steinbach vermutete ihr Glück dann bald auf der größeren Bühne der Bundespolitik als schließlich zweimal wiedergewähltes MdB. In der Parteipolitik ist es aber oft um so schwieriger, noch „eines Freundes Freund“ zu bleiben, je höher man in der Hierarchie aufsteigen möchte.

50jähriges Jubiläum der CDU Hessen im Oktober 1995 (von links): Walter Wallmann, Petra Roth und Alfred Dregger

Grob vereinfacht besteht die Frankfurter CDU aus zwei starken Flügeln, dem konservativ-bürgerlichen Lager und den Anhängern der christlichen Wohlfahrt, der Sozialausschüsse, die früher einmal zu Unrecht als Herz-Jesu-Sozialisten bespöttelt wurden. Auf seine Einflußgröße verwies der Sozialflügel lange Jahre allein schon durch die in Ernst Gerhardt personifizierte Geltungsmacht. Gerhardt konnte sich im Magistrat starker Bindekräfte berühmen, stärker sogar, als beide CDU-Oberbürgermeister zu seiner Zeit sie je hatten. Er bestimmte weitgehend, wer in der CDU was wurde und wer was nicht. Im Kampf mit des Geschickes Mächten konnten sich schwache Dezernenten wie der mit der Stadtplanung stark überforderte ehemalige Lehrer Edwin Schwarz, obwohl latent versetzungsgefährdet, nur deshalb in eine zweite Amtszeit retten, weil die Mehrheitsgunst in der CDU-Fraktion dies ermöglichte. Spätestens mit der ebenso tölpelhaften wie laienhaften Idee, die beliebte Kleinmarkthalle abzureißen, hatte er auch in der eigenen Partei darauf hingewiesen, wes Geistes Kind er sei.

In Frankfurt ging es weniger um die Angst einer „Entchristlichung" der CDU in Zeiten voranschreitender Verweltlichung, sondern vielmehr um die Frage, für welches alternative ethische Programm bei schwindender Bindekraft der Kirchen das „hohe C" im Parteinamen noch stand, auch wenn Petra Roth in Festreden Christentum und Humanismus tapfer als die soliden Identitäts-

Bundeskanzler Helmut Kohl und OB Petra Roth bei einer Pressekonferenz im Bundestagswahlkampf 1998

Angela Merkel und Petra Roth stärken sich im März 2001 auf dem Frankfurter Wochenmarkt für den Wahlkampf

kulturen ihrer Partei in Anspruch nahm. Bei einer immer schwieriger zu definierenden Mitte der Gesellschaft wissen übrigens beide große Volksparteien nicht, wohin die Kompaßnadel ausschlagen müßte, um Wähler von sich zu überzeugen. Petra Roths Kompaßnadel zeigte selbstbewußt auf sie selbst: Mit ihrem pluralistischen Weltbild repräsentierte sie die Mitte, sie war in fabelhafter Weise in der Gegenwart verwurzelt. Sie war die sympathische Alternative zu jener Spezies, gegen die einst schon ihr Stichwortgeber Max Weber agitierte, als er „gegen den Aufmarsch des Spießbürgertums" zu Felde zog. Anfang der Siebziger waren das in Frankfurt letzte großbürgerliche Zitadellen wie die abendländisch einherkleppernden Herrenreiter vom Bündnis „Adel und Banken". Differenzen wurden von Roth nicht einfach eingeschliffen, sondern thematisiert.

Schon ziemlich bald nachdem Petra Roth die goldschwere Bürde der Amtskette geschultert hatte, erfreute sie sich einer gewissen Grundsympathie auch ihrer Nichtwähler. Wie weiland Walter Kolb hat sie es verstanden, statt als ein funktionalisiertes Parteiorgan als eine mit eigenen Gedanken begabte überparteilich agierende Oberbürgermeisterin wahrgenommen zu werden. Weil Roth über die erforderliche Substanz verfügt, selber zu denken, brauchte sie nicht alles aus der Bonner und später der Berliner Machtzentrale für bare Münze zu nehmen, was jedenfalls für die prinzipiell „kritische Masse" der Frankfurter Bürgerschaft auch inakzeptabel gewesen wäre. Mit ihrer breiten Popularität als Hebel konnte sie es sich erlauben, auch schon mal deutlich auf Distanz zu ihrer eigenen Partei zu gehen und sie vor vollendete Tatsachen zu stellen. Ihre Autonomie wußte sie in dem Satz auszudrücken: „Wir als CDU und ich." Petra Roth wurde recht schnell nicht mehr nur mit ihrer Partei identifiziert, sie galt als eigene Marke. Sie stand stets „auf einer höhern Warte als auf den Zinnen der Partei" (Ferdinand Freiligrath).

Mit ihren gelegentlichen „unbotmäßigen" Äußerungen, wie zum Beispiel zur anachronistischen Drogenpolitik der Bundesregierung und deren Drogenbeauftragten Eduard Lintner, betrat Grenzgängerin Petra Roth nicht nur ein parteipolitisches Minenfeld, sie irritierte auch die CDU-Führung. Am Pranger einer bigotten öffentlichen Meinung sollte sie bundesweit Furore machen. Ihrer Zeit weit voraus und mutig über Kreuz mit der regierungsamtlichen Drogenpolitik, hatte Roth gefordert, unheilbar Süchtige auf Krankenschein mit Heroin light zu versorgen: „Man nennt den Frankfurter Weg in der Drogenpolitik ‚links' – aber ich finde es mit dem ‚C' in unserem Parteinamen weitaus vereinbarer, kranken Menschen, selbst wenn sie vor dem Gesetz gefehlt haben mögen, Hilfe anzubieten, statt sie auf der Straße verkommen zu lassen", gab sie in der *Frankfurter Rundschau* zu Protokoll.

Dabei argumentierte sie im Kontext der empirisch bestätigten Kausalität von Abhängigkeit und Beschaffungskriminalität: „Ein Drogenabhängiger gehört in die Hand eines Arztes und nicht in die Hände der Polizei". Der Casus war damals von solcher Brisanz, daß der damalige Fraktionschef der CDU, Wolfgang Schäuble, versuchte, sie „zur Vernunft" zu bringen. „Die wollten mir das verbieten", kommentiert Roth heute lachend den Druck christdemokratischer Machtpolitik, von deren Einflußradius sie sich nicht tangieren lassen wollte. Sie hatte aber auch gelernt, daß der einzelne nur in und mit einer Organisation seine Potentiale zur Geltung bringen kann.

Weil sich die Experten aus Medizin, Polizei und Politik nicht einigen konnten, hat Frankfurts Oberbürgermeisterin im August 2003 im Einvernehmen mit der Staatsanwaltschaft unter einer rot-grünen Bundesregierung schließlich das Projekt einer hygienisch einwandfreien „Heroin-Ambulanz" im Frankfurter Ostend durchgesetzt. Das Ergebnis hat Roth Recht gegeben: Die Zahl der Frankfurter Drogentoten ist von 147 im Jahr 1991 auf 31 im Jahr 1997 drastisch gesunken, im Jahr 2012 waren 21 Opfer zu beklagen. Roths couragierten Vorstoß haben inzwischen viele Städte als eigene Erfolgsstrategie fortgeschrieben.

Roths eigenwilliges Denken als OB und ihr nicht immer „CDU-frommes" Handeln als Städtetagspräsidentin hat ihr den Ruf einer ehrlichen Haut eingetragen. Parteiräson bedeutet ihr keinen höheren Wert an sich und loyale Zusammenarbeit nicht schon Wahlverwandtschaft. Eingeforderten Gehorsam bei Gewissensentscheidungen lehnt sie als reine Inszenierung der Macht ab.

Petra Roth ist mit Edward de Bono der Meinung, daß es besser sei, sich des „lateralen Denkens", des „Querdenkens" zu befleißigen, statt den Betonköpfen der Parteifunktionäre zu folgen. Jedenfalls gehören Roths kompromißlose Liberalität und ihr diskursives Temperament und stabile Prinzipientreue zur Signatur ihres Wirkens. Sie sind vom Recht auf freie Meinungsäußerung allemal gedeckt. Davon machte sie auf dem CDU-Bundesparteitag am 18. Juni 2002 mutigen Gebrauch, als sie dazu aufrief, mehr in die Kultur zu investieren, weil diese ein Standortfaktor sei. Gehörigen Aufruhr in der ganzen Republik verursachte auch Roths Ankündigung, sie werde in Frankfurt weder das Zuwanderungsgesetz noch das Gesetz zur Grundsicherung im Alter umsetzen. Es fiel ihr sympathisch schwer, problematische Vorgaben ohne Widerspruch einfach hinzunehmen.

Petra Roth hat einfach das, was ein genuines politisches Ingenium genannt werden darf. Es wäre völlig verfehlt, ihre Popularität mit der der anderen großen Spitzenfrau der CDU in Berlin zu vergleichen. Beider jeweilige Beliebtheit verdankt sich eher konträren Charakteristika und individuellen Affekten. Während Berthold Kohler in der *F.A.Z.* Frau Merkel fehlenden Sinn für die große Geste und mangelnde politische Leidenschaft attestiert, trägt Petra Roth ihre Ideen vor. Kohler bescheinigt Angela Merkel eine Scheu vorm Risiko, sie habe keine Überzeugungen und Werte, „kein europäisches Narrativ", und begnüge sich „mit schmaler rhetorischer Kost". Für Petra Roth gilt jeweils das genaue Gegenteil. Diese grundverschieden strukturierten Persönlichkeitsbilder verweisen auf den rapiden Wandel der Volkspartei CDU in den großen Grundsatzfragen, aber auch die unterschiedliche Zustimmung zu dieser Partei in den Großstädten und in der Regierungspolitik. Die früher stark betonte osmotische Beziehung zum Volk ist längst verlorengegangen. Inzwischen werden außer Düsseldorf alle deutschen Großstädte von SPD-Oberbürgermeistern (oder von dem Grünen Kuhn in Stuttgart) regiert. Wäre Petra Roth nicht wie „Zieten aus dem Busch" plötzlich zurückgetreten und hätte OB bleiben wollen, sie wäre ob ihrer Popularität sehr wahrscheinlich wiedergewählt worden, wenn die Hessische Gemeindeordnung dies nicht verhindern würde. Eine maternalistische, gouvernantenhafte Merkel ohne jeden Funken Utopie wäre in der „Stadt der kritischen Theorie" Frankfurt chancenlos geblieben.

Man kann sich seine Freunde nicht immer aussuchen: Franz Josef Jung küßt Petra Roth auf dem CDU-Bundesparteitag im Juni 2002

Nach dem Sieg Peter Feldmanns in der Frankfurter Oberbürgermeisterwahl erinnerte Matthias Alexander in der *F.A.Z.* allerdings auch an die vermaledeite Situation, daß „gerade unter den Parteifreunden in Magistrat und Fraktion die Begeisterung“ für Petra Roth „nicht ungeteilt“ gewesen sei. „Dort gilt sie vielen als zu eigensinnig, als abgehoben, als mehr an der Repräsentation als an der Detailarbeit interessiert.“ Mehrfach sei es deshalb „zu harten Konflikten gekommen, etwa um den Standort des Museums der Weltkulturen oder die Sanierung des FSV-Stadions. Und nicht immer ist Petra Roth als Siegerin vom Platz gegangen.“ Sie bekam am Ende ihrer steilen Karriere zu spüren, wie sehr sich ihre individuelle Machtvertikale allmählich in die Horizontale der CDU-Fraktionsgemeinschaft verschoben hatte. Die aktive Agentin des Kulturwandels hatte nicht das passive Opfer dieser Entwicklung werden wollen.

23. Die Hessische Gemeindeordnung erschwert das Regieren

So wie der Mensch mit höheren Aufgaben wächst, hatte auch Petra Roth schon bald mit ihrer neuen Amtswürde jene Souveränität gewonnen, die man, gepaart mit einem Quentchen Glück, auch braucht, um an den nicht nur metaphorischen Kreuzungen einer unübersichtlichen Metropole lange den Überblick zu behalten.

Dabei war ihr die Fähigkeit von Nutzen, Ideen nicht nur zu gebären, sondern sie mit den Tugenden der sympathischen Fraulichkeit und des besseren Arguments an den Mann zu bringen und mit natürlichem Charme meistens auch durchzusetzen. Gegenüber den autonomen Dezernenten hat die Hessi-

Nachdenklich auf der Frankfurter Regierungsbank: Petra Roth mit Kämmerer Tom Koenigs am 13. Juni 1996

sche Gemeindeordnung den Durchsetzungsmöglichkeiten eines OB allerdings enge Grenzen gezogen.

Weil nach der HGO ein Oberbürgermeister weder Disziplinarvorgesetzter der hauptamtlichen Stadträte noch ihnen gegenüber weisungsbefugt ist, darf er diese auch nicht den Richtlinien seiner Politik unterwerfen. Ohne Richtlinienkompetenz bleibt der OB als Primus inter pares auf die Konsensbereitschaft der Dezernenten angewiesen. Daß solches Einvernehmen, besonders bei schwächelnder Parteiloyalität, nicht immer herzustellen ist, zumal wenn unmittelbar nach Wahlen die Nerven blank liegen, daran erinnern uns Werner Bockelmann und Volker Hauff als tragische Beispiele dafür, wie solche Kabalen und Verwerfungen schließlich geeignet sein können, Fluchtreflexe auszulösen. Schon vor Ablauf ihrer Wahlzeit hatten diese beiden Oberbürgermeister aus Frust über eingeschränkte Kompetenzen und ohne personale Herrschaft im Machtgefüge des Magistrats die Amtsketten an den sprichwörtlichen Nagel gehängt. Vielleicht aber auch deshalb, weil beide nicht nur unter ihren Spitzengenossen, sondern auch auf vielen gesellschaftlichen Ebenen ihr Gütesiegel der Macht eingebüßt hatten. Daß die „Unsterblichkeit nicht jedermanns Sache“ sei, befand schon unser Goethe.

Selbst bei der Gewißheit einer höchst produktiven Entente cordiale wie zwischen Walter Wallmann und mir konnte es passieren, dass der Kulturdezernent dem OB nicht auf allen Wegen folgen mochte: Als der OB von ihm verlangte, jenes unsägliche Fassbinder-Stück *Der Müll, die Stadt und der Tod* vom Spielplan zu streichen, musste der Kulturdezernent sich mit Artikel 5,3 des Grundgesetzes in Stellung bringen, um den Casus mit jenem eindeutigen Verfassungssatz zu objektivieren: „Eine Zensur findet nicht statt.“

Auch Petra Roth konnte offensichtlich nicht verhindern, daß 2012 der Kämmerer den seit langem vom Parlament beschlossenen Neubau des Museums der Weltkulturen auf den Sankt-Nimmerleins-Tag verschob. Und auch der ränkeschmiedende Sportdezernent Markus Frank konnte sich im Streit um die Sanierung des Stadions am Bornheimer Hang im Magistrat gegen Roth durchsetzen. Auf den Vorwurf der *BILD*, Stadtrat Markus Frank entpuppe sich immer mehr als Antisportdezernent, blieb Petra Roth eine saftige Replik aber nicht schuldig: „Mit dem FSV, da platzt mir die Hutschnur. Das Gelände gehört der Stadt. Der Platz, die anliegenden Gebäude sind neu. Ich habe gesagt, die Mittel für die Tribüne sind im Haushalt. Da fehlt mir langsam das Verständnis.“

Als das Stadtparlament anders als Petra Roth votierte und sich entschied, nicht gegen den Flughafenausbau zu klagen, ächzte es gewaltig im parlamenta-

Petra Roth im Gespräch mit Joachim Vandreike im März 2001

rischen Gebälk. Und gegen Ende ihrer Amtszeit hat der Stadtkämmerer mit seiner kategorischen Streichliste den Einspruch der Oberbürgermeisterin knallhart unterlaufen. Dabei wurden erstmals auch die Städtischen Bühnen arg gezaust. Nun sollen also Oper und Schauspiel die im Jahr 2012 erstreikten Tariferhöhungen gefälligst selber aus ihrem laufenden Budget abdecken.

Solange ein OB sich in der kompromißbestimmten Tagespolitik dank seiner Autorität und seiner Reputation der Mehrheit im Magistrat gewiß sein kann, wie etwa Walter Wallmann, hat er die Chance, die ihm nicht genehmen Vorlagen verstockter Dezernenten von ebendieser Mehrheit ablehnen zu lassen. Und er kann widerborstige Kollegen oder für problematisch gehaltene Naturen bestrafen, indem er Teile von deren Dezernat an sich zieht oder ihnen gar ein ganz anderes, weniger wichtiges Dezernat zuweist.

Dem CDU-Stadtrat Uwe Becker zum Beispiel ging der neue OB Peter Feldmann wild entschlossen an den Kragen, indem er ihm das wichtige Personalamt entzog. An dieser strategisch wichtigen Schaltstelle entscheidet jetzt der OB selber über das Wohl und Wehe seiner Beamten, Angestellten und Arbeiter.

Als *femina politica* hat Petra Roth in ihrer Amtszeit von der rechtlichen Option der Dezernatsverteilung knallhart Gebrauch gemacht: Wild entschlossen entzog sie gleich im ersten Waschgang der umstrittenen Kulturdezernentin die Herrschaft über die Städtischen Bühnen, das Herzstück des Kulturdezernats; Jutta Ebeling entriß sie kurzerhand das Umweltdezernat, um die Koalition zu retten; Tom Koenigs kam das wichtigste Ressort des Magistrats, die Stadtkämmerei, abhanden; den effizienten Martin Wentz entthronte sie als Planungsdezernten; Boris Rhein ging seiner Zuständigkeit für das Wirtschaftsdezernat verlustig und Achim Vandreike durfte nicht länger Sozialdezernent bleiben. Als Vandreike mit dem Umweltressort abgespeist wurde, nahm der es mit Humor und ließ sich mit einer Gärtnerschürze ablichten. An diesen Beispielen des kompromißlosen Zugriffs zeigt sich, daß eine machtbewußte Petra Roth auch schon mal die Vornehmheit des Herzens zu dispensieren wußte und ihrem Erfolgsinstinkt vertraute. Auch unter augenscheinlicher Schönheit können sich scharfe Kanten verbergen.

Im wesentlichen hat sich Petra Roth ihre Mehrheiten jedoch durch hanseatische Nonchalance und administrative Fantasie zu beschaffen gewußt. Statt mit der Faust auf den Tisch zu hauen, hat sie mit freundlicher Überzeugungsarbeit und ohne dialektische Finessen die Kollegen „umarmt". Beim Ringen um Mehrheiten wußte Petra zwischen den Dezernenten ausgleichend zu wirken, in einer Synthese von Emotionalität und Sachverstand ist ihr das beinahe immer gelungen, wobei sie die rührenden Kräfte aus ihrem Gefühlsrepertoire anzuwenden selten versäumte, aber ohne dabei in Einfühlsamkeitslyrik abzugleiten. Wie sehr Emotionen der Politik als Verstärker dienen können, hat Petra grandios vorgemacht. Gefühl ist Teil ihrer Identität.

Ob es Roths Nachfolger gelingen kann, bei vergleichbar schwieriger Mehrheitskonstellation die Loyalität der Magistratsmitglieder einzufangen wie Roth, darf nicht allzu lange eine offene Frage bleiben.

Allein die Position des Stadtkämmerers ist unantastbar. Aber nicht nur deshalb war Ernst Gerhardt zu meiner Zeit die tragende Säule des Magistrats. Walter Wallmann und sein Kurwenal Gerhardt pflegten im Magistrat, dem eigentlichen Machtzentrum hessischer Städte, das verbriefte Recht der Dezernenten auf Autonomie mit vermeintlich besseren Ideen zu durchkreuzen.

24. Die begnadete Rhetorikerin und ihre Kunst des Rühmens

Welcher deutsche Politiker außer vielleicht Angela Merkel hält täglich mindestens eine Rede? Petra Roth! Wer häufig ihren vielgerühmten Reden zuhörte, hat sich jedenfalls nie gelangweilt: Ob sie mit einem feierlich-getragenen Rondo aus großen Worten Geistesgrößen oder politische Großkaliber in der Paulskirche zu ehren hatte, ob im Kaisersaal anläßlich hoher Geburtstage lebenslange Verdienste mit glänzenden Redeströmen zu würdigen waren oder ob es im Limpurgsaal auf die Karrierestationen der Goethe- oder Ehrenplakettenträger mit rhetorischem Raffinement sich einen Reim zu machen galt – immer hat es Petra Roth verstanden, dabei den entscheidenden Punkt zu setzen. Bei ihren Laudationes konnte sie manche Personen so glaubhaft schönreden, wie diese wohl gern gewesen wären.

Ihre Vortragskunst besitzt eine Sogwirkung sondergleichen, die manche Schalheit des Gegenstands sublimiert, wenn sie zum Beispiel unsere unheile Welt mit aller Sprachkraft zu verklären sucht, um sie erträglicher zu machen.

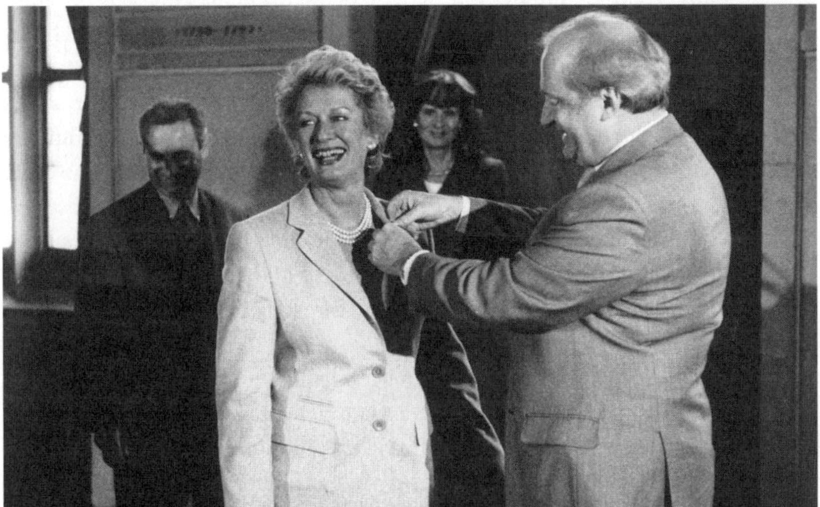

Frankreichs Außenminister Hubert Védrine ernennt Petra Roth zum Offizier der Ehrenlegion

Integrationsdezernentin Nargess Eskandari-Grünberg, Yusuf Colak von der muslimischen Gemeinde und Petra Roth beim Besuch der Moschee in der Frankfurter Kriegkstraße

Immer konnte Petra Roth mit ihrem unerschöpflichen Anspielungsreichtum und wohldosiertem Gefühl dem in Rede stehenden Thema eine sehr persönliche Note abgewinnen, ohne gespreizte intellektuelle Pirouetten. Ihre schöne, modulationsreiche Stimme erspart die Wurlitzer. Die *Frankfurter Neue Presse* reduzierte Roths Redetalent auf das „angenehme Timbre ihrer Stimme, die Verve und Entschiedenheit, mit der sie das Gesagte vorträgt", und monierte: „Im Dickicht ihrer Satzkonstruktionen verirrt sie sich häufig, ohne das finite Verb zu finden". Nun ja, die einen sagen so, die anderen so. Ihr selbst war durchaus bewußt, welchen Zauber ihre Laudationes auf die Adressaten ausübten, welchen Klang ihr samtiger Mezzo erzeugte. Die belobten Persönlichkeiten konnten Roths Empathie jedenfalls bis in ihre tiefsten Gemütsfalten hinein als aufrichtig empfinden.

Die schon mal zum Enthusiasmus neigende oder kühne Assoziationen riskierende Petra Roth hat sich oft souverän von der sprachlichen Fessel des Manuskripts gelöst, um sich durch Einfallsreichtum auszuzeichnen. Was zu sagen war, hat sie gern in freier Rede und oft rhapsodischem Tonfall improvisiert oder auch auf eine launige, manchmal kokette Pointe zugespitzt. Anders als Oberbürgermeister Brück vermied sie es, das Publikum zu langweilen. Sie nahm sich die Lizenz zum freien Assoziieren und verfiel dabei zuweilen in jene

Euphorie, die nicht unbedingt jedermanns Sache ist, etwa als sie nach dem opulenten Sponsorendinner der exklusiven jährlichen Operngala in blumiger Improvisationslust Opernchef Bernd Loebe derart mit Lorbeer überschüttete, daß selbst der Gepriesene das für arg geschmeichelt halten mußte. Weniger Pedal ist manchmal mehr. Wenn sie unter Strom stand, konnte sie auch schwere Glocken läuten, wie bei Michael Gielen in der Paulskirche. Und wie Michael Hierholzer sich erinnert, „stieg sie auch schon mal auf den Tisch, um die Frankfurter Kultur und damit sich selbst in nahezu ekstatischen Worten zu rühmen".

Am Beispiel von Petra Roths einfühlsamer Rhetorik wird exemplarisch deutlich, wie Politik im Verzicht auf parteipolitische Stehsätze sich ihre Legitimation beim Reden verschafft. Dabei zeigt sie erfreulich wenig Lust auf schlechtgelaunte Begriffe. Petra Roth redet auf dem hohen Plateau, das Frankfurts großer Feuilletonist Siegfried Kracauer mit seiner Forderung errichtet hatte, eine gute Sprache sollte auch stets das Gute bewirken. Manche von Petra Roths Preisreden waren selber preiswürdig. Für sie ist Sprache ein kommunikatives und kognitives, erkenntnisstiftendes Instrument.

Einmal wurden im Kaisersaal aber auch Petra Roths eigene Verdienste offiziell gepriesen. Im glanzvoll illuminierten Rahmen des Kaisersaals verlieh der französische Außenminister Hubert Védrine der Oberbürgermeisterin für die in Frankfurt vorbildlich gelungene „Ausländerintegration" 2001 die höchste französische Auszeichnung. Den von Kaiser Napoleon gestifteten Orden der Légion d'honneur hatten vor ihr keine Geringeren als Goethe, Chaplin und Adenauer erhalten. Auch zwei anderen Schönen, der Deneuve und der Dietrich, ziert(e) der fünfzackige Stern die Heroinenbrust. Der Eleganz von Petra Roths Erscheinung auf High Heels auf dem Parkett des Kaisersaals korrespondierte die Eleganz ihrer gewitzten Dankesrede an den seinerseits elegant-galanten Gast aus dem Élysée-Palast.

In der Tat zeichnet es die Stadt Frankfurt mit rund 25 Prozent Bürgern nichtdeutscher Herkünfte aus, mit Hilfe einer klugen Integrationspolitik ein aggressionsfreies Klima erzeugt zu haben. Trotz einer bunten Mischung der Religionen, Ethnien und Kulturen ist Frankfurt durch seine differenzierende und harmonisierende Ausländerpolitik ein erfreulich angstfreier Ort geblieben: Das Amt für multikulturelle Angelegenheiten hat in der Nachfolge von Daniel Cohn-Bendit mit der gleichfalls altruistisch ohne Gehalt ehrenamtlich wirkenden Dezernentin Nargess Eskandari-Grünberg als eine frankfurttypische Initiative auch in anderen Städten Schule gemacht. Roth verteidigte in einer Bürgerversammlung vehement auch den Bau einer Moschee im Stadtteil Hausen.

25. Ehre, wem Ehre gebührt

Unter ihrer repräsentationsbewußten Oberbürgermeisterin entwickelte die Stadt das gewisse kosmopolitische Flair, das illustre Gäste aus aller Welt konstituieren halfen. Alle, die von unserer gern mit goldener Amtskette auftretenden Petra Roth im Kaisersaal empfangen wurden, fühlten sich wirklich willkommen geheißen. Allein im Spätherbst 1996 konnte sie in einer knappen Woche Charismatiker wie Michael Gorbatschow und Jassir Arafat sowie deren jeweilige Gesprächspartner Roman Herzog bzw. Hans-Dietrich Genscher begrüßen und sie bitten, sich im Gästebuch der Stadt zu verewigen. Der sich den Friedensnobelpreis mit Palästinenserführer Arafat teilende israelische Ministerpräsident Jitzchak Rabin hielt unter den 52 verblichenen Herrscherfiguren der Kaisersaalgalerie eine emphatische Rede über Freiheit und Frieden. Ein Gespräch mit Rabin nannte Roth später „eine einzige Offenbarung". Als Arafat Wochen vorher am selben Pult von den Juden als von „meinen Vettern" gesprochen hatte, war ein Raunen des Zweifels durch die vollbesetzten Stuhlreihen gegangen, nicht zuletzt

Petra Roth empfängt 1996 Jassir Arafat im Frankfurter Römer

Lea Rabin, die Frau des verstorbenen israelischen Ministerpräsidenten, bei der Eintragung ins Goldene Buch im März 1996

von Ignatz Bubis und Salomon Korn. Aber „der Mann mit dem Kopftuch" (Bubis) wußte irritierte Ehrengäste mit dem Hinweis zu beruhigen, beide Religionen fänden doch in Abraham ihre gemeinsamen Wurzeln.

Während der Buchmesse 1997 hat auch Portugals Staatspräsident Jorge Sampaio das Goldene Buch mit seinem skurrilen Namensschnörkel geschmückt. Der portugiesische Philosoph Eduardo Lourenço hatte vorher in einer eindrucksvollen Rede auf Goethes „Universalitätstheorie" abgehoben: Das Beisammensein auf der Buchmesse verkörpere gewissermaßen schon Goethes schönen Traum von einer Weltkultur als gelebte Wirklichkeit.

In federleichter Diktion rekurrierte Gastgeberin Roth in ihrer Tischrede auf Goethes *West-östlichen Divan* und zog daraus ein passendes Zitat aus dem Gedächtnis: „Wer das Dichten will verstehen, muß ins Land der Dichtung gehen. Wer den Dichter will verstehen, muß in Dichters Lande gehen."

Bevor der südkoreanische Staatspräsident und Friedensnobelpreisträger Kim Dae-jung sich ins Goldene Buch eintrug, lobte der weitgereiste Gast unsere Petra Roth als „die wohl schönste Oberbürgermeisterin der Welt", was wir aber längst schon wußten.

Die Begegnungen mit den Großen der Welt waren für Petra Roth Momente unverstellter Emotionen.

26. Berühmte Preisträger in der Roth-Ära

Kaum eine andere Stadt verleiht so viele Ehrenmedaillen und Ehrenpreise wie die Stadt Frankfurt am Main. Außer den mit je 50.000 Euro Preisgeld hochdotierten Goethe-Preis, Adorno-Preis, Max-Beckmann-Preis und Otto-Hahn-Preis verleiht die Stadt Goethe-Plaketten, Ehrenplaketten und den Frankfurter Musikpreis sowie den „Stadtschreiber"-Preis von Bergen-Enkheim.

In der Paulskirche verleihen alljährlich der Börsenverein seinen Friedenspreis des Deutschen Buchhandels (25.000 Euro), die Binding-Kulturstiftung den Binding-Kulturpreis (50.000 Euro) und die Paul Ehrlich-Stiftung den Paul Ehrlich- und Ludwig Darmstaedter-Preis (100.000 Euro) für wegweisende Forschungen in der Medizinwissenschaft. Der Bundesverband der Deutschen Musikhersteller vergibt im Kaisersaal jedes Jahr den Frankfurter Musikpreis (20.000 Euro), und alle zwei Jahre wird hier der vom Juwelier Johannes Lueg gestiftete Friedrich-Stoltze-Preis in Form einer silbernen Kleinskulptur überreicht.

Die von der Stadt verantworteten hohen Ehrungen erhielten in den Jahren 1995–2012 unter anderen folgende Persönlichkeiten:

Goethe-Preis: Pina Bausch, Siegfried Lenz, Amos Oz, Marcel Reich-Ranicki

Adorno-Preis: Jacques Derrida, Jean-Luc Godard, Alexander Kluge, György Ligeti

Max-Beckmann-Preis: Richard Hamilton, Barbara Klemm, Harald Szeemann

Otto-Hahn-Preis: Hans Blix, Gerhard Ertl, Stefan Hell, Theodor Hänsch, Gerhard Kraft, Gottfried Münzenberg, Manfred Reetz (Auszug)

Frankfurter Musikpreis: Dietrich Fischer-Dieskau, Klaus Doldinger, Michael Gielen, Udo Lindenberg, Anne Sofie von Otter, Hans Zender (Auszug)

Stadtschreiber: Wilhelm Genazino, Katharina Hacker, Peter Kurzeck, Herta Müller, Uwe Timm (Auszug)

Goethe-Plakette: Ferry Ahrlé, Jean-Christophe Ammann, Thomas Bayrle, Dieter Buroch, Peter Eschberg, Heiner Goebbels, Peter Iden, Eliahu Inbal, Arno Lustiger, E. R. Nele, Klaus Reichert, Wolfram Schütte, Albert Speer, Oswald Mathias Ungers, Christoph Vitali (Auszug 15 aus 42 seit 1995)
Ehrenplakette: Karlheinz Braun, Rolf-E. Breuer, Helga Budde, Armin Clauss, Margareta Dillinger, Wilhelm D. Duisenberg, Michael Hauck, Claus Helmer, Carmen Renate Köper, Renate von Metzler, Lutz Raettig, Anne-Marie Steigenberger, Rudolf Steinberg, Jean-Claude Trichet, KD Wolff (Auszug 15 aus 84 seit 1995)

Der Regisseur und Autor Alexander Kluge freut sich über den ihm am 11. September 2009 verliehenen Theodor-W.-Adorno-Preis

Hessischer Kulturpreis

In den Jahren der Ära Petra Roth erhielten zwölf Autoren, Künstler, Philosophen, Forscher und Kulturexperten aus Frankfurt den mit 45.000 Euro dotierten Hessischen Kulturpreis aus der Hand der Ministerpräsidenten Roland Koch bzw. Volker Bouffier: Thomas Bayrle, Walter Boehlich, Jürgen Habermas, Hilmar Hoffmann, Barbara Klemm, Salomon Korn, Christoph Mäckler, Marcel Reich-Ranicki, Klaus Reichert, Wolf Singer, Siegfried Unseld, Hans Zender.

27. Roths Frankfurter Ehrenbürger

Von den 16 nach 1945 ernannten Ehrenbürgern hat allein Petra Roth fünf Persönlichkeiten für diese höchste aller städtischen Ehrungen auserkoren: 1999 Kanzler Helmut Kohl, 2002 Brauereibesitzer Bruno H. Schubert und Suhrkamp-Verleger Siegfried Unseld, 2004 Bankier Friedrich von Metzler und 2009 Oberbürgermeister a.D. Walter Wallmann. Als Alpha und Omega schmücken also zwei CDU-Granden Petra Roths Ehrenbürgeralbum.

Nicht unbedingt alle 16 Nachkriegsehrenbürger fanden unter den kritisch mitdenkenden Frankfurtern positive Resonanz. Deshalb stellte sich dem einen oder anderen immer wieder die Frage nach den Auswahlkriterien. Fehlanzeige. Eine Satzung gibt es nicht. Die Verleihung der Ehrenbürgerwürde ist vom Magistrat erstmals am 25. März 1867 beschlossen worden. „Die allgemeinen", also die unpräzisen „Richtlinien" erklären den Magistrat für befugt, bei Zustimmung der Stadtverordnetenversammlung, „Männern [sic], welche sich um die Stadt besonders verdient gemacht haben, […] das Ehrenbürgerrecht zu er-

Petra Roth verleiht dem Präsidenten der Europäischen Zentralbank Jean-Claude Trichet am 15. September 2008 im Limpurgsaal die Ehrenplakette der Stadt Frankfurt

Im September 2003 überreicht Petra Roth im Limpurgsaal dem Stadtplaner und Architekten Albert Speer die Goethe-Plakette

teilen, wodurch keine Verpflichtungen entstehen." Also keine gebührenfreien Straßenbahnfahrten oder Freibillets fürs Freibad oder die Oper.

Bei diesem anachronistischen Statut kam in einer patriarchalisch geformten Gesellschaft das weibliche Element als potentielle ehrenbürgerwürdige Erscheinung erst gar nicht in Betracht. „Sich um die Stadt verdient gemacht zu haben" ist eine ebenso banale wie stereotype Floskel, mit der jeder wackere Kommunalbeamte in seiner Traueranzeige bedacht wird. Der Spruch erspart dem Aussteller des Lobes die Mühe einer Begründung. Bei der Kür von Persönlichkeiten für die höchste Ehrung der Stadt sollte der Verleihungsgrund aber schon konkreter gefaßt sein.

Bei der längst überfälligen Konstituierung eines Frankfurter Ehrenbürgerstatuts sollten sich die Verfasser weniger am Format der bisherigen Ehrenbürger orientieren als an einem objektiven Ideal. Das aber hieße, ab ovo zu beginnen. Damit die Kür von Ehrenbürgern keine Glückssache bleibt, sollte ein für allemal festgeschrieben werden, welche Indikatoren heranzuziehen sind, damit eine kompetente, unabhängige Findungskommission sich ihr Urteil bilden und dem Parlament anhand einer solchen hieb- und stichfesten Prüfliste einen Kandidaten vorschlagen kann.

In einem Katalog der Verdienste sollten zum Beispiel folgende Charakteristika eine Rolle spielen: Familientradition, Bildung und Ausbildung, berufliche

Karriere – und ob diese sich objektiven Leistungen und nicht einem Parteibuch oder gesellschaftlicher Kungelei verdanken. In welch besonderer Weise befördern diese Leistungen das Ansehen der Stadt? Ein Frankfurter Ehrenbürger sollte möglichst ein originäres Frankfurter Gewächs sein, das mindestens ein halbes Leben lang Bürger dieser Stadt gewesen ist, schon damit kein zu Geld gekommener Verdienstloser hoffen kann, sich mit einem Millionen-Scheck in die Ehrenbürgergilde einkaufen zu können, um sich selbst zu schmeicheln. Welche besonderen altruistischen Tätigkeiten sind in Rechnung zu stellen? Welches soziale, professionelle, ehrenamtliche oder mäzenatische Engagement unterscheidet den Kandidaten von vergleichbaren Aspiranten? Sollte die „Würde des Alters" eine Rolle spielen? Ist ein abgeschlossenes Lebenswerk Voraussetzung für eine Ehrenbürgerwürde? Empfiehlt er/sie sich auch durch Charakter, ethische Grundsätze und moralische Integrität in der privaten Lebensführung als Vorbild? Die Exzellenz in der Moral, das ethische Fundament, verstanden als eigene Kategorie und mit Religion nicht zu verwechseln, gilt es zum Maßstab zu machen. Aber wer kann in einer alle Werte relativierenden Gesellschaft noch ein Vorbild sein? Für den Philosophen Immanuel Kant galten Gebote der Moral per definitionem als Gebote der praktischen Vernunft. Moralische Urteile sind nicht subjektiv, sie haben ihr Fundament in einer transzendenten Ordnung. Wie die Ehrenbürger Horkheimer oder Nell-Breuning sollte ein Ehrenbürger vorbildhafte ethische Maßstäbe setzen helfen, die in dem Begriff *dignitas* (Würde) gipfeln, hier weniger verstanden als würdevolle Erscheinung, sondern als moralische Instanz.

Das Inventar an Leitbildern müsste *summa summarum* nicht nach einem pedantischen Punktesystem im Stile sportlicher Zielmarken gebildet werden. Unbedingt gehörten dabei solche Verdienste unberücksichtigt, die purem Aktivismus geschuldet sind, um auf sich aufmerksam zu machen. Auch ist der bloße Anschein zu vermeiden, die Parteien kungelten hier Proporze aus. Um so wichtiger ist es, die Entscheidungen unter den Fraktionen einstimmig zu fällen. Auch sollte festgelegt werden, in welchen zeitlichen Abständen eine Ehrenbürgerschaft verliehen wird. Seit es diese Frankfurter Ehrung gibt, wurden 27 Bürger damit ausgezeichnet. In den 36 Jahren zwischen 1796 und 1816 sowie 1828 und 1844 wurde offenbar niemand für einzigartig und charakterstark genug befunden, während 1959 die Ehrsucht in einem einzigen Jahr gleich drei Persönlichkeiten mit Ehrenbürger-Lorbeer bekränzte. Ein künftig festgelegter Turnus könnte dazu beitragen, die Ehrenbürgerwürde vor einer Inflationierung zu bewahren.

Genau hundert Jahre nach Franz Adickes ist mit Oberbürgermeister **Walter Wallmann** erstmals wieder ein pensionsberechtigter Berufspolitiker zum

Ehrenbürger ausgerufen worden. Die Tatsache, daß offensichtlich keiner der mit dem Wiederaufbau der Stadt und der Mehrung ihrer Weltgeltung befaßten Oberbürgermeister nach 1945 dafür schon als preiswürdig befunden wurde – nicht einmal der große Walter Kolb –, könnte zu dem Mißverständnis führen, die Ehrung des einen bedeute im Umkehrschluß eine Schmähung aller anderen. Mit dieser Bemerkung sollen die unbestritten großen Verdienste Walter Wallmanns in keiner Weise gemindert werden.

Petra Roth bejahte nach der Lektüre meines Buches *Die großen Frankfurter* (2004) meine schon damals begründete Meinung, daß weder ein Oberbürgermeister noch ein Dezernent als Ehrenbürgerkandidat in Betracht gezogen werden dürfte. Dafür, daß sie ihr Wissen und Denken, ihre Energien und ihren Ehrgeiz, ihre Zeit und ihr auch altruistisches Handeln investiert haben, um unserer Stadt zu dienen, hatten sie schließlich ihren Amtseid geleistet. Daß sie in dieser Erwartung von der Bevölkerung überhaupt in ihr hohes Amt gewählt wurden, sollte jedem schon genug der Ehre sein. Dieses Vertrauen der Wähler nicht zu enttäuschen bedeutet nichts Geringeres als die Tilgung einer Bringschuld ohne jeden Ordensanspruch. Angehörigen des Magistrats sollte Altruismus als Selbstverständlichkeit gelten.

Renate von Metzler, Ehrensenatorin der Goethe-Universität, erhält am 20. Dezember 2011 im Limpurgsaal durch OB Petra Roth die Ehrenplakette. Links im Bild Ehrenbürger Friedrich von Metzler und Stadtverordnetenvorsteherin Bernadette Weyland

Petra Roth hat schon damals dem Ehrgeiz abgeschworen, je selber Ehrenbürgerin zu werden, obwohl sie, gemessen an ihren Leistungen, ebenso wie Walter Kolb Ehrenbürgerformat hätte behaupten dürfen. Warum aber hat sie gleichwohl mit Walter Wallmann ein Magistratsmitglied nach nur neunjähriger Amtszeit zum Ritter des Ehrenbürgerordens geschlagen, dem ein Ministeramt in Bonn und die damit verbundenen höheren Weihen wichtiger waren, als den Bürgern der Stadt Frankfurt wenigstens über die volle Wahlzeit die Treue zu halten?

Walter Wallmanns Ausrufung zum Ehrenbürger eignen triviale Züge: Nachdem in einer fröhlichen Äppelweinrunde im „Gemalten Haus" an der Schweizer Straße über den momentgeborenen Vorschlag, „den Wallmann zum Ehrenbürger zu machen", launig abgestimmt und dieses Votum presseöffentlich gemacht worden war, hat der damalige Vorsitzende der Frankfurter CDU, Boris Rhein, diese *vox populi* spontan aufgegriffen und zu seiner kraftvollen eigenen Stimme gemacht. Kein amtierender OB hätte eine publizistisch verlautbarte Empfehlung ignorieren können, ohne den vorgeschlagenen Kandidaten zu desavouieren, trotz parteipolitischem Geschmäckle.

Ende der zwanziger Jahre ist auch der international gefeierte Baustadtrat Ernst May, der mit der Architektur der Römerstadt seine soziale Utopie des Neuen Bauens sichtbar gemacht hatte, als ehrenbürgerwürdig gehandelt worden. Mays spektakuläre Eskapade in Moskau hat den Stadtoberen eine solche Entscheidung aber damals erspart. Auch der Erfinder und Realisator der Frankfurter U-Bahn, der feuerköpfige Verkehrsdezernent Walter Möller, hätte eine entsprechende Ehrung für sein Jahrhundertwerk zweifellos verdient gehabt. Wer den Altruisten Möller gut kannte, weiß aber, daß der Teamworker ein solches Alleinstellungsmerkmal brüsk als ungerecht verworfen hätte.

Um in dieser Frage ein für allemal Klarheit zu schaffen, sollte der neue Oberbürgermeister Feldmann – was Petra Roth und ihre Vorgänger bisher versäumten – recht bald eine brauchbare Satzung erlassen, wie sie für andere städtische Ehrungen in Frankfurt längst vorliegt: Die Träger des Goethe-, Adorno-, Beckmann-Preises und der Goethe- und Ehrenplakette werden anhand eines nachvollziehbaren Kriterienkatalogs auserkoren. Hoffentlich verfällt Peter Feldmann jetzt nicht auf die unselige Idee, als „Gegengewicht" zu zwei CDU-Repräsentanten demnächst einen altgedienten Sozialdemokraten aus dem Hut zu zaubern. Jedem Bürger sollte ein Vorschlagsrecht zugebilligt werden. Die Evaluierungskommission sollte sich nicht aus einem Kartell der Mittelmäßigkeit zusammensetzen, sondern aus urteilsmächtigen, angesehenen Bürgern, die keiner Interessengruppe hörig sind, also, hegelianisch gesprochen, nur solche Frankfurter mit „objektiven Geist".

Welche Stadt wäre nicht dankbar für einen ehrenbürgerwürdigen Verleger vom Format eines **Siegfried Unseld**? Weil der große Pan krankheitshalber nicht mehr in der Lage war, die Ehrenurkunde im Kaisersaal in Empfang zu nehmen, hat Petra Roth ihm das Dokument in seinem gastfreundlichen Haus in der Klettenbergstraße 35 überreicht. Im intimen kleinen Kreis hat sie die vorbereitete Laudatio in der Handtasche gelassen und in freier Rede einfühlsam ein Divertimento formuliert. Sie schätzte Unselds intellektuelle Weltoffenheit und die Suhrkamp-Kultur als Stichwortgeber für die akademische Nachkriegsgeneration, die unsere Epoche geprägt hat durch ihren hohen Grad an Reflexion über das Medium Sprache. Unselds Verdienste um die Popularisierung des Œuvres von Literaturnobelpreisträger Hermann Hesse hat Roth wohl auch deshalb in den Mittelpunkt ihrer improvisierten Würdigung des „bedeutendsten deutschen Verlegers" gestellt, weil es ihr die schöne Gelegenheit versprach, ihre Expertise als Hesse-Kennerin diskret zur Geltung zu bringen. Sie rekurrierte dabei auf Hesses Konfrontation von Geist und Leben in *Narziß und Goldmund*, weil die Suche nach einem harmonischen Ausgleich Hesses gesamtes Werk prägte. Petra Roth widerlegte aber jene pessimistische Einschätzung Hesses, daß „Menschlichkeit und Politik" einander ausschlössen.

Petra Roth überreicht Siegfried Unseld am 28. September 2002 die Ehrenbürgerurkunde der Stadt Frankfurt

Einen anrührenden Augenblick erlebten wir in Siegfrieds Zuhause, als Petra Roth Großvater Siegfried Unseld ein Foto seines kleinen Enkels zeigte, Sohn von seinem Sohn Joachim. Der hatte ihm das Foto nicht selber überreichen dürfen, weil die „böse Stiefmutter" ihm Hausverbot erteilt hatte. Als der große Verleger wenige Wochen später auf dem Hauptfriedhof, angeführt von Gerhard Schröder, von Hunderten Freunden, Autoren und Verehrern zur letzten Ruhe geleitet wurde, hatten in der Trauerhalle nicht der leibliche Sohn Joachim, sondern die Söhne von Ulla Berkéwicz die Angehörigenplätze besetzt.

Die Witwe des zu Recht ins kommunale Pantheon berufenen Verlegers der berühmten *edition suhrkamp*, Siegfried Unseld, hat nach seinem Tod postwendend den Verlag aus Frankfurt ausgebürgert und nach Berlin an den Nikolassee exportiert. Schnöder Undank galt Siegfried Unseld jedenfalls nie als der Welten Lohn.

Mit **Friedrich von Metzler** gewürdigt wurde zugleich die lange Tradition der 1674 gegründeten und bis heute bedeutend gebliebenen Privatbank gleichen Namens und deren sagenhaftes mäzenatisches Wirken über die Jahrhunderte. Friedrich von Metzler und seine beliebte Frau Sylvia sind heute besonders engagierte Mäzene für das Städel. Die im heutigen Bewußtsein fast mythisch verklärte Gästeliste der Familie Metzler von anno dazumal mit historisch Großen wie Otto von Bismarck und Goethe füttert die Fantasien heutiger Gäste im Metzler-Hause Hohenbuchen. Wie sehr die beiden Paradegastgeber Sylvia und Fritz mit der Kulturszene persönlich verwoben sind, erfahren die neu in die Stadt berufenen Institutsleiter, wenn die Metzlers einige hundert Multiplikatoren der Frankfurter Gesellschaft hier huldvoll willkommen heißen.

Die Würde des Ehrenbürgers **Bruno H. Schubert**, der über Jahrzehnte jeden Mittag ein buntes Gemisch der Frankfurter Gesellschaft mit vielen Ichlingen an seiner reich gedeckten Tafel zu lukullischem Genuß und anregendem Gespräch versammelte, ist ebenso wie seine hochdotierte Namensstiftung für den Naturschutz am Ende seiner Tage höchst unrühmlich und schnöde beschädigt worden, auch seines gesellschaftlichen Ranges ist er posthum verlustig gegangen. Im hohen Alter von 90 Jahren verband sich der Ehrenbürger und Generalkonsul von Chile mit einer 62 Jahre jüngeren Eritreerin zur Mesalliance. Bald nach seinem Tod wurden ungeläuterte Geschichten aus dem Giftschrank gefischt, mit unappetitlichen Details seines apart eigenwilligen Lebensstils garniert und presseöffentlich gemacht. Über die Todesursache wurde so lange spekuliert, bis der Staatsanwalt eine dann aber ergebnislose Exhumierung befahl. Der unselige Rechtsstreit der Witwe mit der „Bruno H. Schubert-Stiftung" über das Millionen-Erbe geht in die kostspieligen nächsten Anwaltsrunden. All die vielen Freunde und Zelebritäten, die Bruno Schubert näher kannten und sich von seinen weltumspannenden Charme gern umarmen ließen, verstehen die Welt nicht mehr. Als seine letzten Tage gezählt wurden, hat

Klaus Töpfer, Petra Roth und Roland Koch applaudieren in der Paulskirche dem neuen Frankfurter Ehrenbürger Bruno H. Schubert

die Gattin keinem seiner besten Freunde die Bitte gewährt, sich von ihrem Bruno verabschieden zu dürfen.

Als **Helmut Kohl** als Ehrenbürger in das Frankfurter Pantheon erhoben wurde, mag sich manch einer gefragt haben, was eigentlich der Kanzler speziell für Frankfurt getan habe, außer sich dafür einzusetzen, die EZB in Frankfurt statt in Brüssel anzusiedeln. Aber wo denn auch sonst als in Deutschlands Bankenmetropole? Im *Wer ist wer?* sind alle Städte aufgelistet, die Helmut Kohl als Ehrenbürger vereinnahmt haben, man hat dabei aber Frankfurt zu erwähnen vergessen.

28. Petra Roths Popularität erinnert an die Walter Kolbs

Mit drei Legislaturperioden hat Petra Roth Frankfurts legendären Oberbürgermeister Walter Kolb um sieben Römerjahre übertroffen. Bei ihrem Abschied aus dem Kärrner-Job ist auch sie schon zur Legende geworden: Ähnlich wie der Rheinländer Kolb hat auch die Hanseatin Roth in der hessischen Stadt Frankfurt tiefe Wurzeln geschlagen und gewaltige Spuren hinterlassen. Mit diesen beiden Herzensfrankfurtern schlagen wir den großen Bogen unserer stolzen Stadtgeschichte vom Kriegsende bis ins 21. Jahrhundert. Beide waren sie unnachahmlich, auch in ihrer eingeborenen Art weltbürgerlicher Volkstümlichkeit.

Das Ziel, Frankfurts Zukunft zu gewinnen, haben die beiden Symbolfiguren mit moralischer Signifikanz und selbstloser Leidenschaft zu ihrer Lebensaufgabe gemacht. Weil beider bekennende Liebe zur Stadt Frankfurt von den Bürgern aller Schichten als persönliche Hinwendung erlebt wurde, gebührt den beiden Altruisten Kolb und Roth unter allen Oberbürgermeistern die in der Politik nur selten mit so eindeutigem plebiszitärem Votum verliehene Krone der Popularität. Auf die Menschen zuzugehen, das war in ihrer natürlichen Noblesse beiden ein Herzensbedürfnis, keine Routine.

Beide haben dieses Votum wahrlich verdient. Die Zeitspanne zwischen den politischen Biographien Walter Kolbs und Petra Roths spiegelt mehr als ein halbes Jahrhundert von Frankfurts Kultur-, Sozial- und Mentalitätsgeschichte. Ihnen gebührt unser hoher Respekt dafür, zum stufenweisen Gelingen jener schönen Vision entscheidend beigetragen zu haben, unser Frankfurt zur modernen Metropole im Herzen Deutschlands, ja zur „heimlichen Hauptstadt" der Republik zu machen. Sie haben diese Utopie nicht nur in schönen Worten beschworen, beide haben sie auch erheblich weiterentwickelt und per saldo nahezu auch realisiert.

Walter Kolb hat unmittelbar nach dem Krieg den Wiederaufbau unserer Stadt aus dem Nichts, aus Ruinen, Schutt und Asche ins Werk gesetzt. Mit der zügigen Rekonstruktion von „erwünschten Symbolen" wie der Paulskirche als der Wiege der deutschen Demokratie, des Goethe-Hauses oder jener mittelalterlichen Bezugsgrößen Kaiserdom und Römer half der Renaissancemensch Kolb im trotzigen Stolz auf diese einzigartigen Erinnerungsorte, wieder Lebensmut unter den Davongekommenen zu verbreiten. Denn unsere Kultur braucht emotionsgeladene Gedächtnisorte, um sich über deren Nimbus neu zu identifizieren.

Und Petra Roth konnte aus vielen guten Ideen und Projekten auch ihrer Vorgänger die vorläufige Quintessenz ziehen und die ehedem blühende Industriestadt Frankfurt zur führenden Finanz- und Wirtschaftsmetropole weiterentwickeln und gleichzeitig zur prosperierenden Weltstadt, mithin zu einer kulturell definierten Metropole. Denn, so Roths Selbstverständnis, „zum Leben in Würde gehört unabdingbar die Kultur".

Petra Roth hat unsere Stadt und alles, was Frankfurt auszeichnet, nicht nur hervorragend und souverän repräsentiert. Unsere schöne Sympathieträgerin hat wie weiland Walter Kolb mit seiner Leibesfülle und seinem imponierenden Schädel ohne Scheitel als vertrauensbildende Erscheinung buchstäblich leibhaftig die Menschen beeindruckt. Unterm weitgespannten Schirm des Wohlwollens und der Empathie haben viele Bürger und Zugereiste Platz gefunden. Es war beider großes kommunalpolitisches Ziel, Konflikte zwischen Besser- und Schlechtergestellten, Einheimischen und Eingewanderten in einer sozialen Balance aufzulösen.

Oberbürgermeister Walter Kolb (links) legt beim Schutträumen auf dem Römerberg 1946 eine kleine Pause ein

Als alter Hegelianer wäre Walter Kolb stolz auf eine Nachfolgerin vom Kaliber Petra Roths gewesen, und nicht nur, weil es ihr mit langem Atem als Frau gelungen war, diese als „unregierbar" und „amorph" verschriene Stadt zu befrieden. Ihr vornehmstes Ziel, Frankfurt den inzwischen fast 700.000 Bürgern zur Heimat werden zu lassen, wurde ihr großes Vermächtnis. Vielleicht wird sich die Frankfurter Bevölkerung bald nicht mehr alle sieben Jahre durch Weg- und Zuzug zur Hälfte austauschen.

Vor 1933 galt Frankfurt nach Berlin als Deutschlands wichtigster Ort.

Daß die Stadt heute als europäische Finanzmetropole und mit ihrer hochgemuten Kulturpolitik als Kulturmetropole mit kosmopolitischem Format wahrgenommen wird, das verdanken wir nach 17 Jahren an der Spitze unserer Stadt der effizienten Universalistin Petra Roth. Ihr Frankfurt definierte sie in ihrer Abschiedsrede in der Paulskirche als „Weltstadt und Heimat zugleich". Welch schönes Vermächtnis.

Wer Ernst Blochs *Verfremdungen* (1962) gelesen hat, mag bei jenem Satz an Petra Roth gedacht haben, wonach der „aufrechte Gang" die beste Art der Privatheit sei. Blochs „Prinzip Hoffnung" hatte sich Petra Roth, schon bevor sie OB wurde, als unausgesprochene, optimistische Lebensregel zu eigen gemacht. Der Mensch Petra Roth und die Politikerin Petra Roth sind eins. Ebenso Verfechter der praktischen, aufgeklärten Vernunft, darf das Kompliment auch Walter Kolb für sich in Anspruch nehmen.

29. Das Frankfurter Tagesgeschäft. Stichproben

Sanierung des Bahnhofsquartiers

2005 hat die Stadt eine „Förderungsrichtlinie Bahnhofsviertel" erlassen und mehr als 20 Millionen Euro bereitgestellt, um dieses knallbunte ewige Problemquartier von einer Tabuzone zum begehrten Szeneviertel umzuwandeln. Im Einvernehmen mit den Eigentümern der Liegenschaften wurde das Ziel erreicht, hier mehr Wohnraum zu schaffen, um eine solide Mischung aus Wohneinheiten und gewerblicher Nutzung herzustellen. Mit der Steigerung des Wohnraums um 20 Prozent ist zugleich die damit verbundene Hoffnung auf eine bessere Lebensqualität in Erfüllung gegangen. Erreicht wurde diese positive Bilanz durch die unbeirrte Umwidmung von Gewerberaum in Wohnräume.

Von einer „Gentrifizierung", wie das schöne deutsche Wort „Veredelung" in neudeutsche Amtssprache übersetzt wurde, könne aber keine Rede sein, versichert der neue Planungsdezernent Olaf Cunitz. Es solle hier kein neues West-

Petra Roth und der chinesische Vizepräsident Xi Jinping beim Rundgang im chinesischen Pavillon auf der Buchmesse am 13. Oktober 2009

Der Dalai Lama beim Eintrag ins Goldene Buch der Stadt Frankfurt am 13. Juni 1996

end entstehen, was in der Nachbarschaft eines blühenden Rotlichtmilieus mit seinen von martialischen Türstehern bewachten Etablissements, mit Drogenkonsum und Drogenhilfestuben auch kaum vorstellbar wäre. Dieses *project in progress* hat als nächste Baustelle im Bahnhofsviertel die Umgestaltung des Karlsplatzes auf der Agenda, auch um den dort arg aggressiven Verkehrsstrom zu zügeln.

Die neue Osthafenbrücke führt zur EZB

Der vom Frankfurter Architekten Ferdinand Heide 2012 mit 42 Millionen Euro aus der Stadtkasse konstruierte 2.200 Tonnen schwere Stahlkoloß der neuen Osthafenbrücke schafft zusammen mit der sanierten denkmalgeschützten Honsellbrücke eine flinke Verkehrsverbindung zwischen der Oberräder Gerbermühlstraße und dem ehemaligen Hafen- und Industriegebiet im Ostend mit dem Neubau der Europäischen Zentralbank. Damit erhält der unsere Stadt in zwei Hälften teilende Main seine 23. Überquerung zwischen Sendlingen und der Offenbacher Carl-Ulrich-Brücke, einschließlich der beiden Eisenbahnverbindungen Deutschherrenbrücke und Niederräder Brücke und der beiden Fußwege Eiserner Steg und Holbeinsteg, welche die beiden Museumsufer zu einem einzigartigen Rundgang miteinander verklammern.

Einhausung von Teilen der A 661

Einem pfiffigen Rothenburger Beispiel folgend, plant Roths Magistrat eine kostspielige „Deckelung“ der 1,8 Kilometer langen Ausfallstraße der A 661, deren gehöriger Geräuschpegel bisher den dichten Verkehr vom Lohrberg in die City begleitet. Außer einer Reduzierung der Dezibelwerte auf eine vermutete Null wird vor allem ein enormer „Landgewinn“ damit verbunden sein. Im

Zuge dieser „Einhausung" genannten Wertschöpfung werden auf der gedeckelten Strecke zwischen den neu gewonnenen Grünflächen viele neue Behausungen geschaffen, die vielen Einzelhändlern neue Kundschaft versprechen.

Renaturierung des Niederräder Mainufers

Das noch unter Petra Roth eingetütete Zweimillionenprojekt, das Niederräder Mainufer zwischen Main-Neckar-Brücke und der Maininselspitze zu einer 30.000 Quadratmeter großen Licht- und Luftbad-Oase aufzuhübschen, wurde pünktlich am heißesten Sommertag des Jahres 2012 eingeweiht. Die Wiederentdeckung des Mains als Lebensnerv der Stadt Frankfurt am Main hatte mit der neuen Aufmerksamkeit begonnen, die dem Ausbau des Museumsufers zwischen Eisernem Steg und Holbeinsteg Anfang der achtziger Jahre zuteil wurde.

Inzwischen hat die systematische Renaturierung der beiden Mainufer mit blühenden grünen Promenaden zu einer manifesten Identifikation der Bürger mit dem fließenden Strom und mit ihrer Stadt als Heimat geführt. Ab 1996 wurden mit schöner Regelmäßigkeit Millionen investiert, um die Grünflächen der beiden Ufer zu Flanierzonen und Erholungsauen zu rekultivieren. Zuletzt wurde die zwei Kilometer lange Strecke am Niederräder Ufer hinzugewonnen. Vis à vis der Niederräder Uferfront wurde der Sommerhof-Park an den Westhafen angedockt. Jedem Abschnitt des Mainufers eigne sein eigener Charakter, verkündete eine stolze Petra Roth. Am westlichen Zipfel der Maininsel, die über zwei Brükken erreicht werden kann, lädt ein Plateau zum Weitblick ein und das Ponton-Café „LILU" zum kühlen Apfelwein. Ja, froh zu sein bedarf es wenig. Die kleine Insel barg lange Zeit eine alte Schleusenanlage als Relikt aus dem Jahr 1886.

Roth gegen Zensur auf der Buchmesse

Die Buchmesse 2009 hatte Literaten aus dem „Land der Mitte" eingeladen, mit einer repräsentativen Leistungsschau zeitgenössischer chinesischer Literatur den Anziehungspunkt der größten Buchmesse der Welt zu bilden, mit Büchern, Lesungen, Vorträgen und Symposien. Schon die Eröffnung geriet zum Skandal: Der Leiter der Buchmesse Jürgen Boos hatte im Einvernehmen ausgerechnet mit dem Generalsekretär des deutschen PEN Herbert Wiesner sich bemüßigt gefühlt, auf Druck der chinesischen Delegation die Pekinger Umweltaktivistin Dai Qing und den Lyriker Bei Ling um des sogenannten lieben Friedens willen wieder auszuladen. Unverhüllt dankbar für solche Steilvorlage, redete Petra Roth in ihrer erfrischenden Unmißverständlichkeit in Gegenwart des chinesischen Delegationsleiters Mei Zhaorong Tacheles auch in Richtung des Veranstalters: „Gäste sind Gäste, die man nicht einfach wieder ausladen darf, nur weil von außen Druck gemacht wird.“ Dabei verwies sie auf drei frühere Versuche von chinesischer Seite, die Oberbürgermeisterin unter Druck zu setzen, wie zum Beispiel den Dalai Lama nicht zu empfangen. Dem habe sie sich aber nicht gebeugt. Roths klare Ansage hatten sich die zur Höflichkeit abgerichteten Chinesen mit versteinerter Miene noch angehört, um dann fluchtartig den Saal zu verlassen.

In der Aula des Instituto Cervantes an der Staufenstraße erklärte der oberste Betonkopf der chinesischen Delegation, er habe auf dem Frankfurter Symposion einen fairen Meinungsaustausch erwartet, er sei aber nicht gekommen, um sich Lektionen über Demokratie erteilen zu lassen. Unser PEN-Generalsekretär war nicht Manns genug, spontan das Wort zu ergreifen und den Gästen hinter die Ohren zu schreiben, daß hierorts unter freier Meinungsäußerung nicht vorgestanzte Statements verstanden werden, sondern der offene Dialog. Ihm gebrach es auch an Mut, nach jenen vielen Autoren zu fragen, die ohne Gerichtsverfahren seit Jahren in China hinter Gittern auf einen fairen Prozeß warten. Petra Roth hatte ihm doch vorgemacht, wie ein Kotau – übrigens ein original chinesischer Begriff – zu vermeiden ist. Statt dessen gab er blindlings dem Drängen der chinesischen Delegation nach und erklärte kurzerhand die Veranstaltung für beendet. Trägt denn der Generalsekretär unseres Schriftstellerverbandes seine eigene Charta nicht wie weiland Minister Höcherl das Grundgesetz ständig unterm Arm?

Gesellschaftshaus des Palmengartens in neuem Glanz

Nach elf Jahren Schließung und noch rechtzeitig zum Abschied von ihrem Mandat hat Petra Roth zusammen mit Matthias Jenny das von Grund auf frisch renovierte Gesellschaftshaus des Palmengartens der Presse vorgestellt.

Der 1871 vom späteren Kaiser Wilhelm II. eingeweihte Prachtbau des Architekten Friedrich Kayser glänzt jetzt originalgetreu im eleganten Stil der wilhelminischen Neorenaissance in der ästhetischen Fasson des britischen Stararchitekten David Chipperfield. Den 16 Meter hohen Festsaal tauchen große Kronleuchter in festlichen Glanz. Zusammen mit dem geretteten Anbau der damaligen Architekten Martin Elsaesser und Ernst May hat die Totalsanierung die ursprünglich festgelegte finanzielle Schallmauer weit überschritten. 40 Millionen Euro waren schließlich zu berappen. Das einladende Ergebnis dürfte die Investition in den wohl schönsten Saal der Stadt durch lebhafte Inbesitznahme schon bald amortisieren. Die Älteren erinnern sich nostalgisch nicht nur der überbordenden Timbuktu-Feste zur Fastnachtszeit.

30. Auch in der Politik gelingt nicht immer alles

Wir sind nicht nur verantwortlich für das, was wir tun, sondern auch für das, was wir nicht tun.
Molière

Wo so viel Licht ist, lassen sich auch gelegentliche Schattenwürfe nicht immer vermeiden. Wesentliche Triebkräfte für die Urbanisierung der Stadt stammen auch aus kulturfernen Bereichen und machen den Kulturpolitiker oft genug zum Opfer von Prozessen, die anderswo und von artfremden Interessen bestimmt wurden. Die Karriere eines Politikers wird am Ende aber brutto abgerechnet, nicht netto. Was hier zu beweisen war, kann sich das Netto Petra Roths sehen lassen.

Auch wenn Petra Roth über eine beeindruckende Energie verfügt, so hat diese in einem konkreten Fall nicht ausgereicht. Trotz großer Zuversicht konnte sie jene immer wieder skandierte Verheißung nicht einlösen, dem **Mu-**

Petra Roth mit Entspannungszigarette

seum der Weltkulturen am Sachsenhäuser Museumsufer endlich eine Heimstatt zu bauen, die seiner Bedeutung angemessen wäre. Zu viele Geier in der Luft?

Ewig wartend auf Godot, hatten schon Roths Vorgänger versäumt, den Neubau gegen die Fronde banausischer Fiskalstrategen beherzt auf Platz eins ihrer kulturpolitischen Agenda zu heben, und hatten durch fortgesetzte, ihre Gleichgültigkeit beschönigende Rösselsprünge gewaltigen Schaden gestiftet. Wegen seiner großen Relevanz für eine Stadt mit hohem Anteil an ausländischen Mitbürgern galt ursprünglich das damalige „Museum für Völkerkunde" sogar als Inkunabel eines zukünftigen Museumsufers. Mit seinen rund 67.000 einzigartigen Objeken sollte das raumgreifende Projekt die Unterschiede wie die Zusammenhänge zwischen den Kulturen der Welt als intellektuell und sinnlich spannende große Erzählung vermitteln. Einer chronischen Krankheit des damaligen Direktors wegen mußte das Projekt aber verschoben werden.

Da die Oberbürgermeister Brück, Hauff und von Schoeler eisern an der kulturellen Sparschraube drehten, wurde das Vorhaben immer wieder vertagt. So ruhten seit ihrem Amtsantritt 1995 alle Hoffnungen auf Petra Roth und ihrem Kulturdezernenten Felix Semmelroth. Um das in die engen Räume der drei ehemaligen Patrizier-Villen am Schaumainkai Nr. 29–37 eingesperrte, inzwischen in „Museum der Weltkulturen" umgetaufte Institut aus seinem Dornröschenschlaf zu erlösen, haben Kulturdezernent und Oberbürgermeisterin so lange für ihr gemeinsames Desiderat ebenso couragiert wie geschickt auch über die Bande

Nach wie vor beengte Verhältnisse: die drei Villen des Weltkulturen Museums

gespielt, bis 2008 endlich auch die Grünen einem Architekten-Wettbewerb zustimmten: Für das Fällen von ein paar ergrauten Bäumen wurde der Sonnenblumenfraktion eine riesige Grünfläche am „Hafenpark" im Ostend am nördlichen Mainufer als biotopischer Kompensationsgewinn versprochen. Dieses acht Millionen Euro teure Versprechen wurde längst eingelöst, nicht jedoch die Gegenleistung in Gestalt eines Neubaus für die vielen völkerkundlichen Preziosen. Zur Erinnerung: Im Januar 2013 haben sich ausgerechnet die Grünen im Magistrat nicht dagegen gewehrt, als an der Lenau- und Lortzingstraße 16 gesunde Bäume gefällt wurden, um dort für Parkplätze Raum zu schaffen.

Indem Petra Roth das Projekt zur Chefsache machte, hat sie ihr Recht auf Irrtum in Anspruch genommen und auf eigene Faust mit den neuen Besitzern des ehemaligen Degussa-Geländes am Untermainkai verhandelt, um dort an der Riverside dem Museum ein angemessenes Domizil bauen zu lassen, inmitten von dort schon geplanten prosaischeren Verwendungszwecken. Die Stadt sollte dann das Museumsgebäude leasen. Roth hatte aber die Rechnung ohne die CDU gemacht. Weil die Fraktion sich frech vor vollendete Tatsachen gestellt sah und zudem explodierende Mietpreise ins Feld führen konnte, lehnte sie Roths Vorschlag kategorisch ab.

Das ernüchternde Fazit dieser ärgerlichen Chronologie der Versäumnisse und Spiegelfechtereien, die hier nicht verlängert werden soll, lautet: Das Weltkulturen-Projekt wird einmal mehr verschoben, jetzt sogar bis hinein in die Spiralnebel ungewisser Zukunft, gefährlich dicht am Verfallsdatum! Der Löwenanteil der 67.000 ethnographischen Objekte aus Ozeanien, Afrika, Südostasien sowie Nord-, Mittel- und Südamerika bleiben in fensterlosen Katakomben ungelüftet weiterhin neugierigen Augen entzogen. Die Frankfurter mit und ohne sogenannten Migrationshintergrund können so nicht beispielhaft erfahren, wie in ihrer Heimatstadt alle großen Weltkulturen als einander ebenbürtig gewichtet werden. Damit wird die Chance vertan, kulturelle Vorurteile zu minimieren und Konflikte zu entschärfen, bevor sie entstehen. Weil das Parlament von seinem Königsrecht, über den Etat zu bestimmen, ultimativen Gebrauch machte, konnte selbst Königin Roth mit ihrem Zepter nicht die Richtung weisen, und so verschwindet das Projekt dorthin, wo sein Ort immer schon war, in die Virtualität.

Für den geplanten Neubau eines anderen Roth-Semmelrothschen Desiderats, des Romantik-Museums unmittelbar neben dem Goethe-Haus, wollte man in Kauf nehmen, den historischen Cantate-Saal am Großen Hirschgraben abzureißen, mit der kollateralen Konsequenz, das darin seit 1980 hessische Mundart kultivierende **Volkstheater** der seligen Liesel Christ ohne alternative Lösung ab Mitte 2013 obdachlos zu machen und so das Zeitliche segnen zu lassen. Vom Abriß wurde zwar inzwischen vorläufig Abstand genommen, das Volkstheater soll dennoch weichen, der Cantate-Saal soll nun vorübergehend Michael Quasts „Fliegende Volksbühne Frankfurt“ beherbergen. Ursprünglich hatte die schwarz-grüne Koalition Semmelroth darin unterstützt, für die pikareske Welt des Erzkomödianten Quast am Sachsenhäuser Paradiesplatz eine eigene Spielstätte zu bauen. Doch hat der Kämmerer einen Strich auch durch diese Rechnung Semmelroths gemacht.

Weil für die Traditionsbedürfnisse der in Frankfurt aufgewachsenen Bürger das Volkstheater auch mit durchaus subversiven Stücken etwa von Carl Malß oder Wolfgang Deichsel einen ähnlich hohen Stellenwert für die Identifikation der Bürger mit ihrer Stadt genießt wie der Wäldchestag, hat auch die im Volkstheater gepflegte „Muddersprach“ quasi subkutan das sprichwörtliche „Frankfurtgefühl“ lebendig gehalten, zuletzt mit Hilfe eines Jahreszuschusses von 620.000 Euro. In den 40 Jahren ihres Bestehens bot Liesel Christs Bühne 3,6 Millionen Besuchern in 10.000 Aufführungen ein Repertoire von 266 Stücken im Frankfurter Idiom. Sogar unser aller Goethe hielt die Mundart für ein Element, aus dem „die Seele ihren Atem schöpft“. Und Friedrich Stoltze hat dieses Atemschöpfen in seiner Goethe-Adoration schön „uff frankforterisch“ in Reimen überliefert: „Was mit der Muttermilch er bei uns eingesoge, / Gefihls- und Denkungsweis im Redensarte-Flor. / In seine Werke findt merr das uff jedem Boge, / so ze sage, aach mit annern Worte nor.“ Wie sehr die Muttersprache als „portables Vaterland“ im Exil die Heimat ersetzte, dafür gelten Thomas Mann und Adorno als prominente Beispiele im kalifornischen Pacific Palisades. Aber auch die vielen alt gewordenen „Jeckes“ aus Frankfurt in Israel, die Hitlers Gaskammern entkommen konnten, freuten sich jedes Jahr auf Liesel Christs Volkstheater und auf ihr Frankforderisch, das sie als ihre Heimat in Tel Aviv und Ramat Gan im Herzen trugen.

Stoltzes Wirkung hat die Grenzen der Mundart weit übersprungen. Erst das Fernsehen hat die Herrschaft landschaftlich geprägter Dialekte gebrochen und wesentlich dazu beigetragen, daß sich ein einheitliches Hochdeutsch als Volkssprache durchgesetzt hat. Während Hamburg, Köln, München die Tradition ihres heimatlichen Idioms auf ihren Mundartbühnen kultivieren, beerdigt die Stadt Frankfurt am 25. Mai 2013 den Hort ihrer Identitätskultur. In Anspielung auf die Kulturpolitik nach Roth verabschieden sich die Volksschauspieler mit den Stück *Ein Käfig voller Narren,* in dem auch ein Kulturdezernent eine gewisse Rolle spielt. Mit der berühmt gewordenen Formel „Weite einer Weltgesinnung und Nähe eines Heimatgefühls – Goethe und Stoltze“ hatte Bundespräsident Theodor Heuss Frankfurts Identität einst auf ihren Begriff gebracht.

Auf der Verlustliste steht leider auch die internationale **Kunstmesse „Art Fair“** unter der Leitung von Anita Kaegi mit ihren diversen Formen und Formlosigkeiten der ästhetischen Moderne. Fatal auch das Aus für das legendäre **TAT** der Intendanten Peter Stein, Claus Peymann und später Rainer Werner Fassbinder. Petra Roth hatte die Streichung von 6,6 Millionen beim renommierten TAT permissiv gebilligt. Sie sah darin keinen Verrat an der unangepaßten Modellbühne, sondern einen Tribut, der den politischen Realitäten zu zollen war. Man könnte es aber auch schlicht einen Paradigmenwechsel nennen. Ferner mußte auch noch das weltberühmte **Forsythe-Tanztheater** dran glauben. Jetzt gastiert Forsythe nur noch sporadisch bei dezimiertem Interesse von Dresden aus im tristen Vorort Nied. In ihrer Einzigartigkeit waren diese Institutionen einst der Stolz unserer unruhigen Kulturstadt, ihre Experimentierfreude war das Markenzeichen ihrer ästhetisch-intellektuell erkenntnisstiftenden Arbeit.

Im Widerspruch zur akademischen Tradition des Stadttheater-Balletts versteht William Forsythe den ästhetisch avancierten Tanz als radikalen Gegenentwurf zum Divertissement und zum Nummernreigen des klassischen Corps de Ballet. Forsythe verzichtet kompromißlos auf schillernde Kostüme und ablenkendes Dekor ebenso wie auf jede tänzerische Trivialkonvention, wie sie im Revuetheater oder im Vaudeville ausschließlich den artistischen Virtuosen feiert.

Europaabgeordneter Daniel Cohn-Bendit auf Augenhöhe mit Petra Roth

Mit Hilfe der Dekonstruktion tradierter Formen des klassischen Balletts basiert Forsythe sein ästhetisch forciertes Tanztheater allein auf Elementen der elaborierten Improvisation von Ideen und der jeweiligen individuellen Gestaltung durch intelligente Tänzer. Selbst diejenigen, die nach der ersten Forsythe-Premiere *Schritte* die Entsinnlichung der Welt befürchteten, wurden später seine eifrigsten Verteidiger – seit ihn der Weltruhm umwehte.

Um der Wahrheit willen darf auch gegenüber der verehrten Freundin Petra Roth die kulturpolitisch heikle Entscheidungslogik ihres Magistrats im Fall des Forsythe-Tanztheaters als fataler Irrtum nicht verschwiegen werden. Wer Petra Roth in diesem Punkt entlasten möchte, kann ihr immerhin zugute halten, daß das abrupte Ende der auch publizistisch erfolgreichen Ära Forsythe allein den massiven Etatkürzungen geschuldet war, für die noch Kulturdezernent Hans-Bernhard Nordhoff verantwortlich zeichnete.

Um auch unter solchen Bedingungen politisch zu handeln, die man sich selber nicht ausgesucht hat, versuchte Petra Roth immerhin das Bestmögliche aus der Situation zu machen: Sie hat später ihre Unterschrift couragiert unter ein Vertragswerk gesetzt, das eine wenigstens episodische Rückkehr von Forsythe garantiert. Sogar schon im Vorgriff hatte sie unterschrieben, noch bevor der Magistrat sich damit überhaupt befaßt hatte, um so den Ultimo des Landes Hessen zu unterlaufen. In zähen Verhandlungen mit den Ländern Hessen und Sachsen und zwischen den Städten Dresden und Frankfurt ist es Petra Roth schließlich gelungen, das Forsythe-Tanzensemble wenigstens in dem labilen Arrangement einer Stagione für zunächst fünf weitere Jahre an die Stadt Frankfurt zu binden. Nordhoffs Votum folgend, hat im Magistrat ausgerechnet die SPD dagegen gestimmt, die von 1970 bis 2006 alle drei Kulturdezernenten gut besoldete, um ihre schützende Hand über Forsythe zu halten.

Die an eine „distributive Gerechtigkeit“ städtischer Alimentationen verlorenen Kulturprojekte hier anzuführen, verschattet aber nicht Roths große Verdienste besonders um die Kulturentwicklung der Stadt. Es bedeutet auch nicht, ihr kulturpolitisch segensreiches Wirken irgendwie einschränkend bewerten zu wollen. Mit versöhnender Gewißheit zog sich ihre Glückssträhne durch alle ihre 17 Jahre wie ein gut gesponnener Ariadnefaden, der Kultur auch zum Distinktiv ihres eigenen Vorrangs machte.

Eine sportbegeisterte Petra Roth wollte 2001 hoch hinaus. Frohgemut reichte sie beim Nationalen Olympischen Komitee die kostspielige Bewerbung der Stadt Frankfurt ein, um im Jahr 2012 die **Olympischen Spiele** an den Main zu holen. Mit dem Segen von Roland Koch und sogar mit vollem Körpereinsatz des komödiantischen Urgesteins Peter Ustinov, der bei der Selbstdarstellung der Frankfurter Bewerber vor den Granden des NOK aus Zeitmangel aber nur kurz das Wort bekam, um die Werbetrommel für die Mainmetropole zu rühren. In ihrer charmant-dynamischen Rede jonglierte Petra Roth mit Schlagworten wie „Substanz, Tiefe, Glaubwürdigkeit, Gestaltungswillen". Glaubhaft beschwor sie Frankfurts Fähigkeit, eine große Idee auch erfolgreich umsetzen zu können.

Die Machbarkeitsstudie des Architekten Albert Speer kombinierte das Doppel Rebstockgelände (Olympiapark I, Rebstock) und Waldstadion (Olympiapark II, Stadtwald) als Hauptaktionsfelder. Aber, ach, am Ende kam Leipzig als Sieger des Wettstreits unter den deutschen Städten ins Ziel. Frankfurt landete nach Hamburg und Düsseldorf abgeschlagen auf dem kläglichen vierten Platz. Beim Internationalen Olympischen Komitee (IOC) zog am Ende aber London das große Los, Leipzig weit hinter sich lassend. „Schickimickistädte" wie Frankfurt, Hamburg oder Düsseldorf hätten beim Endspurt ohnehin „keine Chance" gehabt, befand lapidar unser smarter französischer Europapolitiker Daniel Cohn-Bendit, der wenigstens mit knalligen Schlagzeilen Verbindung zu Frankfurt hält. Immer schön zu lesen.

Nicht anzulasten ist der Oberbürgermeisterin die Übersiedelung der beiden wichtigsten deutschen Verlage **Suhrkamp** und **Insel** nach Berlin. Diese Demütigung hat Frankfurt nicht verdient.

Kaum weniger schmerzvolle Verluste sind der Wechsel des **Bundesrechnungshofes** nach Bonn und 2008 der Wechsel der Börse in den Frankfurter Vorort Eschborn aus durchsichtigen Gründen der Gewerbesteuerersparnis. Frankfurt verliert mit dem prestigeträchtigen Institut **Deutsche Börse** zugleich den größten Steuerzahler. Petra Roth hatte noch vor dem Umzug der Börse nach Eschborn bedauert, daß die Fusion mit New York geplatzt war. Ein Trost ist ihr jedoch geblieben: ARD und ZDF senden ihre Berichte zum Stand der Börsenbarometer DAX und Dow Jones nach wie vor vom gut gebohnerten „Frankfurter Parkett" der 1879 am Börsenplatz Nr. 1 vom Architekten Heinrich Burnitz erbauten „Neuen Börse". Die Frankfurter Wertpapierbörse ist nach New York, London, Tokio jedenfalls die viertgrößte der Welt geblieben.

Um noch ein unerledigtes Desiderat buchstäblich nachzutragen, wird an die nicht gelungene ästhetische Sublimierung der Ödnis **öffentlicher Plätze** erinnert, auf denen die Gegenwart so alt aussieht, wie etwa auf dem neugestalteten Goethe-Platz oder dem Asphaltparcours vor den Bühnen. Zumal ansonsten diese Stadt soviel herzeigt, was für sie spricht, wie beispielhaft der schöne Platz vor der Alten Oper.

31. Chronik der Ereignisse in den 17 Roth-Jahren

Erfolg ist mehr als die Summe richtiger Entscheidungen.

Kultur und Künste dienen Petra Roth nicht als Zierleiste ihres politischen Mandats und auch nicht ihrer individuellen Würde. Das Begriffspaar gilt ihr vornehmlich als inspirierende Quelle für die Entwicklung der Stadt auf dem Weg zum Metropolenformat. Um diesem hohen Ziel nahe zu kommen, brauchte sie parlamentarische Mehrheiten, die ihr seit 2006 als schwarz-grüne Koalition dabei halfen, die Stadtgeschicke weitgehend in ihre Richtung zu lenken. Wer die beeindruckende Magistrale ihrer Leistungsstrecke objektiv vermessen wollte, bilanzierte im Vergleich mit konkurrierenden Millionenstädten ein imponierendes Register eines grandios realisierten kommunalpolitischen Ehrgeizes.

Von Fortuna begünstigt, wurde ihre lange Amtszeit schon zur Ära verklärt, als sie noch aktiv „in Amt und Würden" kärrnerte. Bereits die stichpunktartige Nennung auch nur der herausragenden Initiativen und Projekte und der Kondensierung der Ereignisse während ihrer 17 Jahre zieht eine Bilanz, die uns bei Berücksichtigung der koalitionären Mengenlehre Respekt auch vor Roths Fähigkeit abnötigt, selber Maßstäbe zu setzen, die von der Mehrheit akzeptiert werden.

Außer den schon ausführlich gewürdigten Exzellenz-Daten, die Frankfurt im europäischen Kulturranking einen Spitzenplatz gesichert haben, hat Petra Roth selbstverständlich auch auf den klassischen Feldern urbaner Kommunalpolitik geackert und gesät und eigene Erträge auch hier geerntet.

Das mit Roths energischer Feder geschriebene Erfolgsregister der Stadtentwicklung ihrer 17 Jahre bezeugt ein Lebenswerk, das in seiner Bündigkeit den Nachruhm festschreibt: Das Lob, das Goethe einst Lord Byron gespendet hatte, nämlich daß dessen Talent „inkommensurabel" sei, darf auch für Petra Roths reiches Repertoire in Anspruch genommen werden.

Die beiden folgenden dichten Reihungen von Fakten und Daten verzeichnen deren wichtigste der Jahre 1995 bis 2012:

Kulturelle Eckdaten

- Frankfurts Rückgewinnung des Mains als Lebensader der Stadt wird nicht nur durch die Attraktivität der beiden Museumsufer befördert, sondern dank der Phalanx von anrainenden 70 kulturellen Instituten und Galerien, denen wir die einmalige vitale Kulturdichte am Main verdanken. Auch durch Projekte wie „Wohnen am Fluß“, Renaturierung des „Niederräder Ufers“, „Hafenpark Ostend“ oder die bald mainnahe EZB wird der Main zur stark frequentierten Lebensader der Metropole weiter aufgewertet.

1995

- Das Theater am Turm wird in die Städtischen Bühnen eingegliedert.
- Nach 100 Tagen im Amt erklärt Petra Roth das Goethe-Jahr 1999 zur Chefsache.

1996

- Eröffnung einer jüdischen Gedenkstätte am Börneplatz mit Trude Simonsohn als Ehrengast, die dem Reich des Schreckens, dem KZ Auschwitz, entkommen war.
- Nach erfolgreichen 40 Jahren ihrer drei Excelsior-Kinos an der Kaiserstraße gibt Liselotte Jaeger auf, da die Besucherzahlen stark rückgängig waren.
- Die Oberbürgermeisterin empfiehlt mit ihrer Sparliste für das kommende Jahr 1997 ernsthaft die Schließung des über die Stadt hinaus berühmten TAT, auch sollen vier Bürgerhäuser und zwei Hallenbäder geschlossen werden.
- Am neuen Börneplatz wird die Gedenkstätte für die 11.000 von Nazischergen ermordeten Frankfurter Juden eingeweiht.
- Im Auftrag von Ministerpräsident Gerhard Schröder entwickelt Frankfurts ehemaliger Kulturdezernent das Kulturprogramm für die Expo 2000 in Hannover. TAT-Intendant Tom Stromberg soll das Eventprogramm der Expo betreuen.
- Mehr als eine Viertelmillion Technofreaks tanzen auf der „längsten Tanzfläche“, dem „Sound of Frankfurt“.
- Der in Frankfurt beheimatete Schriftsteller Wilhelm Genazino wird im Festzelt von Bergen-Enkheim als Stadtschreiber inthronisiert.
- Kanzler Kohl eröffnet am 1. Oktober die Buchmesse mit 2.400 Verlagen.
- Der Dichter Vargas Llosa aus Peru erhält in der Paulskirche den Friedenspreis.
- Petra Roth eröffnet das erste Wolkenkratzer-Festival; es kommen 160.000 Neugierige, um die Türme von 13 Skyscrapern zu inspizieren.
- Weil „unter den gegebenen Verhältnissen“ eine künstlerisch vertretbare Arbeit nicht mehr möglich sei, verkündet Generalmusikdirektor Sylvain Cambreling seinen Rücktritt.
- Die Oberbürgermeisterin entzieht der Kulturdezernentin die Städtischen

Zum Frühlingsanfang 1997 bemalen Prominente Straußeneier im Palmengarten, Petra Roth und Jean-Christophe Ammann sind mit von der Partie

Bühnen und übernimmt ab 24. Oktober selber diesen wichtigen Sektor des Kulturdezernats.

- Petra Roth erklärt am 18. Dezember die Zukunft des TAT nun doch auch über 1997 hinaus finanziell für gesichert.

1997

- In seiner Neujahrsrede im Römer polemisiert Marcel Reich-Ranicki gegen die Frankfurter Kulturpolitik unter Petra Roth; Michael Gielen unterstellt er, daß er nicht einmal wisse, „wie man das Wort ‚kulinarisch‘ schreibt“. Der frühere Kulturdezernent bezeichnet den Großkritiker im *Spiegel* als „eitlen Hofnarren“.
- Petra Roth und der Stadtverordnetenvorsteher lehnen es ab, an der Eröffnung der schon im Vorfeld umstrittenen „Wehrmachtsausstellung“ teilzunehmen. Sie wird von Ignatz Bubis und Ministerpräsident Hans Eichel am 13. April in der Paulskirche eröffnet.
- Der 250 Mio. Mark teure Neubau der Deutschen Bibliothek an der Adickesallee wird am 14. Mai von Bundeskanzler Kohl eröffnet.
- Bundespräsident Roman Herzog eröffnet das umgebaute Goethe-Museum mit einer subtil kritischen Goethe-Rede, die für Furore im Feuilleton sorgt.

- Das Museumsuferfest ist mit 1,5 Mio. Besuchern wieder ein Riesenerfolg.
- Der Aufsichtsrat der Alten Oper löst deren Geschäftsführer Christopher Hunt ab, weil ihm nicht zugetraut wird, „die Alte Oper auf Kurs zu halten". Sein Nachfolger wird Michael Hocks, bis dahin Leiter der Jahrhunderthalle Höchst.
- Den Nachlaß des Filmstars Curd Jürgens schenkt seine Witwe Margie dem Filmmuseum.
- Der stellvertretende Leiter des Palmengartens Matthias Jenny wird am 5. Dezember dessen Chef.

1998

- Das Frankfurter Musiktheater wird von der Musikkritik als „das erfolgreichste Opernhaus Deutschlands" gerühmt.
- Am 25. Januar eröffnen Klaus von Dohnanyi und Petra Roth in der Paulskirche die Ausstellung „Aufstand des Gewissens". Weil der Historiker Hans Mommsen wegen „unglücklicher Mißverständnisse" (Roth) als Redner wieder ausgeladen worden war, solidarisierten sich prominente Gäste mit ihm, indem sie der Veranstaltung fernbleiben.
- Der Italiener Paolo Carignani wird von einer Findungskommission unter Vorsitz der Oberbürgermeisterin zum neuen Generalmusikdirektor auserkoren.
- Der Jazzposaunist und Leiter der Big Band „Rhythm Combination & Brass" Peter Herbolzheimer erhält den mit 25.000 Mark ausgestatteten Frankfurter Musikpreis.
- Der Universalkünstler Heiner Goebbels warnt bei der Entgegennahme des „Hörspielpreises des Jahres 1997" davor, das berühmte TAT zum Annex anderer Institutionen zu degradieren.
- Die Deutsche Bank beteiligt sich mit 1 Mio. Mark an der Finanzierung der Feierlichkeiten zum 250. Geburtstag Goethes.
- Der Magistrat beschließt am 3. Mai: Der Choreograph William Forsythe soll künftig neben dem Ballett auch das TAT künstlerisch führen und bekommt für beide Institutionen die Kompetenzen eines Geschäftsführers. Martin Steinhoff, bisher Geschäftsführender Intendant von Oper, Ballett und TAT, wird Intendant der Oper und übernimmt damit die Funktion eines Geschäftsführers und des künstlerischen Leiters.
- Am 8. Juli wird die Kulturdezernentin endgültig und einstimmig vom Stadtparlament vorzeitig in Pension geschickt.
- Zum fünften Mal entwickelt der „Sound of Frankfurt" auf sechs Pop- und

Nelson Mandela trägt sich ins Goldene Buch der Stadt Frankfurt ein

Rock-Bühnen „Europas größte Tanzfläche“ auf den Plätzen und Straßen der Innenstadt.
- Mehr als eine Million Menschen besuchen das 11. Museumsuferfest am nassen letzten Wochenende im August.
- Das zweite Wolkenkratzer-Festival wird von mehr als 400.000 Menschen besucht.
- Der bisherige Kulturdezernent von Saarbrücken Hans-Bernhard Nordhoff (SPD) wird am 17. September zum neuen Kulturstadtrat gewählt.
- Die 50. Buchmesse zählt 6.800 Ausstellerstände und präsentiert 370.000 Bücher. Zur Eröffnung wird der indische Autor Salman Rushdie besonders gefeiert.
- Der Tigerpalast Johnny Klinkes und Margareta Dillingers feiert seinen 10. Geburtstag.
- Der „Chronist der Unvorhersehbarkeit Martin Walser“ (Laudator Frank Schirrmacher) erhält am 11. Oktober den Friedenspreis des Deutschen Buchhandels. In einem Gespräch in der *F.A.Z.*-Redaktion zwischen Walser und Ignatz Bubis nimmt dieser seinen an den Schriftsteller gerichteten Vorwurf zurück, ein „geistiger Brandstifter“ zu sein.
- Roth unterstützt Kulturdezernent Hans-Bernhard Nordhoff im Streit mit dem Kämmerer, den Etat in Höhe von 60,5 Mio. Euro für die Bühnen nicht zu kürzen.

1999
- Sophia Loren, Roger Moore und Ornella Muti glänzen auf dem Opernball in der Alten Oper.
- Im März erhält Michael Gielen aus der Hand von Petra Roth den mit 25.000 Mark dotierten Frankfurter Musikpreis.
- Am 26. März unterzeichnen das Land Hessen und die Stadt einen sogenann-

ten „Kulturvertrag", der Frankfurt ab 2005 von den Zahlungen für die Goethe-Universität entlastet.

- Bundespräsident Roman Herzog nennt Goethe im Kaisersaal „eine einzigartige Figur in der deutschen Geistesgeschichte".
- Schauspielintendant Peter Eschberg wird seinen 2001 auslaufenden Vertrag nicht verlängern.
- Das Multiplexkino an der Konstablerwache mit sieben Kinosälen soll nach dem Entwurf des Architekturbüros Magnus Maria Troll auch fünf Restaurants erhalten.
- Mehr als zwei Millionen Menschen bevölkern am 13. und 14. August das „größte europäische Kulturfestival", das Museumsuferfest.
- Mehr als 300.000 Fans erfreuen sich am Musikspektakel „Sound of Frankfurt".
- Kasper Königs Portikus fehlen 840.000 Mark, um weiterzuarbeiten. Er bringt den Betrag durch die Versteigerung von Bildern auf, die jene Künstler gestiftet hatten, denen im Portikus einmal eine Vernissage gewidmet war.
- Siegfried Lenz erhält den Goethe-Preis 1999.
- Nelson Mandela besucht am 10. August Frankfurt und auch die Jahrhunderthalle Höchst.
- Am 15. August ernennt Petra Roth Altkanzler Kohl in der Paulskirche zum Ehrenbürger.
- Die total umgebaute „Komödie" von Claus Helmer an der Neuen Mainzer Straße feiert hier am 1. Oktober ihre erste Premiere.
- Petra Roth reist nach New York, um den dort inszenierenden Dieter Dorn von den Münchner Kammerspielen als Nachfolger von Peter Eschberg ans Frankfurter Schauspielhaus zu holen. Zwei Wochen später sagt er ab.
- Bundespräsident Johannes Rau eröffnet am 3. Dezember das grundsanierte Städel.

2000

- Eröffnung des privat finanzierten Museums Giersch für Regionalkunst als weitere Bereicherung des Museumsufers.
- Der Magistrat will „in sieben Schritten" die Braubachstraße zu einer Kulturmeile ausbauen.
- Im Februar wird der Juraprofessor Rudolf Steinberg zum Präsidenten der Goethe-Universität berufen.
- Städelschul- und Portikus-Chef Kasper König folgt der Berufung zum Direktor des Museums Ludwig nach Köln.

- Das Museum für Kunsthandwerk wird in Museum für Angewandte Kunst umbenannt.
- Gleich die erste „Nacht der Museen“ im Mai wird ein großer Publikumserfolg.
- Am 20. Juni wird im ausgekernten und umgebauten ehemaligen Volksbildungsheim das Richtfest des Multiplexkinos „Metropolis“ gefeiert.
- Die Städtischen Bühnen werden in eine GmbH überführt, deren Vorsitz übernimmt Petra Roth.
- Die algerische Dichterin Assia Djebar wird in der Paulskirche mit dem Friedenspreis ausgezeichnet.
- Erstmals vertraut der Magistrat einer Frau die Leitung des Schauspiels an: Elisabeth Schweeger vom Münchner Residenztheater wird ab Spielzeit 2001/2002 als Nachfolgerin von Peter Eschberg neue Intendantin.
- Als Nachfolger von Schirn-Chef Hellmut Seemann, der nach Weimar wechselt, beruft Petra Roth am 1. Oktober Max Hollein vom Guggenheim-Museum.
- Der Nachlaß von Nobelpreisträger Otto Hahn wird in den Räumen des Physikalischen Vereins in der Robert-Mayer-Straße präsentiert.
- Der Intendant der Städtischen Bühnen Martin Steinhoff kündigt im Oktober seinen Rückzug aus dem Amt an.

2001

- Im Januar erhält Bundestagspräsident Wolfgang Thierse in der Paulskirche den Ignatz-Bubis-Preis für Verständigung und Toleranz.
- Judith Rosenbauer meldet Insolvenz für den English Theatre e.V. an. Ihr Stellvertreter Daniel Nicolai übernimmt die Geschäfte des nun als gemeinnützige GmbH agierenden Theaters.
- Der Sänger Dietrich Fischer-Dieskau erhält aus der Hand von Petra Roth den Musikpreis der Stadt.
- Der Magistrat beschließt in seiner Sitzung am 6. April, den künstlerischen Leiter des Théâtre Royal de la Monnaie in Brüssel Bernd Loebe als neuen Opernintendanten zu engagieren.
- Mehr als 80.000 Besucher nehmen im Frühjahr auf Goethes Spuren am „Osterspaziergang“ zwischen Hirschgraben und Gerbermühle teil.
- *Spiegel*-Herausgeber Rudolf Augstein erhält in der Paulskirche den Ludwig-Börne-Preis.
- Mehr als 400.000 Besucher nehmen teil am „Sound of Frankfurt“ mit 20 internationalen Bands.

- Der Magistrat stellt den Städtischen Bühnen einen Jahres-Etat in Höhe von 132,4 Mio. zur Verfügung.
- Zwei der zwölf Säle des Multiplexkinos an der Eschersheimer Landstraße, gegenüber dem Turm, starten ihre Programme.
- Petra Roth verabschiedet Peter Eschberg als Intendant von Schauspiel Frankfurt.
- Mehr als 200.000 Menschen bescheren dem Städel mit seiner Van-Gogh-Ausstellung einen neuen Besucherrekord.
- Am 1. Oktober übernimmt Max Hollein als Geschäftsführer die Kunsthalle Schirn.
- Die Römerberggespräche thematisieren am 2. Oktober aktuell die Terroranschläge auf das World Trade Center in New York.
- Der griechische Staatspräsident Konstantinos Stefanopoulos eröffnet die 55. Buchmesse.
- Der Repräsentant der „Frankfurter Schule“ Jürgen Habermas erhält den Friedenspreis.
- Am 2. November tritt die Intendantin Elisabeth Schweeger mit der Uraufführung von *Gold* von Peter Greenaway die Nachfolge von Peter Eschberg an.
- Als Experimentierfeld für die Künste wird auf Initiative der BHF-Bank das Projekt „Frankfurter Positionen“ ins Leben gerufen. Dieses „Festival für neue

Petra Roth bei der Eröffnung der Dippemess 2001

Kunst“ findet im zweijährigen Turnus statt und versteht sich als Erfahrungs- und Erkenntnisforum. 17 Institutionen arbeiten hier zusammen.

2002

- Ballett-Chef William Forsythe kündigt während der Theaterferien seinen Rückzug aus Frankfurt an. Zeitgleich geht die Nachricht über den Ticker, daß das Frankfurter Ballett in einer Kritikerumfrage zum „Ballett des Jahres“ ausgerufen worden ist.
- Der Verlag der Autoren kehrt Frankfurt den Rücken und zieht nach Berlin um.
- Petra Roth eröffnet die Suhrkamp-Reihe „Stadt am Fluß“, an der sich 30 Frankfurter Schriftsteller mit Prosaminiaturen über den Main beteiligen: „Der Fluß intensiviert die Wahrnehmungs- und Reflexionsleistungen der einzelnen. Still ist er, unbeeindruckt von den Gesetzen der Stadt. Er ist die Zuflucht der poetischen Erfahrungslust.“ (Roth)
- Das erste Internationale Frankfurter Filmfestival findet im Olympiakino großes Interesse.
- Frankfurt bewirbt sich gemeinsam mit der Rhein-Main-Region um den Titel „Kulturhauptstadt Europas 2010“.
- Der Kabarettist und Schriftsteller Matthias Beltz stirbt unvollendet schon mit 57 Jahren.
- Der Magistrat beschließt Petra Roths Desiderat, die alte Stadtbibliothek an der Schönen Aussicht wiederaufzubauen. Der Portikus soll verlegt werden.
- Der Engländer James Bradburne bittet um Auflösung seines Vertrages als Direktor des Museums für Angewandte Kunst.
- Am 24. Mai wird die Biennale für zeitgenössische Kunst „Manifesta“ eröffnet.
- Am 26. Mai stellt die „Art Frankfurt“ in der Messehalle die Arbeiten von 200 Künstlern aus.
- Der Vertrag mit dem weltberühmten Choreographen William Forsythe wird nicht verlängert.
- Am 2. Juni erhält Hans Magnus Enzensberger den Ludwig-Börne-Preis.
- Das traditionell experimentelle Theater am Turm (TAT) soll ab 2005 nicht weiter den Ruf Frankfurts als progressive Theaterstadt fortschreiben dürfen. „Ein Skandal sondergleichen“ (*F.A.Z.*).
- Generalkonsul Bruno H. Schubert wird in der Paulskirche als neuer Ehrenbürger gefeiert.
- Mit einer Abfindung von 1,1 Millionen quittiert am 28. Juni der organisatorische Intendant Martin Steinhoff seinen Dienst bei den Städtischen Bühnen.

Verleihung des Friedenspreises des Deutschen Buchhandels an Jürgen Habermas am 14. Oktober 2010. In der ersten Reihe (von links): Wolfgang Thierse, Petra Roth, Johannes Rau, Frau Habermas, verdeckt Jan Philipp Reemstma, rechts außen Gerhard Schröder

- 300.000 Fans vergnügen sich am 6. Juli beim Musikfestival „Sound of Frankfurt".
- Der Schriftsteller und Literaturpapst Marcel Reich-Ranicki erhält am 28. August den Goethe-Preis.
- Petra Roth überreicht dem erkrankten Suhrkamp-Verleger Siegfried Unseld an dessen 78. Geburtstag in seiner Wohnung die Urkunde als neuer Ehrenbürger.
- Der nigerianische Autor Chinua Achebe erhält in der Paulskirche den Friedenspreis.
- Das Museum für Angewandte Kunst darf aus Copyright-Gründen nicht länger sein Markenzeichenkürzel MAK benutzen.
- Mehr als 70 Scherenschnitte von Henri Matisse finden unter dem Motto „Mit der Schere zeichnen" großes Publikumsinteresse in der Schirn.
- Im Dezember 2002 wird mit Gründungsvater Heiner Goebbels die Hessische Theaterakademie ins Leben gerufen. Beteiligt sind alle hessischen Theater, Hochschulen, der Mousonturm sowie die Theater in Mainz, Heidelberg und Karlsruhe.

2003

- Die Frankfurter Oper unter Bernd Loebe erhält den begehrten Titel „Opernhaus des Jahres".
- Das von Daniel Nicolai geleitete English Theatre erhält im Gallileo-Hochhaus der Commerzbank (früher Dresdner Bank) eine eigens für theatralische Zwecke eingerichtete Spielstätte mit Bühne, Hinterbühne, Foyer, Balkon und 300 Sitzplätzen (Architekt Norman Foster).
- Wiedereröffnung des Senckenberg nach umfangreicher Renovierung. Zahlreiche Ausstellungsbereiche wurden umgestaltet, darunter der Dinosauriersaal und die Eingangshalle. Mit dem bisher ungebrochenen Besucherrekord der Dauerausstellung zählt das Senckenberg zu den zehn beliebtesten „Event Locations" Deutschlands.
- Am 1. Februar eröffnet das Städel seine große Rembrandt-Ausstellung, die insgesamt 245.000 Kunstfreunde besuchen werden.
- Jutta Ebeling verkündet die Schließung von sieben Stadtteilbibliotheken, darunter Bergen, Bockenheim, Oberrad, Riederwald.
- Der Gründungsdirektor des Museums für Moderne Kunst Jean-Christophe Ammann erhält die Goethe-Plakette.
- „Die Varusschlacht" heißt die neue Ausstellung des Archäologischen Museums.
- Der Magistrat beschließt endgültig, das TAT im Bockenheimer Depot und auch das Forsythe-Tanztheater zu schließen.
- Die Degussa schenkt ihre komplette Münzsammlung dem Historischen Museum.
- Im April kündigt Petra Roth an, zum 100. Geburtstag von Theodor W. Adorno seine Positionen in 40 hochkarätigen Veranstaltungen zu beleuchten, sie „stecke persönlich sehr viel Herzblut" in das Projekt.
- Im Mai zieht Frankfurt die Bewerbung um den Titel „Kulturhauptstadt Europas" zurück.
- Das 1994 aus der Schirn gestohlene Gemälde *Nebelschwaden* von Caspar David Friedrich kommt durch einen anonymen Vermittler nach Frankfurt zurück.
- Johnny Klinkes „Tigerpalast" feiert am 3. September seinen 15. Geburtstag.
- Oberbürgermeisterin Petra Roth weiht das Adorno-Denkmal des russischen Künstlers Vadim Zakharov ein, eine Installation mit Schreibtisch, Stuhl, Metronom und einer Ausgabe der *Negativen Dialektik*. Der Geburtstag Theodor W. Adornos jährt sich am 11. September zum 100. Mal.
- Christoph Schlingensief inszeniert seine „Church of Fear" an der Hauptwa-

che. 24 Stunden üben sich „Säulenheilige“ im Pfahlsitzen.
- In Frankfurt feiert am 29. September das Deutsche Jazzfestival sein 50jähriges Bestehen.
- Der Hessische Filmpreis wird jetzt regelmäßig in Frankfurt verliehen.
- Die Schriftstellerin Susan Sontag erhält in der Paulskirche den Friedenspreis.

2004
- Mit der Gründung der Bühnen GmbH werden die selbständigen Sparten TAT und Ballett geschlossen.
- Zu Beginn des Jahres unterzeichnen die Städte Dresden und Frankfurt und die Länder Sachsen und Hessen einen Vertrag mit der neu gegründeten Forsythe GmbH, damit in den beiden Städten wenigstens sporadisch wieder Tanztheater von Billy Forsythe gesehen werden kann. Petra Roth war eine der Initiatoren, jetzt zahlt die Stadt für ein stark dezimiertes Forsythe-Ensemble nur noch 516.000 Euro.
- 100 Kulturschaffende fordern in einem Memorandum an die Stadtverordneten, gegen die Wiederwahl von Hans-Bernhard Nordhoff als Kulturdezernenten zu stimmen. Beim SPD-Parteitag hatten 82 Prozent für seine Wiederwahl votiert.
- Am 13. Mai wird mit 58 von 81 Stimmen Hans-Bernhard Nordhoff vom Stadtparlament als Kulturdezernent wiedergewählt.
- Eröffnung der neu konzipierten Dauerausstellung des Museums für Kommunikation auf jetzt 2.800 Quadratmetern. Direktor Helmut Gold präsentiert die Geschichte der Medien von der Buschtrommel bis zum Smartphone.
- Udo Lindenberg wird im Kaisersaal der Frankfurter Musikpreis überreicht.
- Elisabeth Schweegers Intendanten-Vertrag wird von Petra Roth bis 2009 verlängert.
- Der „Sound of Frankfurt“ lockt am 3. Juli mit Pop und Techno wieder unzählige Fans in die Innenstadt.
- Den Friedenspreis 2004 empfängt in der Paulskirche der ungarische Autor Péter Esterházy.
- Der Bau der neuen Universitätsgebäude auf dem Campus Westend kostet das Land Hessen 135 Millionen Euro und soll 2006 begonnen werden.

2005
- Die KfW-Bankengruppe läßt sich die Stärkung ihres Standorts 500.000 Euro kosten, die der Oper, dem Senckenberg, dem Museum für Moderne Kunst und dem Off-Theater Stalburg zugute kommen sollen.

Stadtverordnetenvorsteher Karlheinz Bührmann, Bürgermeisterin Jutta Ebeling und OB Petra Roth (von links) besichtigen während der Eröffnungsveranstaltung der neuen Stadtbibliothek in der Hasengasse 4 den Leseturm

- Gary Bertini, der ehemalige Intendant und Generalmusikdirektor der Frankfurter Oper (1987– 1990) stirbt am 17. März 77jährig in Tel Aviv.
- Die private „Goethe Business School“ öffnet zum Sommersemester ihre Pforten für betuchte Studenten, die sich für 46.500 Euro als Manager im „Executive MBA“-Programm fortbilden lassen wollen.
- Der „Ball des Sports“ findet künftig wieder in der Wiesbadener Stadthalle statt.
- Der Satiriker, Zeichner und Schriftsteller F. K. Waechter stirbt im Alter von 67 Jahren.
- Der Neubau des Portikus auf der Maininsel des Architekten Christoph Mäckler feiert am 20. September Richtfest.
- Altbundespräsident Roman Herzog eröffnet die wiedererrichtete Alte Stadtbibliothek an der Schönen Aussicht, in die am 8. Oktober das Literaturhaus von der Bockenheimer Landstraße umzieht.
- Zum ersten Mal wird im Kaisersaal der „Deutsche Buchpreis“ verliehen. Träger ist der österreichische Dichter Arno Geiger.
- Das Historische Museum erwirbt 5.000 Objekte der „Neuen Frankfurter Schule“ für seine Caricatura-Abteilung.

- Petra Roth, Felix Semmelroth und Bernd Loebe einigen sich auf Sebastian Weigle von der Oper Barcelona als neuen Generalmusikdirektor der Oper ab Spielzeit 2008/2009.
- Am 16. Oktober wird auf dem Unigelände Riedberg der Grundstein für ein Geozentrum gelegt.
- Gegen Jahresende kehrt die Direktorin des Architekturmuseums Ingeborg Flagge zurück nach Bonn.

2006

- Die Kinder- und Jugendabteilung der Frankfurter Oper tourt mit ihrem Projekt „Oper unterwegs" durch Frankfurts Schulen und andere Kindereinrichtungen, wie zum Beispiel eine Kinderklinik. Die Solisten sind Absolventen der Musikhochschule Frankfurt.
- Roths langjähriger Büroleiter Felix Semmelroth, universal gebildeter Literaturwissenschaftler, wird 2006 Dezernent für Kultur und Wissenschaft im ehemaligen Kloster der Deutschordenskommende am Main.
- Das Deutsche Filmmuseum und das Deutsche Filminstitut e.V. fusionieren im selben Haus miteinander.
- Das Schauspiel macht bundesweit Schlagzeilen. In der Premiere des *Großen*

Petra Roth sitzt im Mai 2007 für das Wolkenkratzerfestival Modell vor einem Plakat der Frankfurter Skyline in der Lobby der Helaba

Massakerspiels von Eugène Ionesco am 15. Februar beschimpft ein Schauspieler den *F.A.Z.*-Kritiker Gerhard Stadelmaier und reißt ihm den Ringblock aus der Hand. Der Kritiker türmt, und am nächsten Tag greift OB Petra Roth persönlich ein und fordert von Intendantin Elisabeth Schweeger die Entlassung des Schauspielers.
- Im März präsentiert die nun unter dem Namen „Fine Art Fair“ firmierende Frankfurter Kunstmesse Objekte von 50 Galerien auf dem Messegelände.
- Seit 15. Mai ist Raphael Gross neuer Direktor des Jüdischen Museums im Rothschildpalais.
- Im Mai gibt die Deutsche Bank bekannt, daß sie bisher 89,7 Millionen Euro für Kultur und Soziales gespendet hat.
- Millionen Menschen an den Monitoren der Welt erfreuen sich im Sommer an den Illuminationen der „Sky Arena“.
- 75.000 Menschen verfolgen auf der im Main schwimmenden 144 Quadratmeter großen Leinwand den 3:0-Sieg der deutschen Nationalelf über die Mannschaft aus Ecuador.
- Das Amerika-Haus schließt seine Pforten.
- Das Institut für Stadtgeschichte soll totalsaniert werden, sieben Millionen Euro stehen dafür im Etat.
- Wolf Lepenies, Rektor des Berliner Wissenschaftskollegs, erhält in der Paulskirche den Friedenspreis.
- Im Herbst musizieren am Frankfurter Tag der Schulmusik 360 Musikpädagogen und 800 Studenten mit Kindern und Jugendlichen.

2007
- Abriß der Dekorationswerkstätten der Bühnen; die Inbetriebnahme der erweiterten neuen Werkstätten soll im Jahr 2011 erfolgen; Kosten: 25 Millionen Euro.
- Am 25. Februar feiern 2.000 Gäste den 25. Opernball, gegen die draußen protestiert wird. Die Polizei muß einschreiten.
- Im Mai kündigt Schauspielintendant Elisabeth Schweeger an, nach der Spielzeit 2008/2009 das Haus zu verlassen.
- Im Juli strömen 1,2 Millionen Menschen zum Wolkenkratzer-Festival, das Hans-Dieter Hillmoth, Chef von Hit Radio FFH, entlang des fünf Kilometer langen Skyscraper-Parcours mit großem Feuerwerk zu einem Familienfest gestaltet.
- Fast drei Millionen Besucher versammeln sich am Main zum 20. Museumsuferfest mit 1.000 Ständen und Meeting Points.

Verleihung des Friedenspreises des Deutschen Buchhandels an Anselm Kiefer am 19. Oktober 2008 in der Paulskirche

- Oberbürgermeisterin und Kulturdezernent präsentieren der Presse ihren neuen Intendanten Oliver Reese, bis dahin Chefdramaturg des Deutschen Theaters Berlin.
- An der Hasengasse eröffnet Bürgermeisterin Jutta Ebeling die neue Zentralbibliothek unter der Leitung von Sabine Homilius. In den notwendig gewordenen Neubau wurden 26 Mio. Euro investiert.
- Saul Friedländer erhält in der Paulskirche den Friedenspreis.

2008

- 185.000 Menschen besuchen die Schirn-Ausstellung „Impressionistinnen" und 205.000 die Städel-Ausstellung „Cranach".
- Eine eigene Buslinie verbindet künftig die Ausstellungshäuser des Museumsufers.
- Im April feiert die „Luminale" ein Fest der Lichtkultur: Licht als Design, Licht als Kunst, jedem Nutzeffekt enthoben – außer dem Zweck, die Augen der Menschen zu erfreuen.
- Der frühere Städeldirektor Herbert Beck wird Geschäftsführer des „Kulturfonds Frankfurt RheinMain", der von hessischen Städten und Kreisen durch Pro-Kopf-Umlagen finanziert wird.

Frankfurter Buchmesse 2009: Der Vertreter des Gastlandes China bei der Eintragung in Goldene Buch der Stadt

- Petra Roth erwägt im April einen Neubau des Museums der Weltkulturen jetzt auf dem Degussa-Gelände nahe der Untermainbrücke. Da der Grundstückseigentümer des Degussa-Areals im Juni sein Angebot zurückzieht, soll der Neubau nun dort angesiedelt werden, wo die drei alten Villen stehen, am Schaumainkai. Die Römer-Koalition stimmt am 11. September für einen Neubau mit bis zu 8.500 Quadratmetern. Direktorin Anette Rein zieht sich zurück.
- Frankfurts Generalmusikdirektor Carignani erklärt am 28. Mai nach Zerwürfnissen mit dem Intendanten seinen Rücktritt.
- Pünktlich zu des Dichters Geburtstag kehrt das Goethe-Denkmal von Ludwig von Schwanthaler heim an seinen ursprünglichen Standort auf dem Goetheplatz.
- Die neue Wolfgang-Steubing-Halle läutet bei Senckenberg eine neue Ära ein. Am 17. September findet der Spatenstich unter Mitwirkung von Ministerpräsident Roland Koch und Oberbürgermeisterin Petra Roth statt. Das neue Gebäude hinter dem Museum, das dank der großzügigen Spende Wolfgang Steubings errichtet werden kann, bietet auf zwei Etagen 1.000 Quadratmeter zusätzliche Ausstellungsfläche. Nun können große Sonderausstellungen auch mit raumzehrenden Themen attraktiv und erlebnisorientiert in Szene gesetzt werden.

- Der türkische Nobelpreisträger Orhan Pamuk nimmt nicht an der seinem Land gewidmeten Buchmesse teil, weil sein Staat Autoren einschüchtere.
- Der Maler Anselm Kiefer erhält den Friedenspreis 2008 in der Paulskirche.
- Im Wintersemester beginnt der Lehrbetrieb der Goethe-Universität im umgerüsteten IG Farben-Hochhaus im Westend. Dort ist Platz für 9.000 Studenten der Geisteswissenschaften, der Ökonomie und Jurisprudenz.
- Susanne Gaensheimer vom Münchner Museum Lenbachhaus wird Direktorin am Museum für Moderne Kunst als Nachfolgerin von Udo Kittelmann, der als Chef der Nationalgalerie nach Berlin wechselt.

2009
- Städelschulchef Daniel Birnbaum wird Direktor der Kunstbiennale Venedig.
- Herbert Beck stellt für den Kulturfonds Frankfurt RheinMain den beeindrukkenden 500seitigen Werkkatalog des Mammutprojekts „Phänomen Expressionismus" vor, Mitherausgeberin ist Claudia Dillmann.
- Gemäß einer Bürgerbefragung betrachten 72 Prozent der Deutschen Frankfurt als Museumsstadt, 77 Prozent dagegen als Bankenstadt.
- Ulla Unseld-Berkéwicz läßt verlauten, daß die Verlage Suhrkamp und Insel nach Berlin umziehen werden.
- Holger Kube Ventura von der Kulturstiftung des Bundes wird neuer Direktor des Kunstvereins im Steinernen Haus.
- Werner Müller-Esterl wird als Nachfolger von Rudolf Steinberg Präsident der Goethe-Universität.
- Bruce Springsteen erobert die Herzen von 20.000 Fans in der Commerzbank-Arena.
- Das Deutsche Filmmuseum wird nach totaler Entkernung umgebaut.
- Clémentine Deliss aus London wird als Nachfolgerin von Anette Rein neue Direktorin des Museums der Weltkulturen.
- Der italienische Autor Claudio Magris erhält den Friedenspreis.
- Der Suhrkamp Verlag verhökert seine Archive an das Marbacher Literaturarchiv.
- Besucherschlangen vor dem Städel künden von einer besonderen Attraktion: Das Museum zeigt 80 Gemälde von Sandro Botticelli in der bisher größten Gesamtschau des Florentiners im deutschsprachigen Raum.
- Das Senckenberg erreicht mit seiner Tiefsee-Ausstellung 200.000 Besucher.
- Städel und Stadt verlängern den Vertrag von Max Hollein.
- Premiere der neuen Veranstaltungsreihe „Frankfurt liest ein Buch", begründet von dem gleichnamigen gemeinnützigen Verein, eine Initiative des Verlegers

Klaus Schöffling. Über 300 Lesungen locken an über 100 verschiedenen Orten über 40.000 Besucher in die oft spannenden Lesestunden.

2010

- Das sanierte „Titania Theater“ bietet Frankfurts freien Theatergruppen wie Hinzpeters „Freiem Schauspielensemble“ einen festen Spielort.
- Kulturdezernent Felix Semmelroth stellt als neues Großprojekt das „Frankfurt LAB“ vor, ein „Labor der Moderne für Frankfurt/Rhein-Main“. Zu diesem Verbund haben sich das Ensemble Modern, The Forsythe Company, die Hessische Theaterakademie, die Hochschule für Musik und Darstellende Künste und das Künstlerhaus Mousonturm zusammengeschlossen. Die Aufführungshalle in der Schmidtstraße in Nied kann von wechselnden Ensembles auch für Proben genutzt werden. Für Gastspiele internationaler Tanzensembles, für Komponisten, Musiker, Choreographen und Regisseure steht ein variables „Laboratorium“ zur Verfügung.
- Die U-Bahn-Station am Schweizer Platz wird in „Schweizer Platz/Museumsufer“ umgetauft.
- Generaldirektor Volker Mosbrugger stellt im Oktober den Masterplan für die Erweiterung des Senckenberg vor, das für 180 Mio. Euro den Frankfurter Standort ausbauen wird. Das Areal soll bis zum 100. Geburtstag im Jahre 2017 um 14.000 auf 37.000 Quadratmeter verdoppelt werden. Unter anderem ist für 8,5 Mio. Euro ein hochmodernes Planetarium geplant. Das Land Hessen wird sich mit wahrscheinlich 117 Mio. Euro beteiligen. Von den 640 Mitarbeitern des Senckenberg sind allein 283 im Forschungsbereich tätig.
- Felix Semmelroth eröffnet das 5. Frankfurter Literaturfestival „LiteraTurm“ unter dem Motto „Radikal gegenwärtig“ im obersten Stock des neuen Opernturms.
- Im Juli zieht das Suhrkamp-Archiv der Universität nach Marbach um, nachdem Stadt, Land und die Goethe-Universität gemeinsam vergeblich versucht hatten, den Verkauf mit einem Gegenangebot zu verhindern.
- Der Siegerentwurf der Berliner Architekten Kühn/Malvezzi für das Museum der Weltkulturen wird am 20. Dezember der Presse vorgestellt. Geplant ist ein zweigeschossiger Bau unter dem Rasen und ein obererdiger viergeschossiger Neubau.
- Der Frankfurter Magistrat gibt mit 222 Euro pro Einwohner bundesweit am meisten für die Kultur aus. Es folgen Leipzig mit 187 Euro, Düsseldorf mit 144 Euro und Stuttgart mit 133 Euro. Insgesamt liegen die öffentlichen Kulturausgaben in der Bundesrepublik bei 8,5 Milliarden.

- Die Präsidentin Argentiniens Cristina Fernández, Außenminister Guido Westerwelle und Petra Roth eröffnen im Oktober die Buchmesse. 7.533 Verlage aus 111 Ländern stellen ihre Bücher und Medien aus.
- Die Commerzbank überläßt den Frankfurter Museen 100 kostbare Kunstwerke. Das Städel sichert sich Andy Warhols Goethe-Porträt.
- Der Plan des Betreibers, das „Museum Giersch" in die Neue Mainzer Straße zu verlagern, löst einen Sturm der Entrüstung aus, nachdem bekannt wird, daß Giersch die günstig von der Stadt erworbene Villa eigenmächtig zweckentfremden will. Daraufhin gibt der Eigentümer sein dreistes Ansinnen auf.
- Das Städel zeigt mit erneut großer Besucherresonanz 170 Werke von Ernst Ludwig Kirchner, die Schirn reüssiert mit einer Ausstellung zu Georges Seurat, dem französischen Erfinder des Pointilismus.
- Weil es die hohen Kosten für den Brandschutz aufzubringen nicht in der Lage ist, muß das populäre Fremdsprachenkino „Turmpalast" am Eschenheimer Turm aufgeben.
- An den Frankfurter Musiktagen haben sich 6.000 Kinder erfreut, beteiligt waren 80 Schulen und 350 professionelle Musiker.
- In der Sommerpause inszeniert Wolfgang Kaus im alten Gemäuer des Archäologischen Gartens Hofmannsthals *Jedermann* mit Darstellern des Volkstheaters.
- Nach dreijähriger Bauzeit können die Städtischen Bühnen endlich über genügend Raumkapazität für die Werkstätten verfügen. Allein der Saal für die Kulissenmaler mißt 40 Meter. Kosten: 60 Mio. Euro.
- Ab 14. Oktober zeigt die Kunsthalle Schirn 100 Gemälde von Gustave Courbet.
- Auf dem Unigelände Riedberg entsteht ein Gymnasium für über 1.300 Schüler, die erste gymnasiale Neugründung seit 100 Jahren, ein Desiderat der Bildungsdezernentin Jutta Ebeling.
- Der Vizepräsident der Jüdischen Gemeinde Dieter Graumann droht, die Paulskirche zu verlassen, falls Festredner Alfred Grosser am 9. November allzu kritische Kommentare zu Israels Palästina-Politik absondern sollte. Graumann bleibt sitzen, der Eklat fällt aus und Petra Roth ein Stein vom Herzen.

2011

- Susanne Gaensheimer, Direktorin des MMK, kuratiert den Deutschen Pavillon in Venedig und bittet Christoph Schlingensief, den Ort zu bespielen. Petra Roth kommt zur Eröffnung.
- Das Deutsche Architekturmuseum wird totalsaniert.

- Zum 20jährigen Jubiläum zeigt das Museum für Moderne Kunst im Stammhaus sowie auf den zusätzlich angemieteten 4.000 Quadratmetern des „MMK Zollamts" in einer Überblicksschau eine bisher nicht gekannte Bilderfülle. Viele zieht es auch ins Städel zur Ausstellung „Beckmann & Amerika".
- Petra Roth stellt der Presse das Großprojekt „Bockenheimer Kulturcampus" vor, das „eine Epoche der Stadtentwicklung einleiten wird".
- Im März wird der von Grund auf renovierte gotische Kuhhirtenturm an der Großen Rittergasse als „Hindemith-Kabinett" mit kleinem Konzertsaal eröffnet. Hindemith und seine Frau Gertrud hatten hier fünf Jahre verbracht. Im Turm schrieb er 1926 seine Oper „Cardillac" nach E.T.A. Hoffmann.
- Felix Semmelroth und Michael Quast stellen im März die Entwürfe des Architekten Max Dudler für das Theater der „Fliegenden Volksbühne" vor, die am Sachsenhäuser Paradiesplatz eine endgültige Heimstatt finden soll.
- Initiiert von Herbert Becks Kulturfonds Frankfurt RheinMain wird die von der Darmstädter Mathildenhöhe und dem Frankfurter Filmmuseum organisierte interdisziplinäre Übersichtsschau „Gesamtkunstwerk Expressionismus" ein Publikumsrenner.
- Im Mai tummeln sich mehr als 40.000 Besucher bei der „Nacht der Museen".
- Der Magistrat veröffentlicht eine „Städtische Vermögensstatistik", die auch die Vermögenswerte der städtischen Museen mit mehr als 1,5 Millionen Objekten umfaßt. Gesamtwert der Exponate: mehr als 2,5 Milliarden Euro.
- Bevor das Degussa-Gelände dem Erdboden gleichgemacht wird, stellt Susanne Gaensheimer 1.000 Kunstwerke des Museums für Moderne Kunst im früheren Degussa-Hauptgebäude aus.
- Das Museum für Kommunikation zeigt im Juli Arbeiten von Andy Warhol.
- Das Städel muß sich von dem berühmten Madonnen-Gemälde von Hans Holbein trennen, das Reinhold Würth vom Leihgeber, der Hessischen Hausstiftung, für sein eigenes Museum in Schwäbisch Hall erworben hat.
- Am 12. August wird das total umgebaute Filmmuseum nach zweijähriger Pause mit einer Rede von Bernd Naumann, Staatsminister für Kultur, wiedereröffnet. Die Umbaukosten in Höhe von 12 Millionen teilten sich Stadt, Land, Bund und Sponsoren. Claudia Dillmann kann sechs Oscarpreisträger als Ehrengäste begrüßen.
- Pünktlich an Goethes 262. Geburtstag wird das wegen Sanierung ein Jahr lang geschlossene Goethe-Museum wiedereröffnet.
- Der S. Fischer Verlag feiert im Haus Hedderichstraße sein 125jähriges Jubiläum. Die Chefin Monika Schoeller kann zahlreiche bekannte Hausautoren begrüßen.

- Klaus Töpfer verleiht am 26. Oktober den mit 10.000 Euro dotierten Nachhaltigkeitspreis für konkrete Beiträge von Studierenden, die Städte nachhaltig zu machen.
- Der Frankfurter Eichborn Verlag wird am 1. November von der Kölner Verlagsgruppe Lübbe übernommen.
- Am 31. Dezember schließt der 1971 gegründete Traditionsclub „Sinkkasten" in der Brönnerstraße mit einem Auftritt der Frankfurter Band „Madhouse Flowers" seine Pforten.
- Der Frankfurt-Tourismus blüht: 2011 übernachteten 6,2 Millionen Gäste in der Stadt. Davon kamen 1,6 Millionen aus dem Ausland, die meisten aus den USA, England, Spanien und Japan. Hauptanziehungspunkte: Römer, Skyline, Museumsufer, Einkaufsmeile.
- Das Statistische Jahrbuch 2011 nennt das Naturkundemuseum Senckenberg mit 390.000 Besuchern im Jahr an erster Stelle in der Publikumsgunst, gefolgt von der Kunsthalle Schirn mit 278.000 Besuchern und dem Museum für Moderne Kunst. Insgesamt bevölkerten 2.055.135 Besucher die 32 Frankfurter Museen.

2012

- Am 1. Januar folgt Niels Ewerbeck dem legendären Gründungsdirektor des Mousonturms Dieter Buroch, dieser bundesweit hochgeschätzten Symbolfigur der Off-Szene. Wenige Monate später begeht Ewerbeck Selbstmord.
- Unter dem Motto „Alte Pracht in neuem Gewand" wird die Alte Oper runderneuert und pünktlich zum Abschied vom erfolgreichen Intendanten Michael Hocks und dem Amtsantritt seines Nachfolgers Stephan Pauly im März wiedereröffnet.
- Einweihung der Städelerweiterung „unter Tage" mit weltweiter Resonanz. Finanzierung: Hertie-Stiftung 7 Mio., Bankhaus Metzler 3 Mio., Bund 5 Mio., Land 2,5 Mio., Stadt 8 Mio., Polytechnische Gesellschaft 1 Mio. Euro, den Rest stifteten Sponsoren und Sylvia von Metzlers bildungsbürgerlicher Städelverein mit über 4.000 Mitgliedern.
- Im Etat 2012 sind 2,9 Millionen Euro für die Realisierung eines Erweiterungstraktes des Jüdischen Museums vorgesehen.
- Nach dreijähriger Bauzeit ist das Schulbau-Programm mit einem Volumen von 410 Millionen abgeschlossen. Jutta Ebeling, die im Februar aus dem Amt scheidet, hat damit ein Exempel gebauter Bildungspolitik statuiert und sich selbst ein Denkmal gesetzt.
- Im April 2012 eröffnet das total umgebaute Filmmuseum seine neuen

Räume. Hoffmann übergibt nach 25 Jahren den Vorsitz des Verwaltungsrats an Felix Semmelroth.

- Das Historische Museum erhält mehrere hundert Gegenstände und Dokumente als Dauerleihgabe aus dem Nachlaß von Anne Frank.
- Die Kammeroper von Rainer Pudenz soll endlich ein bleibendes Asyl in der umgebauten Kulturfabrik an der Mörfelder Landstraße erhalten. Dieses Gebäude der alten Ölfabrik möchte die Peter Paul und Emmy Wagner-Heinz Stiftung kulturell aufwerten.
- Max Holleins Städel wird vom Internationalen Kunstkritiker-Verband zum „Museum des Jahres" ausgerufen. 450.000 Besucher in einem Jahr.
- Mit 800 Chören wird in Frankfurt das Deutsche Chorfest ausgerichtet.
- Nachdem Bund und Land je 4 Mio. Euro Zuschuß für ein „Romantik-Museum" bewilligten, gibt auch der Magistrat für seinen Anteil von 4 Mio. Euro grünes Licht. Die Gesamtkosten werden mit 16 Mio. Euro beziffert.
- 140.000 Menschen besuchen die eine Woche währende sechste „Luminale", die Biennale der Lichtkultur.
- Der Neuhistoriker Götz Aly erhält in der Paulskirche den Ludwig-Börne-Preis.
- Der amerikanische Künstler Jeff Koons darf seine umstrittene Kunst in der Schirn und im Liebieghaus zwischen klassischen Highlights deponieren.

Eröffnung des Chorfestes 2012 mit Petra Roth in der Paulskirche am 7. Juni 2012

- Beim Neubau des Historischen Museums werden Reste eines Hafenkais aus staufischer Zeit ans Tageslicht gefördert, die mit Mehrkosten von 3,7 Mio. Euro in die neue Dauerausstellung integriert werden sollen.
- Der neue OB Peter Feldmann erstattet Kulturdezernent Felix Semmelroth die Zuständigkeit für die Städtischen Bühnen zurück und verzichtet auf den Aufsichtsratsvorsitz, den Petra Roth seit der Gründung der Bühnen-GmbH innehatte. Feldmann übernimmt von Roth den Aufsichtsratsvorsitz der Alten Oper.

Allgemeine Eckdaten der Stadtentwicklung

- Installierung eines Referats für Internationale Angelegenheiten
- Vertiefung der Beziehungen zu Partnerstädten Frankfurts, besonders zu Tel Aviv, Lyon, Guangzhou. Intensivierung der damit verbundenen wirtschaftlichen Beziehungen
- In ihrer Funktion als Präsidentin des Deutschen Städtetages sichert Roth die Gewerbesteuer als Haupteinnahmequelle der Städte in Verhandlungen mit der Bundesregierung und den Ländern.
- Insistenz auf der kommunalen Selbstverwaltung gegenüber den Ländern (besonders dem Land Hessen)
- Die abschließende Bebauung des Dom-Römerberg-Areals eingeleitet
- Frankfurt wird zum größten Internetknoten Europas und zur führenden Stadt im IT-Bereich.
- Konsequente Weiterentwicklung der Messe mit zahlreichen Neubauten
- Mit der Umwandlung des südmainischen Dienstleistungsquartiers „Bürostadt Niederrad“ in ein „Lyoner Viertel“ genanntes „Allgemeines Wohngebiet“ setzt die Stadt ein Signal für die Korrekturbereitschaft von stadtplanerischen Sünden der Vergangenheit.
- Gemischte Besiedelung des Riedbergs mit Universitätsbauten und Wohnungen
- Behutsame Sanierung und Aufhübschung des Bahnhofviertels und damit dessen urbane Aufwertung

1995

- Frankfurt ist mit 8 Mrd. D-Mark die höchstverschuldete Stadt Deutschlands.
- Mit Ministerpräsident Hans Eichel wird ein Universitätsüberleitungsvertrag ausgehandelt, der 15 Mio. Mark Entlastung für die Stadt bedeutet.
- Erst eine Woche vor der ersten Oberbürgermeisterwahl direkt durch das Volk liegt Petra Roth vor Amtsinhaber Andreas von Schoeler.

Petra Roth auf dem Neujahrsempfang der Frankfurter Eintracht 1996

- Am 25. Juni siegt Petra Roth im ersten Wahlgang mit 51,9 Prozent, von Schoeler unterliegt mit 45,9 Prozent der Wählerstimmen. Das sei „die Trendwende nach sechs Jahren Rot-Grün", freut sich die Siegerin.
- Am 5. Juli wird Petra Roth als Oberbürgermeisterin vereidigt. Kanzler Helmut Kohl prognostiziert: „Sie werden ein anderes Selbstbewußtsein haben als andere Oberbürgermeister, es ist die Stadt Frankfurt, die Sie prägen wird."
- Die SPD-Fraktion beantragt, den amtierenden Stadtverordnetenvorsteher Helmut Reischmann (CDU) abzuberufen, dem eine Vermischung von „privaten und Dienstfahrten" mit der Stadtkarosse vorgeworfen wird.
- Bundespräsident Roman Herzog eröffnet die Internationale Automobilausstellung auf dem Messegelände.
- Die drei Christdemokraten Udo Corts (Verkehr), Albrecht Glaser (Wirtschaft) und Horst Hemzal (Personal) ergänzen den hauptamtlichen Magistrat.
- Die Kunst- und Antiquitätenmesse Ars Antiqua wird mangels Nachfrage aufgegeben.
- Der Magistrat beschließt den Verkauf des Stadtbads Mitte an die Hotelgruppe Hilton, die sich einverstanden erklärt, ein öffentlich zugängliches Schwimmbecken anzubieten.
- Frankfurt ist die Stadt mit der höchsten Kriminalitätsrate der Republik.

- Erfreulich ist der Rückgang der Verschuldung auf 4,3 Mrd. Mark dank rekordhohen Gewerbesteuereinnahmen.
- Die *F.A.Z.* kommentiert Petra Roths erste 100 Tage mit Theodor Fontane: „Es ist allerhand passiert, geschehen ist eigentlich noch nichts."
- Am 13. Dezember wird mit dem Ausbau der ICE-Trasse in Richtung Köln begonnen.

1996

- In ihrer ersten Neujahrsbotschaft aus dem Römer fordert Petra Roth eine „intensivere Diskussion über Ansprüche, die an Stadt und Gesellschaft gerichtet werden, und über gemeinsame gesellschaftliche Verantwortung" und prophezeit: „alle werden umdenken".
- Der Frankfurter GrünGürtel mit seinen 80 grünen Quadratkilometern wird von den Vereinten Nationen als „gutes Beispiel für eine nachhaltige Stadtentwicklung" ausgezeichnet.
- Auf Antrag von Dezernent Martin Wentz wird Anfang des Jahres der Schlachthof am Main abgerissen, um auf dem riesigen Areal ein Wohn- und Gewerbegebiet anzusiedeln.
- Die Frankfurter Eintracht steigt am 18. Mai in die zweite Liga ab.

Petra Roth packt bei den Tunnelarbeiten für die Neubaustrecke Köln-Frankfurt mit an

- Das Land kauft vom Bund das IG Farben-Haus. Auch Bundesfinanzminister Theo Waigel hat dem Handel zugestimmt. 148 Mio. Mark kostet das Gebäude, das Ende der zwanziger Jahre von der IG Farben errichtet wurde, einem der damals größten Unternehmen der Welt, das sich im „Dritten Reich“ in die Verbrechen der Nationalsozialisten verstrickte. Nach dem Krieg nutzten die Amerikaner das Haus als Hauptquartier. Kultusministerin Hohmann-Dennhardt verkündet, bald solle die Universität hier einziehen.
- Das Frankfurter Amerika-Haus feiert seinen 50. Geburtstag.
- Die Tage der AEG sind gezählt, die Auflösung hat im Juni schon begonnen.
- Die finanziellen Schwierigkeiten Frankfurts rufen Bundeskanzler Kohl auf den Plan, der eigens in den Römer kommt, um mit den Fraktionsvorsitzenden darüber zu sprechen.
- SPD und Grüne setzen sich im Stadtparlament für eine Wohnbebauung im Osthafen ein.
- Jassir Arafat spricht am 20. September im Kaisersaal und trägt sich ins Goldene Buch ein.
- Rund um den Justitia-Brunnen auf dem Römerberg feiern 10.000 Menschen „50 Jahre Frankfurter Neue Presse“, Petra Roth darf die mit sieben Metern „größte Geburtstagstorte Deutschlands“ anschneiden.
- Bündnis 90/Die Grünen nominieren im November Jutta Ebeling zur Spitzenkandidatin für die Kommunalwahl 1997.

1997
- Das Rekordergebnis der Stadt an Steuereinnahmen liegt für 1996 um 310 Millionen Mark über dem Vorjahr.
- Petra Roth erntet bei ihrer eigenen Partei Kritik für ihre Absicht, den Magistrat um zwei Dezernenten zu erweitern.
- Bei der Kommunalwahl am 2. März verliert die rot-grüne Koalition ihre Mehrheit. Die FDP ist mit 5,6 Prozent seit 16 Jahren erstmals wieder im Römer.
- Walter Wallmann tritt am 26. Mai als CDU-Vorsitzender zurück.
- OB Petra Roth entzieht Kämmerer Tom Koenigs das wichtige Ressort Finanzen.
- Der SPD-Parteitag stimmt gegen eine Koalition mit der CDU.
- Das Revisionsamt rügt die Kulturdezernentin, die den Intendanten von Oper und Schauspiel deren Anwaltskosten gegen die Stadt erstattet hatte: 243.000 Mark durch den Schornstein.
- Die Flughafen AG schüttet 40 Mio. Mark als Dividende an die Anteilseigner

Stadt Frankfurt, Land und Bund aus.
- Am 23. August feiert die Commerzbank das Richtfest ihres Turm-Giganten mit 259 Metern Höhe. Mit Antenne „dem Himmel so nah“.
- Im September setzen sich die Sozialdemokraten mit der Wiederwahl von vier Dezernenten durch, darunter Sozialdezernent Achim Vandreike.
- Zum 150. Geburtstag erhält der Symbolort Paulskirche eine neue Glocke.
- Die Stadtverordneten wählen am 13. November Achim Vandreike zum Bürgermeister.
- Weil mit 80 Starts und Landungen pro Stunde die Kapazitäten des Flughafens überlastet seien, fordert der Vorstandssprecher der Lufthansa Jürgen Weber eine weitere Start- und Landebahn.
- New Yorks Bürgermeister empfängt am 1. Dezember 1997 eine Frankfurter Wirtschaftsdelegation mit Petra Roth in der City Hall.
- Baulöwe Jürgen Schneider wird am 23. Dezember zu sechs Jahren Haft verurteilt.

Europa wählt! Petra Roth klebt im September 1996 eigenhändig Plakate zur ersten gemeinsamen Kommunalwahl deutscher und ausländischer EU-Bürger im März 1997

1998
- Bill Clinton besucht die Stadt Frankfurt genau acht Minuten lang, um im Hauptbahnhof zusammen mit Kanzler Helmut Kohl auf dem Weg nach Eisenach umzusteigen.
- Am Galluspark wird eine Gedenktafel für die in Frankfurt bei der Zwangsarbeit für die Adler-Werke zu Tode gekommenen „Fremdarbeiter“ enthüllt.
- Bundespräsident Roman Herzog hält eine beeindruckende Rede anläßlich des 150. Jahrestages der Konstituierung der ersten Nationalversammlung am 18. Mai in der Paulskirche.

- Der Rat der Europäischen Zentralbank hält seine konstituierende Sitzung in Frankfurt ab, dort wo in der ehemaligen BfG-Bank das vorläufige Domizil der EZB eingerichtet wird.
- Petra Roth gelingt es, das Aus für die geplante Mehrzweck-Arena abzuwenden. Das Vermittlungsergebnis der Mediatorin Roth zwischen Stadionbetreiber Eintracht und dem Investor Roland Ernst (Heidelberg) ist positiv: Nach Ende der Bundesligasaison soll mit dem Umbau begonnen werden.
- Die Stadt erwirbt 1.600 Wohnungen von der abrückenden US Army.
- Die Architekten Jourdan und Müller weisen 16 Standorte für ihr Hochhaus-Rahmenprogramm aus, das im Auftrag der Stadt erstellt wurde.
- Der Kämmerer prognostiziert Mehreinnahmen bei der Gewerbesteuer: Statt mit 1,54 Mrd. wird nun mit 2 Mrd. Mark gerechnet.
- Der Magistrat gibt grünes Licht für den Umbau des Waldstadions mit 52.000 überdachten Sitz- und Stehplätzen. Die Umbaukosten werden auf 125 bis 160 Mio. Mark geschätzt.
- Im Rahmen des Programms „Schönes Frankfurt" beschließt das Stadtparlament, die Braubachstraße zu einer „urbanen Flaniermeile" aufzurüsten.

1999

- Wim Duisenberg macht sich in seiner Rede beim Neujahrsempfang im Römer für die Gründung einer europäischen Schule stark.

Beim Internationalen Frankfurt-Marathon 2000 läuft Petra Roth eine Strecke mit

- Nach zweieinhalb Jahren Bauzeit wird die S-Bahn-Station an der Messe eröffnet. Die Kosten betragen rund 85 Mio. Mark, davon übernehmen Stadt und Land zusammen 50 Mio. Die Messegesellschaft hat sich mit 35 Mio. Mark für das teure Terminal beteiligt. Die Verkehrsplaner rechnen mit durchschnittlich 20.000 Fahrgästen täglich.
- In Frankfurt gewinnt die CDU bei der Landtagswahl am 7. Februar besonders in den SPD-Hochburgen und kommt auf 41,7 Prozent, die Sozialdemokraten landen bei 33,4 Prozent und die Grünen erreichen 14,2 Prozent.
- Anfang März äußern CDU und SPD sich zufrieden über ihre „Kommunalpolitische Plattform". Diese entspringe aber keiner Liebesheirat.
- Die Douglas-Kette will an der Zeil eine exklusive Parfümerie eröffnen.
- Petra Roth schlägt Helmut Kohl zum Ehrenbürger vor, CDU und SPD unterstützen ihren Antrag.
- Der pompöse ICE-Bahnhof am Flughafenterminal kostet 440 Mio. Mark und wird am 27. Mai eröffnet.
- Städteplaner Albert Speer stellt seinen Gegenentwurf zu Helmut Jahns „Messestadt" vor. Deutsche-Bank-Chef Rolf Breuer bevorzugt den Jahn-Plan und ist bereit, 6,5 Mrd. Mark für das Projekt zu investieren.
- Ignatz Bubis stirbt am 13. August, er wird in Anwesenheit von Petra Roth in Tel Aviv beigesetzt.
- Tom Koenigs verläßt den Magistrat und wird Leiter der Zivilverwaltung der Vereinten Nationen im Kosovo.
- Petra Roth empfängt Königin Sofia, die am 28. August an Goethes Jubiläumsfeier teilnimmt.
- Das Klinikum der Universität soll mit 430 Mio. Mark modernisiert werden.
- Der Bauriese Philipp Holzmann AG ist in finanzielle Schwierigkeiten geraten, die Deutsche Bank will helfen.
- Mit einem Plus von 7,9 Prozent ist die CDU mit dem Ausgang der Europawahl in Frankfurt sehr zufrieden. Die SPD kann nur um 0,8 Prozent zulegen, die Grünen verlieren 3,4 Prozent.

2000
- Der 200 Meter in den Himmel ragende und 700 Millionen teure „Main Tower" wird im Januar eingeweiht.
- Der Spendenskandal der hessischen CDU erregt auch in Frankfurt die Gemüter. Auch die örtliche CDU soll Gelder von Schweizer Schwarzgeldkonten erhalten haben, auf denen insgesamt 18 Millionen Mark gebunkert gewesen sein sollen. Die Grünen fordern daraufhin Petra Roths Rücktritt, weil der

Wahlkampf 1995 „mit illegalen Geldern" finanziert worden sei. Die zynische Lüge des damaligen Landesschatzmeisters Casimir Prinz zu Sayn-Wittgenstein, es handele sich bei den Geldern „um millionenhohe Vermächtnisse jüdischer Bürger", evoziert den Protest nicht nur des Zentralrats der Juden. Roland Koch verspricht „brutalstmögliche" Aufklärung. Der Staatsanwalt ermittelt gegen den Prinzen und später auch gegen Manfred Kanther. Die CDU mußte 21 Mio. Euro Strafe an die Bundesverwaltung zahlen.

- Aufgrund eines Parteitagsmandats beendet die SPD die Römerkooperation mit der CDU am 24. Februar.
- Die Oberbürgermeisterin entzieht den SPD-Stadträten Martin Wentz und Achim Vandreike ihre Ämter. Als Planungsdezernent löst Edwin Schwarz Stadtrat Wentz ab, und als Sozialdezernent ersetzt Horst Hemzal Stadtrat Vandreike. Wentz wird Baustadtrat, Vandreike erhält das Umweltdezernat. Jetzt hat die CDU fünf und die SPD vier hauptamtliche Stadträte.
- Jutta Ebeling verliert das Dezernat für Multikulturelle Angelegenheiten, das künftig der ehrenamtliche CDU-Stadtrat Albrecht Magen leiten wird.
- Anfang März planen Deutsche Bank und Dresdner Bank ihre Fusion.
- Die Henninger-Brauerei stellt ihre Produktion ein.
- Ein Zwergseebär im Zoo beißt Petra Roth im Frühlingsübermut in den Zeigefinger, der genäht werden muß.
- Der Vorstand der Frankfurter SPD entscheidet sich für den Ausbau des Flughafens. Auch die hessische SPD votiert auf ihrem Parteitag in Kassel dafür.
- Die Stadtverordnetenversammlung unterstützt den Magistratsbeschluß, die südliche Landebahn zu bauen.
- Der Ball des Sports soll ab 2002 in der Alten Oper stattfinden, befindet die Stiftung Deutsche Sporthilfe.
- Am 17. Juni wird Petra auf dem CDU-Parteitag im Bürgerhaus Griesheim mit 94 Prozent der Stimmen für die OB-Direktwahl nominiert.
- Am 27. Juni wird an der Taunusanlage der Grundstein für den 136 Meter hohen „Gallileo"-Turm der Dresdner Bank gelegt.
- Die Obermainbrücke wird in Ignatz-Bubis-Brücke umbenannt, obwohl sich 47 Prozent der Frankfurter dagegen und nur 39 Prozent dafür ausgesprochen hatten.
- Die Commerzbank gibt dem bisherigen Waldstadion nach Totalumbau für zehn Jahre ihren Namen und zahlt ca. 20 Mio. Euro für den Schuldendienst.

2001

- Mit Jutta Ebeling zieht die erste Grüne als Kandidatin für den Frankfurter OB-Sessel in den Wahlkampf, was der CDU-Kandidatin Roth deshalb keine besondere Freude bereitet, weil sie dadurch in die Stichwahl gezwungen wird.

- Petra Roth wird in einer Stichwahl gegen Achim Vandreike am 1. April mit 53,1 Prozent der Stimmen als Oberbürgermeisterin wiedergewählt. Der SPD-Kandidat erhielt 46,9 Prozent. Erstmals sind zehn Fraktionen im Stadtparlament. Weil die Fünfprozenthürde gefallen war, ist auch die FDP mit 4,6 Prozent wieder im Römer dabei, aber auch die Republikaner mit 2,7 Prozent.
- Vandreike schlägt eine „Römerkoalition“ aus CDU, SPD, Grünen und FDP vor. Die Grünen lehnen eine schwarz-grüne Koalition ab. Schließlich läuft es auf eine vorläufige „feste Vereinbarung“ (statt Koalition) zwischen der CDU und den Grünen hinaus. Erst am 7. September finden CDU, SPD, Grüne und FDP zu einem „Römerbündnis“ zusammen.
- Die Oberbürgermeisterin unterstellt sich die neugeschaffene Stabsstelle „Sauberes Frankfurt“.
- Nach zwölfjähriger Amtszeit werden die SPD-Stadträte Sylvia Schenk und Martin Wentz am 6. Juni verabschiedet.
- Wilhelm Bender geht mit Fraport an die Börse.
- Zur Eröffnung des Evangelischen Kirchentages strömen 20.000 Menschen auf den Römerberg.
- Die Dresdner Bank wird von der Allianz AG übernommen.
- Die Aufsichtsräte von DG Bank und GZ-Bank vereinbaren die Fusion.
- Auf dem Weg in die USA muß Petra Roth wegen der Terroranschläge auf das World Trade Center am 11. September in Gander auf Neufundland den Flug unterbrechen, wo sie mehrere Tage auf den Rückflug harrt.
- Die Staatsanwaltschaft ermittelt gegen 100 Angestellte des Hochbauamtes und der Aufbau AG wegen des Verdachts auf Korruption.
- Auch bei der Bauabteilung der Messe ermittelt der Staatsanwalt bei 100 Verdächtigen, vermuteter Schaden: 12 Mio. Mark.
- Der Verleger des Societäts-Verlages Werner Wirthle stirbt mit 92 Jahren. Er hat sich als großzügiger Mäzen einen Namen gemacht.
- Der Magistrat stellt 1,9 Mio. Mark für die Olympia-Bewerbung in den Etat ein.
- 16.000 Läufer aus aller Welt beteiligen sich Ende Oktober am Marathonlauf durch die City.
- Am 26. November wird die Olympia GmbH gegründet.
- Die Steuereinnahmen von 2000 werden 2001 mit einem Plus von 642 Mio. Mark weit übertroffen.
- Am 17. Dezember begrüßt die Stadt mit einem Feuerwerk die neue Währung Euro.

2002

- Zusammen mit Kanzler Gerhard Schröder eröffnet Petra Roth das Richtfest des „Gallileo" der Dresdner Bank.
- Ein Paket mit 24.000 Unterschriften gegen den Flughafenausbau geht an die Adresse des Regierungspräsidenten.
- Der Evangelische Regionalverband verhökert das Grundstück der Matthäuskirche.
- Der Ball des Sports lädt nach längerer Pause wieder in die Alte Oper zum Tanz.
- Kochs Innenminister Volker Bouffier genehmigt Frankfurts Etat nur unter der Auflage, 50 Mio. Euro einzusparen.
- Der Baugigant Philipp Holzmann beantragt das Insolvenzverfahren.
- Frankfurt wird zum Spielort für die Fußball-WM auserkoren.
- Als Nachfolger von Rolf Breuer übernimmt Josef Ackermann die Leitung der Deutschen Bank.
- Die Polizei bezieht mit 27.000 Kartons ihren kasernenmäßigen Neubau an der Adickesallee, Ecke Eschersheimer Landstraße.
- Der Geschäftsführer und spätere Aufsichtsratsvorsitzende der *Frankfurter Allgemeinen Zeitung* Hans-Wolfgang Pfeifer stirbt im Alter von 71 Jahren.
- Der ICE bringt die Fahrgäste von Frankfurt in einer Stunde nach Köln.
- Kulturdezernent Hans-Bernhard Nordhoff wird von CDU, Grünen und FDP wegen seiner laschen Bühnenregie im Parlament gerügt.
- Die Protagonisten des Römer-Viererbündnisses loben sich selber, daß sie „besser seien, als ihr Ruf vermuten lasse".
- Das historische Palais Thurn und Taxis soll wiederaufgebaut werden.
- Innenminister Volker Bouffier schickt einen Blauen Brief an den Kämmerer, weil der „mit 249 Millionen das höchste Defizit seit 1945" ausgewiesen habe.
- Im Oktober 2002 eröffnet Petra Roth in New York die 5. Veranstaltung von „Frankfurt meets New York", denn: „Mit Kleinmut kann man eine Stadt wie Frankfurt nicht weiterentwickeln."
- Im November 2002 stellt Frankfurt 20 Mio. Euro für die Olympiabewerbung in den Etat ein.

2003

- Joachim Vandreike wird für weitere sechs Jahre als Bürgermeister wiedergewählt.
- Bei der hessischen Landtagswahl am 2. Februar gewinnt die Frankfurter CDU sechs Wahlkreise, während die SPD abstürzt. Roland Koch regiert jetzt

Helmut Kohl gratuliert Petra Roth im Kaisersaal zu ihrem 60. Geburtstag am 9. Mai 2004

mit absoluter Mehrheit.

- Die Römerkoalition will 10 Mio. Euro einsparen, das bedeutet Kürzungen auch beim „Frankfurt Pass".
- Die Frankfurter Eintracht steigt wieder in die erste Bundesliga auf.
- Im Juni feiert die Dresdner Bank die Eröffnung ihres neuen Hochhauses „Gallileo".
- Die Schulden der Stadt schmelzen, Ende 2003 steht die Stadt „nur" noch mit 1,709 Mrd. Euro bei den Banken in der Kreide, das sind 84 Mio. weniger als vor Jahresfrist.

2004

- Nach einer Umfrage von „Heimann Resource Consulting" ist die Lebensqualität in keiner anderen Stadt größer als in Frankfurt.
- Der Neubau des Waldstadions wird 30 Mio. Euro teurer als geplant. Zu allem Überfluß sorgt der HSV für den dritten Abstieg der Eintracht in die zweite Liga.
- Bei der Europawahl am 13. Juni stimmen 35 Prozent der Frankfurter für die CDU, 25 Prozent für die Grünen und nur 19 Prozent für die SPD.
- Die Marienglocke des Kaiserdoms wird durch eine 76 Kilogramm schwere

Kopie ersetzt.
- Den Wettbewerb für die neue EZB im Ostend gewinnt die Architektengruppe Coop Himmelb(l)au.
- Zur Fußball-WM 2006 bewilligt der Magistrat für ein Rahmenprogramm 6,5 Mio. Euro. Geplant ist eine schwimmende Leinwand auf dem Main.
- Petra Roth bezieht im Stadtteil Nieder-Erlenbach ihr neues Privathaus Am Klingelborn.

2005
- Das Jahr beginnt mit einer guten Nachricht: Dem Kämmerer sind 200 Millionen Euro mehr in die Kasse geflossen als prognostiziert; mit 1,08 Mrd. Euro übertrifft das Gewerbesteueraufkommen alle Erwartungen der reichsten Stadt Deutschlands.
- Petra Roth erhält den Ehrendoktor-Titel der Universität Tel Aviv.
- Auf dem Höhepunkt der Immobilienkrise stehen in Frankfurt 2 Mio. Quadratmeter Büroraum leer.
- Erik Zabel gewinnt im Mai das „Radrennen um den Henninger Turm“.
- Am 2. Juni entzieht OB Petra Roth der Grünen-Dezernentin Jutta Ebeling die Ressorts Straßenreinigung und Abfallwirtschaft.
- Die Oberbürgermeisterin unterläuft mit ihrem Veto einen Widerspruch des Stadtparlaments gegen den geplanten Ausbau des Flughafens.
- Als erstes Stadtoberhaupt im Römer erhält Petra Roth eine offizielle Rüge. Die Stadtverordneten kritisieren, daß sie sich über ihr Votum hinweggesetzt hatte, den Gaspreis um maximal 7,9 Prozent anzuheben. Als Aufsichtsratschefin der Mainova AG hatte Roth für eine Erhöhung um 11 Prozent gestimmt.
- Das amerikanische Generalkonsulat zieht von der Savignystraße in das umgebaute Gebäude des „General-Hospitals“ nach Eckenheim.

2006
- Der grüne Stadtverordnete Lutz Sikorski wird der erste Verkehrsdezernent der Stadt Frankfurt.
- Aus der Kommunalwahl am 26. März gehen mit 36 Prozent die CDU und mit 24,1 Prozent die SPD als stärkste Fraktionen hervor. Die Grünen erhalten 15,3 Prozent, die Linken 6,6 Prozent, ebenso wie die FDP.
- Am 6. Mai entscheidet sich die CDU für eine Koalition mit den Grünen.
- Das neue Parkhaus am Goetheplatz ist mit 591 Parkplätzen das größte Frankfurts.

- Am 22. Juni wählt Schwarz-Grün die sozialdemokratischen Dezernenten Joachim Vandreike, Franz Frey und Kulturdezernent Hans-Bernhard Nordhoff ab. Das Stadtparlament wählt am 13. Juli die Grüne Jutta Ebeling zur neuen Bürgermeisterin sowie fünf neue Dezernenten der Koalition.

2007

- Bei ihrer Wiederwahl zur Oberbürgermeisterin am 28. Januar sprechen 60,5 Prozent der Wähler Petra Roth ihr Vertrauen aus. Nur 27,5 Prozent der Stimmen erhält ihr Kontrahent von der SPD, Franz Frey.
- „Internationaler Bankenabend“ im Kaisersaal findet europaweit starke Beachtung.
- Der Ball des Sports wird aus der Alten Oper in die Stadthalle Wiesbaden zurückverlegt.
- Der im Frühjahr 2007 verabschiedete städtische Etat hat ein Volumen von 2,55 Mrd. Euro.
- Stadtkämmerer Horst Hemzal (CDU) geht in den Ruhestand.
- Für die Sanierung von Deutschlands teuerster Einkaufsmeile Zeil stellt der Magistrat 11,8 Mio. Euro zur Verfügung.
- Nach Rückzug von IHK-Präsident von Harbou wählt die Kammer Sparkassen-Chef Hans-Joachim Tonnellier zum Nachfolger.
- Uni-Präsident Rudolf Steinberg erhält von der Bankierswitwe Gertrud Kassel eine 33-Millionen-Spende als Starthilfe für die Umwandlung der Alma mater in eine Stiftungsuniversität.
- Der südkoreanische Autobauer KIA bezieht im September seine neue Europazentrale in unmittelbarer Nähe zum Messegelände.
- Der neue Kämmerer Uwe Becker legt nach 15 Jahren wieder einen schuldenfreien Etat vor.
- Manfred Niekisch von der Universität Greifswald übernimmt die Leitung des Zoos.
- Fraportchef Wilhelm Bender verkündet neuen Rekord: Im Jahr 2007 haben über 54 Mio. Passagiere den Flughafen Frankfurt aufgesucht, 2 Mio. mehr als im Jahr zuvor.

2008

- In Frankfurts 107 Fußballvereinen sind 32.600 Mitglieder organisiert, während bei nur 73 Turnvereinen die Mitgliederzahl mit 57.200 deutlich darüberliegt.
- Umzug des Bundesrechnungshofs nach Bonn.
- Die Deutsche Börse zieht nach Eschborn um. Petra Roth beziffert beim Neu-

jahrsempfang des hessischen DGB sichtbar erregt den Verlust für die Stadt auf 50 Mio. Euro im Jahr.

- Im Frühjahr werden die Pläne für eine Moschee in Hausen vorgestellt.
- Einweihung des neugestalteten Goetheplatzes, der von der Berliner Landschaftsarchitektin Gabriele Kiefer entworfen wurde. Die Reaktionen der Bevölkerung sind bis heute vorwiegend negativ.
- Nach der Landtagswahl am 27. Januar ist die CDU mit 33,2 Prozent der Stimmen in Frankfurt nicht mehr stärkste Partei, die SPD erhält 33,5, die Grünen 11,5 und die FDP 10,8 Prozent.
- Das Universitätsklinikum wird mit mehr als 500 Mio. Euro saniert.
- Die Grüne Nargess Eskandari-Grünberg wird ehrenamtliche Dezernentin für Integration.
- Großer Aufmarsch der Prominenz anläßlich des zehnjährigen Geburtstags der EZB: Angela Merkel, Kommissionspräsident José Manuel Barroso und der Präsident des Europäischen Parlaments Hans-Gert Pöttering sowie die erste Garnitur des Bankenadels mit Josef Ackermann an der Spitze treffen sich in der Alten Oper mit EZB-Präsident Jean-Claude Trichet.
- Der Magistrat segnet die Pläne für die „Skyline Plaza" ab, die hinter der Messe aus dem Boden gestampft werden soll.
- Am 11. Dezember beschließt das Stadtparlament den neuen Hochhausrahmenplan mit 23 Wolkenkratzern an 16 verschiedenen Standorten.

2009

- Die Radeberger Gruppe denkt darüber nach, ihren Produktionsstandort Frankfurt aufzugeben, weil der Flächenbedarf (18 Hektar) für ihre Braustätte nicht realisierbar war.
- Im Februar stellt Städteplaner Albert Speer seine Denkschrift *Frankfurt für alle. Handlungsperspektiven für die internationale Bürgerstadt Frankfurt am Main* vor, die unter anderem empfiehlt, Frankfurt und die Rhein-Main-Region in eine energieeffiziente und umweltgerechte Metropolregion namens „Ökotropolis" zu verwandeln und die „internationale Bürgerstadt Frankfurt" als Kulturstandort weiter zu stärken.
- Mit „My Zeil" erhält die City ein neues Einkaufszentrum mit rund 100 Läden auf 52.000 Quadratmetern.
- Im Frühjahr 2009 wählen im Festsaal des „RuhrCongress Bochum" 700 Delegierte zum dritten Mal Petra Roth einstimmig zur Präsidentin des Deutschen Städtetags. Zu ihren Vorgängern zählen außer Christian Ude die legendären Oberbürgermeister Ernst Reuter, Willy Brandt und Manfred Rommel.

- Michael Guntersdorf wird zum Geschäftsführer der DomRömer GmbH berufen. Die Investitionen der Stadt werden nach seiner Einschätzung die 110-Millionen-Grenze nicht überschreiten.
- Wilhelm Bender, der den Frankfurter Airport zum wichtigsten Flughafen Kontinentaleuropas gemacht hat, gibt nach 16 Jahren den Vorstandsvorsitz bei Fraport auf. Stefan Schulte wird sein Nachfolger.
- Das Vermögen des „Konzerns Stadt" (Uwe Becker) beträgt 18,6 Mrd. Euro, das Eigenkapital der Stadt Frankfurt 9,8 Mrd.
- Der Magistrat bewilligt 30 Mio. Euro für die nächsten 15 Jahre, um den Frankfurter Zoo zu renovieren und in ein „Naturschutz-Zentrum" umzuwandeln.
- Das Neubaugebiet am Riedberg kostet mit 149 Mio. Euro weit mehr als geplant.
- Frankfurt fließen 169 Mio. Euro aus dem Konjunkturprogramm des Bundes und des Landes Hessen zu, für Schulbau, Sportplätze und Kitas.
- Markus Frank (CDU) wechselt vom Fraktionsvorsitz in den Magistrat als Stadtrat für Wirtschaft, Sport und Personal.
- Durch ihren Umzug nach Eschborn spart die Börse gleich im ersten Jahr 20 Mio. Euro Gewerbesteuer.
- Das Internationale Deutsche Turnfest, die größte Breitensportveranstaltung der Republik, lockt 65.000 Teilnehmer nach Frankfurt.
- Die Stadtverordneten beschließen die Summe von 20 Mio. Euro für den Ausbau des FSV-Stadions.
- Der ehemalige Oberbürgermeister Walter Wallmann wird Ehrenbürger.
- Die Senckenberg Gesellschaft für Naturforschung investiert aus Anlaß seines 200jährigen Jubiläums im Jahr 2017 150 Mio. Euro zur Erweiterung ihrer Forschungsbereiche.
- Die Hauptwache soll für 15 Mio. Euro umgebaut werden.
- Am 23. September findet der erste Spatenstich für den Riederwaldtunnel statt.
- Die ehrenamtliche Stadträtin Nargess Eskandari-Grünberg legt ihren ersten Entwurf eines „Integrations- und Diversitäts-Konzeptes" vor.
- Jutta Ebeling muß im Parlament die 26 Mio. Euro Mehrausgaben verteidigen, die bei Sanierung und Neubau von Schulen entstanden sind.
- Kämmerer Uwe Becker bilanziert ein Plus von 100 Mio. Euro aus Gewerbesteuern und zugleich Mehrkosten in Höhe von 70 Mio. Euro unter anderem für die Schulen, den Theatertunnel, die Bühnen-Werkstätten, das Stadion am Bornheimer Hang und den Palmengarten.

- 2009 werden in Frankfurt 3,2 Mio. Gäste mit 5,3 Mio. Übernachtungen gezählt. Von dem so erzielten Bruttoumsatz von 3,9 Mrd. Euro profitierten Einzelhandel, Hotellerie und Gastronomie, aber auch die Theater und Museen.

2010

- Petra Roth protestiert als Präsidentin des Deutschen Städtetags gegen die Absicht der Bundesregierung, den Städten Steuereinnahmen in Höhe von 12 Mrd. Euro zu entziehen.
- Das Grünflächenamt zählt über 200.000 Straßenbäume und bilanziert einen Anteil der Grünflächen im Stadtgebiet von 52 Prozent. Für seine Parks, Grünanlagen, 16.000 Kleingärten, sein riesiges Agrarareal und den größten Stadtwald der Republik erhält Frankfurt den Titel „Die grüne Stadt".
- Zum fünfjährigen Jubiläum der Stiftung Polytechnische Gesellschaft mit Klaus Ring und Roland Kaehlbrandt an der Spitze gibt sich Joachim Gauck die Ehre mit einer Festrede. Mit 400 Mio. Euro Stiftungskapital gilt die „Polytechnische" als eine der ersten Adressen unter den deutschen Stiftungen.
- Nach einer Umfrage der Hertie-Stiftung sind 85 Prozent der 3.000 befragten Frankfurter stolz auf ihre Stadt, finden sie weltoffen und tolerant. Kritisiert wird der Mangel an Kindergartenplätzen und Ganztagsschulen. Petra Roths Fazit: „Wir sind der Ort, an dem Entwicklungen in Gang kommen und wo sich zeigt, was sein soll, ein Laboratorium eben."
- Die Frankfurter Börse feiert ihr 425jähriges Jubiläum. Sie ist bis heute der Nukleus des Finanzplatzes geblieben. Die vielen ausländischen Kreditinstitute haben der wichtigsten Börse Kontinentaleuropas wegen ihre Dependancen in Frankfurt angesiedelt.
- Am 12. April beginnt der Abriß des Betonmonstrums Technisches Rathaus an der Braubachstraße. An dessen Stelle sollen acht Altstadthäuser rekonstruiert werden.
- Die Arrondierung des Universitäts-Campus Westend geht zügig voran.
- Im Mai Spatenstich für das Europaviertel auf dem Gelände des früheren Rangierbahnhofs.
- „Die EZB sichert den Weltrang der Bankenstadt" (Patra Roth): Die Oberbürgermeisterin Petra Roth, EZB-Chef Jean-Claude Trichet und Architekt Wolf Prix legen den Grundstein für den Neubau der Europäischen Zentralbank im Ostend.
- Die Saalbau verliert ihre Selbständigkeit und wird in die ABG Holding eingegliedert. 13 von 30 Bürgerhäusern können jetzt für 20 Mio. Euro saniert werden.

- Die seit 1980 in Frankfurts Alter Oper stattfindende Verleihung der Auszeichnung „Entrepreneur des Jahres“ und des „Innovationspreises der deutschen Wirtschaft“ wird künftig in München vorgenommen.
- Petra Roth feiert die neue verkehrliche Anbindung der Kernstadt an den neuen Uni-Campus Riedberg. Hier sollen in ihren neuen Wohnungen einmal 15.000 Bürger Heimat finden.
- Der von Christoph Mäckler konzipierte Opernturm, 170 Meter hoch, mit 42 Stockwerken und 66.000 Quadratmetern Mietflächen, wird nach dreijähriger Bauzeit eingeweiht. Er hat 500 Mio. Euro gekostet. Mit der Fällung alter Bäume ist ein weiterer Eingriff in die Wallservitut verbunden.
- Am 3. Oktober spricht Friedensnobelpreisträger Michael Gorbatschow in Gegenwart von Hans-Dietrich Genscher zum 20. Jahrestag der Deutschen Einheit in der Paulskirche.
- Für den in Insolvenz geratenen Renn-Klub wird mit der Hippodrom GmbH von Manfred Hellwig ein Investor gefunden, der sich verpflichtet, sich in den nächsten 15 Jahren um die Galopprennbahn zu kümmern.

2011
- Der beliebte Verkehrsdezernent Lutz Sikorski erliegt am 5. Januar einem Krebsleiden.
- Am 12. Januar steigt der Mainpegel über die Gefahrenmarke, der Mainkai ist total überflutet.
- Beim Neujahrsempfang des DGB lobt Petra Roth die „betriebliche Mitbestimmung als probates Mittel der Machtkontrolle“ und fordert Gehaltserhöhungen für die Beschäftigten und humane Arbeitsstrukturen: „Im Mittelpunkt steht der Mensch, der Bürger und seine Familie“.
- Auf ihrem Parteitag am 16. Januar verabschiedet die CDU ihr Wahlkampfprogramm, mit dem sie Frankfurt zur „Familienstadt“ umkrempeln möchte. Roth: „Die CDU ist ein Laboratorium für menschenfreundliche Politik. Die Zukunft beginnt heute, und wir denken für morgen“.
- Nach zweijährigem Umbau der asbestverseuchten Räume der Deutschen Bank können die Mitarbeiter im Februar aus dem Provisorium an der Theodor-Heuss-Allee wieder in die Zwillingstürme zurückkehren, deren Wiedereröffnung durch Deutsche-Bank-Chef Josef Ackermann große publizistische Aufmerksamkeit zuteil wird: Die „Green Towers“ gelten nach der Sanierung als die umweltfreundlichsten Hochhäuser der Welt, die mit Energie aus eigenen regenerativen Quellen versorgt werden.
- Der Magistrat genehmigt 4,5 Mio. Euro für die ersten beiden Bauabschnitte

Ungleiche Größenordnung: Frankfurts Skyline mit ihren imponierenden Banken- und Bürotürmen und der sich duckende Kaiserdom im September 2012

des neuen Hafenparks am Osthafen in unmittelbarer Nähe zur neuen EZB. Im Schatten der künftigen Zwillingstürme entsteht auf einer Fläche von 20.000 Quadratmetern außer drei Sportplätzen eine eigens für Frankfurter Bedürfnisse modellierte riesige Hindernislandschaft für die BMX- und Skaterszene. Rasen und Picknickflächen werden ein sattes grünes Band um den 6,2 Millionen teuren Erholungsparcours schlingen.

- Kämmerer Uwe Becker freut sich, daß der Schuldenstand der Stadt nach 25 Jahren erstmals unter die 1-Milliarden-Marke sinkt.
- Die Mitarbeiter der Evonik verlassen das Degussa-Gelände am Untermainkai. Der neue Eigentümer plant im sogenannten MainTor-Quartier die beiden Wohnhäuser „Palazzi" und „Patio" mit über 200 Wohneinheiten. Außerdem entstehen hier ab 2013 drei Hochhäuser mit den Namen „WinX", „Porta" und „Panorama". Die Vorkriegs-Wegeverbindungen von der Innenstadt zum Mainufer sollen wieder als Achse sichtbar werden.
- Die Hauptversammlung der Deutschen Börse wirbt für ein Zusammengehen mit der New Yorker Börse. Das Aktiengeschäft soll von New York aus gelenkt werden.
- CDU und Grüne verlängern am 2. Mai ihren Koalitionsvertrag.

- Der Vertrag mit der IAA (Internationale Automobilausstellung auf dem Messegelände) wird bis 2019 verlängert.
- Petra Roth präsentiert im Café „Größenwahn" ihr mit Hilfe von Matthias Arning verfaßtes Buch *Aufstand der Städte* mit dem Untertitel *Metropolen entscheiden über unser Überleben.* Das Buch handelt von der Bedeutung der Städte als das Zuhause der Bürger und den Herausforderungen, denen sich Bürger und Politik zu stellen haben.
- Am 1. Juni beginnen die Bauarbeiten für das Einkaufszentrum „Skyline Plaza".
- Der Frankfurter Architekt und Stadtplaner Jochem Jourdan stellt seinen im Auftrag der Stadt entwickelten 2. Hochhausrahmenplan vor. Damit wird erneut die Debatte angeheizt, ob Frankfurt bei 2 Mio. Quadratmetern nicht vermieteten Büroraums noch weitere Skyscraper braucht.
- Der Nachlaßnotar gibt bekannt, daß vom Erbe des Ehrenbürgers Bruno H. Schubert 12 Mio. Euro nicht auffindbar sind.
- Die Autobahn 661 soll „eingehaust" werden. Auf dem viele Quadratkilometer großen Betondeckel sollen Wohnungen und Läden entstehen.
- Petra Roth und ihre Amtskollegin Fumiko Hayashi besiegeln im September die Städtepartnerschaft Frankfurts mit Yokohama an der japanischen Ostküste, der zweitgrößten Stadt Nippons mit 3,5 Mio. Einwohnern und zwei Universitäten. Bereits im Frühjahr hat Frankfurt für die japanischen Erdbeben-Opfer 250.000 Euro gestiftet.
- Am 15. Oktober protestieren 5.000 friedfertige Demonstranten der Occupy-Bewegung gegen „die Macht der Banken"; 150 von ihnen errichten vor der EZB ein Zeltlager.
- Am 20. Oktober Einweihung der umstrittenen neuen Landebahn am Frankfurter Airport durch Ministerpräsident Volker Bouffier. Kanzlerin Angela Merkel lobt Petra Roth, die „stets zum Ausbau gestanden" habe: „Frankfurt hat Kurs gehalten".
- Am 1. November erklärt, zur großen Überraschung der Bevölkerung, Petra Roth ihre Absicht, ein Jahr früher, als es ihre Wahlzeit vorsieht, zurückzutreten. Sie schlägt ohne Rücksprache mit den Parteinotablen der CDU Boris Rhein als Nachfolger vor, dessen Rivale Uwe Becker soll mit dem CDU-Parteivorsitz abgefunden werden.
- Der Italiener Mario Draghi übernimmt als Nachfolger des Franzosen Trichet die Präsidentschaft der EZB. Im Juli 2012 senkt er den Leitzins erstmals unter die Ein-Prozent-Marke.
- Architekt Thomas Meurer legt einen Entwurf für das Stadthaus auf dem Rö-

merberg vor, das über dem Archäologischen Garten zugleich als dessen schützender Deckel entstehen soll.
- Unter dem Motto „Banken in die Schranken“ bilden am 12. November Tausende von Demonstranten eine Menschenkette um das Bankenviertel.
- Die SPD schickt Peter Feldmann gegen Boris Rhein ins Rennen um die Roth-Nachfolge.

2012
- Der Botanische Garten der Universität wird pünktlich am 1. Januar dem Palmengarten übereignet.
- Im Januar wird die Flughafen-Spielbank wiedereröffnet.
- Am 23. Januar wird für die neue Römerberg-Bebauung von Petra Roth der Grundstein gelegt, 15 Häuser sollen nach Originalplänen rekonstruiert werden.
- Mit ihrem Veto verhindert die EU-Kommission die von der Deutschen Börse beantragte Fusion mit der New York Stock Exchange.
- Das Stadtparlament wählt am 2. Februar die grünen Stadtverordneten Sarah Sorge (Bildung), Rosemarie Heilig (Umwelt) und Olaf Cunitz (Planung) als hauptamtliche Dezernenten in den Magistrat und Cunitz außerdem zum Bürgermeister.
- In das Renaturierungsprogramm der beiden Mainufer wird auch die Fechenheimer Uferpromenade einbezogen. Mit einem Betrag von 1,2 Mio. Euro werden an neuen Wegen 120 Pyramidenpappeln gepflanzt und drei sogenannte Aussichtskanzeln und ein Kinderspielplatz geschaffen: „ein attraktives Ausflugsziel im Frankfurter Grüngürtel“ (Roth).
- Kanzlerin Merkel hält auf dem Römerberg ein Plädoyer für OB-Kandidat Boris Rhein, um die CDU-Bastille im Rathaus zu stärken.
- Einweihung von Christoph Mäcklers „Tower 185“ als Auftakt und Symbol des neuen Stadtquartiers „Europaviertel“, das Petra Roth der Presse vorgestellt hatte.
- Am 15. März wird nach 23 Jahren im Magistrat Bürgermeisterin und Bildungsdezernentin Jutta Ebeling in den Ruhestand verabschiedet.
- Sozialdemokrat Peter Feldmann setzt sich bei der Stichwahl am 25. März mit 57,4 Prozent der Wähler gegen den CDU-Kandidaten Boris Rhein durch und wird Oberbürgermeister.
- Erstmals seit Jahren artet eine Demonstration in Frankfurt wieder in eine Straßenschlacht aus: Am 31. März ziehen 4.000 teils gewaltbereite Demonstranten unter dem Motto „Kapitalismus ist die Krise“ durch die Innenstadt.

465 Personen werden festgenommen, mehrere Demonstranten, ein Passant und 15 Polizisten verletzt. Die angerichteten Schäden übersteigen die Millionen-Euro-Grenze.
- Mit dem 3:0-Sieg gegen Alemannia Aachen macht die Eintracht den direkten Wiederaufstieg in die erste Liga perfekt.
- Mehrere Tausend „Blockupy"-Sympathisanten demonstrieren vom 16. bis 19. Mai gegen die europäische Finanzpolitik zur Bekämpfung der Staatsschuldenkrise im Euro-Raum. 5.000 Polizisten verhindern, daß es zu Ausschreitungen kommt. Das Occupy-Camp vor der EZB wird für die Dauer der Demonstration vorläufig geräumt.
- Im Mai bestätigt Kämmerer Uwe Becker das Haushaltsdefizit in Höhe von 271 Mio. Euro.
- Josef Ackermann legt nach zehn Jahren am 31. Mai die Leitung der Deutschen Bank in die Hände von Anshu Jain und Jürgen Fitschen.
- 350.000 Pendler, 10 Prozent davon aus Offenbach, strömen täglich in die Stadt. Umgekehrt kehren 75.000 Frankfurter tagsüber ihrer Stadt den Rükken, um im Rhein-Main-Gebiet zu arbeiten.
- Mehr als 10.000 Fluglärmgegner protestieren friedlich am Airport, die bisher größte Demonstration gegen Fluglärm.
- Die Architekten Meixner, Schlüter, Wendt planen einen analogen Ersatzbau für den Henninger-Turm.
- Am 11. Juni wird nach 17jähriger Amtszeit Petra Roth als Oberbürgermeisterin verabschiedet. Die Laudatio auf ihr erfolgreiches Wirken hält in der vollbesetzten Paulskirche Bundeskanzlerin Angela Merkel: Petra Roth habe „alle Ämter mit Herz und Verstand ausgefüllt". Am Ende ihrer Amtszeit hatte die OB 240 Sitze in Aufsichtsräten und Vorständen besetzt; bei Dienstantritt waren es 112 gewesen.
- Die Dezernentin für Umwelt und Gesundheit Manuela Rottmann wird am 26. Juni verabschiedet. Unter ihrem Einfluß ist Frankfurt noch grüner geworden: Zum Ende ihrer Amtszeit versorgen 44.444 Straßenbäume die Stadt mit guter Luft. In Parks und Grünanlagen stehen rund 85.000 Einzelbäume.
- Am 28. Juni wird Peter Feldmann im Stadtparlament als Roth-Nachfolger inthronisiert.
- Dem viele Jahre von Manfred Pasenau ausgerichteten Opernball droht wegen Mietschulden des Veranstalters das Aus.
- Das Versandhaus Neckermann meldet Insolvenz an.
- Mit einem neuen Teilnehmerrekord von mehr als 2.800 gemeldeten Triathleten wird im Juli der 11. Ironman Frankfurt ausgetragen. Der Wettbewerb mit

seinen drei Disziplinen Laufen, Schwimmen und Radfahren erweist sich einmal mehr als Zuschauermagnet.

- Weil nach Auffassung des Verwaltungsgerichts das Occupy-Camp „kein Ausdruck der Meinungsfreiheit ist", wird es am 6. August von der Polizei endgültig geräumt.
- Frankfurt zählt 2012 offiziell erstmals über 700.000 Einwohner. Die Zahl wird im Mai 2013 aber wieder nach unten korrigiert.
- Der Kongreß des Art Directors Club, der jährliche Gipfel der europäischen Art-Direktoren der Werbebranche, wird ab 2013 in Hamburg statt in Frankfurt stattfinden.
- Am 23. August wird die noch von Petra Roth verantwortete 175 Meter lange und 2.200 Tonnen schwere Osthafenbrücke installiert, die von der Gerbermühlstraße direkt ins Ostend zum Neubau der EZB führen wird, mit Anbindung an die Autobahn 661. Auch der Verkehrsknotenpunkt Kaiserlei wird entsprechend umgerüstet.
- Im September feiert der spektakuläre Neubau der EZB Richtfest. Die Kosten klettern von ursprünglich geplanten 850 Mio. auf 1,2 Mrd Euro.
- Im Dezember wird das Gesellschaftshaus im Palmengarten wiedereröffnet. Mit noch von Petra Roth durchgesetzten Renovierungskosten in Höhe von 40 Mio. Euro wurde nach Plänen von David Chipperfield der wohl schönste Festsaal Frankfurts geschaffen.
- Als „Hauptstadt des Verbrechens" führt Frankfurt vor Düsseldorf, Köln und Berlin mit 16.310 Straftaten die Statistik für 2012 an. 60 Prozent der Fälle konnten aufgeklärt werden.
- Auf der Industriebrache des ehemaligen Henninger-Areals zwischen Hainer Weg und Wendelsweg will Daniel Hopp von der Immobiliengesellschaft Actris 800 Wohnungen für 2.000 Menschen nach Plänen von Architekt Jochem Jourdan bauen lassen.

32. Die vergeigte Oberbürgermeisterwahl 2012

Sich irren und doch seinem Innern weiter Glauben schenken müssen, das ist der Mensch, und jenseits von Sieg und Niederlage beginnt sein Ruhm.
Gottfried Benn

Mit ihrem ultimativen Rückzug aus dem Amt ist die Oberbürgermeisterin Petra Roth in ihre historische Phase eingetreten. Auf dem Wipfel ihres politischen Lebensbaumes, als sie mit mutwilliger Naivität den allerletzten Coup zum Paukenschlag ihres Abschieds aus der Fron inszenieren wollte, hatte ihre Glücksfee Fortuna Ferien. Kein Rücktritt im Affekt, hatte Roth ihre handstreichartige Demission ein Jahr vor Ablauf ihrer dritten und letzten Wahlperiode weder mit den Parteinotablen der CDU in Berlin und Wiesbaden, noch mit ihrem Frankfurter Küchenkabinett und nicht mal mit ihrem engsten Referentenkreis abgesprochen. „Ich hätte ihr dringend davon abgeraten", gestand Ernst Gerhardt öffentlich ein. Bis dahin hatte sie meist auf ihn gehört. Aus heiterem Himmel hatte Petra Roth den erstaunten Wählern bei der Frühstückslektüre mit ihrer Hiobsbotschaft den Appetit verdorben. Die in einem Interview noch Wochen vorher bedauert hatte, daß die Hessische Gemeindeordnung ihr keine vierte Amtszeit erlaube, retirierte ein volles Jahr vor Ablauf ihrer dritten Wahlzeit freiwillig

Petra Roth, Oberbürgermeisterin seit 1995, kündigt am 1. November 2011 bei einer Pressekonferenz im Magistratssaal ihren Rücktritt an

Udo Corts wird im März 2000 auf dem Parteitag der Frankfurter CDU zu deren Vorsitzendem gewählt

in den Ruhestand. Damit hatte sie die Büchse der Pandora weit geöffnet. Auf der Suche nach einem Motiv für ihren verwegenen Schritt besetzten die Auguren das Feld der Spekulationen. Welchen Reim sollten ihre Wähler sich auf Roths Entscheidung machen? Ihr geheimnisumwitterter Abgang ließ viele Fragen offen, in der Hoffnung auf eine nichtsibyllinische Offenbarung: War es Amtsmüdigkeit, Burn-out, Parteiräson, ein lukrativer Job oder die Angst, keine spektakulären Ideen mehr in die Welt zu setzen, die sie so plötzlich zur *ultima ratio* hatte greifen lassen? Oder wollte sie in ihrem letzten Jahr nicht als *lame duck* auf dem römernahen Main paddelnd erlebt werden? Aber vielleicht ist ja wie auch sonst so oft im Leben auch bei Petra Roth nicht alles rational erklärbar.

Petra Roth hatte den örtlichen Parteivorsitzenden und hessischen Innenminister Boris Rhein sowie Stadtkämmerer Uwe Becker zu Akteuren ihrer Verschwörungsstrategie in ihr Dienstzimmer einbestellt. Mit vollem Risiko des Irrtums wollte sie mit beiden Schachfiguren eine brisante Rochade mit weitreichenden Folgen verabreden, als deren Hauptdarsteller sollten diese selber ihr Schicksal besiegeln: Roth räumt ihren Thron vorzeitig, Rhein wird als ihr Favorit für die Nachfolge der Dame aufs Schachbrett gesetzt, und der sympathische Uwe Becker entsagt als loyaler Parteisoldat allen OB-Ambitionen und wird zum Trost Parteichef der hiesigen CDU, eine Königsfigur auf Abruf. Die von Petra Roth beabsichtigten Wirkungen zeitigten unbeabsichtigte Folgen: Für die CDU ist der OB-Sessel jedenfalls erst einmal futsch. Ein Fiasko auch aus der Sicht des Berliner Kabinetts.

Ja, hatte denn Petra Roth ihren sonst schier untrüglichen personalen Instinkt an der Römerpforte abgegeben, der ihre Trüffelnase doch berühmt gemacht hatte? Warum mit riskantem Gottvertrauen ausgerechnet den umstrittenen Boris Rhein aufs Spielfeld schicken, wenn politische Kaliber wie Udo Corts auf der Reservebank darauf warten, wieder Tore zu schießen? Als populärer ehemaliger Kultusminister verfügt er nicht nur *prima vista* über die Statur eines Stadtfürsten. Mit intellektueller Weltoffenheit begabt und allgemein als warmherzig geschätzter Optimist, besitzt Corts auch substantiell Format und einen großen Fonds überspringender Empathie, die einer dringend braucht, um wie Roth eine Stadt überparteilich souverän zu regieren. Beide erwarben sich hohe Legitimität durch ihre Popularität.

Boris Rheins mit unverbindlichem Charme den Wählern zugemutetes Verwirrspiel in der Fluglärm-Causa empfand eine prinzipiell politikkritische Frankfurter Gesellschaft als personengebundene politische Willkür. Eklatante Selbstwidersprüche verschaffen hierorts einem Oberbürgermeisterkandidaten keinen Vertrauensvorschuß. Petra Roth hätte eigentlich wissen müssen, daß ein potentieller Nachfolger eine eindeutige Position im großen Flughafenstreit erkennen lassen mußte. Als Minister bekriegte Rhein jedoch juristisch die Landebahngegner, unter seiner OB-Kandidatenmaske gaukelte er seinen Kontrahenten vor, mit ihnen zu sympathisieren, indem er ihnen einen lächerlichen Schallschutz versprach. Diesem Reiz des Paradoxen eines janusköpfigen Kandidaten mochten die helleren unter den Frankfurter Köpfen aber nicht erliegen. Nicht nur die schmollende CDU-Hochburg Lerchesberg, deren betuchte Klientel weiterhin ihren Prosecco vom Fluglärm unbehelligt auf der Terrasse oder auf ihrem englischen Rasen schlürfen wollte, hat ihm für seinen dialektischen Salto mehrheitlich die Rote Karte gezeigt. Auch die Rentner in Sachsenhausen und Oberrad mochten das stille Idyll ihrer Schrebergärten nicht durch Jetgetöse stören lassen. Das Votum war eines porösen Wahlvolks mächtiger Ausdruck. Am Ende wird aber auch unter Roth-Nachfolger Peter Feldmann der höllische Fluglärm von 96 Flugbewegungen pro Stunde weiter die Lufthoheit über die betroffenen Stadtteile behalten.

CDU-Dezernent Edwin Schwarz hatte im März 2012 noch zusätzlich Öl ins Feuer gegossen, als er sich in öffentlicher Diskussion in der Martin-Buber-Schule bezüglich der Fluglärm-Gretchenfrage ignorant weigerte, Fragen zu beantworten, weil doch der Punkt „gar nicht auf der Tagesordnung steht".

Joachim Gaucks von Semprun geborgtes Wort „Was für ein schöner Sonntag“ war auch der Freudenruf von Überflieger Peter Feldmann nach seiner großartigen Punktlandung bei 57,4 Prozent. Als die erste Trendmeldung von nur 42,6 Prozent für den Roth-Kandidaten Rhein nicht nur diesen blaß aussehen ließ, erfuhr Petra Roth ihr Damaskus. Ihr Mienenspiel verzog sich zu einem Gesicht, das Hegels „unglückliches Bewußtsein“ spiegelte. In der unter Petra Roths strahlender Sonne lange paralysierten SPD-Fraktion herrschte „dank Roths Wahlempfehlung“ erstmals wieder eine Bombenstimmung. Den hohen Sympathieverschleiß der CDU mit einem Rekordtief der Wählerstimmen konnte Petra Roth als Hypothek nicht so leicht huckepack mit in Rente nehmen.

Die Wahrsager vom Dienst hatten längst prophezeit, das Duell zwischen Rhein und Feldmann werde eine Stichwahl notwendig machen, mit der Konsequenz, daß beim zweiten Urnengang Linke und Grüne sich gegen den auf die Zuschreibung „Law and Order“ reduzierten Boris Rhein positionieren würden. Cohn-Bendits Kassandraruf aus Brüssel hatte die grüne Klientel enorm mobilisiert: Boris Rhein sollte gefälligst weiter im fernen Wiesbaden als oberster Po-

Als bei der Oberbürgermeisterwahl am 11. März 2012 im Römer die ersten Ergebnisse bekannt wurden, gab es betrübte und fröhliche Gesichter (von links): Petra Roth, CDU-Kandidat Boris Rhein, Spitzenkandidatin der Grünen Rosemarie Heilig und SPD-Kandidat Peter Feldmann

lizeichef seiner politischen Wege gehen. Als Roland Koch noch Ministerpräsident unseres wunderschönen Hessenlandes war, hatte er den eingefleischten CDU-Wählern längst schon reinen Wein eingeschenkt, indem er ihnen ehrlich prophezeite, in Sachen Fluglärm werde manchem „noch einiges abverlangt werden".

Petra Roth hatte übrigens nie einen Hehl daraus gemacht, den Flughafenausbau aktiv zu befördern. So hatte sie als OB im Jahr 2005 ihr Veto eingelegt, als eine parlamentarische Mehrheit aus SPD, Flughafenausbaugegnern und Grünen auf Berücksichtigung ihrer Einwände pochte. Indem sie mit ihrem Veto den Beschluß anhielt, verhinderte sie die Einhaltung von dessen Abgabefrist.

2007 erwirkte Roth mit einer analogen Verzögerungstaktik abermals einen Aufschub, um mögliche Einwendungen gegen den Bau der Nordwestlandebahn zu konterkarieren. Ihr war es für die Zukunft der Stadt wichtig, daß der Frankfurter Airport in der Konkurrenz mit anderen großen Flughäfen Deutschlands die Nummer eins bleibe. Auch war Frankfurts größter Steuerzahler Fraport für die Finanzierung ihrer Zukunftsplanungen eine wichtige Einnahmequelle. Zwei Seelen wohnten, ach, in ihrer Brust.

Die vergeigte Nachfolgestrategie mit der Sturzgeburt Boris Rhein geriet Petra Roth zur Hypothek, die ihr Ansehen jedoch nur vorübergehend mindern konnte. In Zeiten steigenden Vertrauensverlustes in die Politik und in ihr Personal erscheint Petra Roth im Rückblick nach wie vor als geradezu personifizierte vertrauensbildende Maßnahme. Warum sie vorzeitig zurückgetreten ist, bleibt letztlich eine Glaubensfrage. Schon bald wird sie ein Legendenmantel einhüllen.

Auf die Feststellung des Fragestellers in einem Interview mit der *Frankfurter Rundschau*, nun sei „das Elend in ihrer Partei sehr groß", antwortete Roth: „Die CDU wird jetzt erst wach, die registriert erst jetzt, was es bedeutet, wenn sie nicht mehr den Oberbürgermeister stellt." Wenn Petra Roth das Fiasko aber vorhersah, warum ist sie dann vor der Zeit zurückgetreten, fragte sich ein prominentes Mitglied ihrer Fraktion nichtöffentlich. Klaus Oesterling, Roths prinzipieller Antipode an der Spitze der SPD-Fraktion, gab als seine Mutmaßung zu Protokoll: Um eine Spaltung der CDU zu verhindern, habe sie die „besondere Demütigung hinnehmen müssen, ihren größten Gegner Boris Rhein als OB-Kandidaten empfehlen zu müssen. Der aber passe nicht zu dieser liberalen Stadt" (*Frankfurter Rundschau*).

Was freilich der hessischen CDU als noch schlimmer gilt als der verlorene OB-Sessel, beschreibt Peter Lückemeier im Jahresrückblick 2012 der *Frank-*

furter Allgemeinen Zeitung: „Unglaublich, welche Hoffnungsbefeuerung von einem solchen Wahlsieg ausgeht: Die SPD im ganzen Lande hat nach Jahren der Dürre sich an diesem Coup aufgerichtet und fühlt neue Kraft." In der Tat, mit Feldmanns Wahlsieg brach die Sonne der Hoffnung endlich durchs sozialdemokratische Gebälk der Resignation.

Petra Roths Verabschiedung wurde nicht, wie sonst üblich, im Stadtverordnetensaal oder im Kaisersaal vollzogen, sondern in der Paulskirche. Roth sah in der Teilnahme der Kanzlerin Angela Merkel eine selbstverständliche Geste der Würdigung ihrer Arbeit, obwohl ihr Verhältnis stets von einer gewissen Distanz geprägt war. Merkels Rede war jedenfalls nicht vorzuwerfen, überschwenglich gewesen zu sein. Beide Politikerinnen verbindet aber die enorme Leistung, sich erfolgreich gegen eine patriarchalisch dominierende Männerwelt der CDU durchgesetzt zu haben. Ähnlich wie Merkel, die sich engagiert aus dem Schatten ihres Ziehvaters Kohl löste, konnte sich Petra Roth bald von Walter Wallmanns Einfluß emanzipieren.

Im Kampf um den Oberbürgermeistersessel 2012 spielte bei der einen politischen Figur die Kultur eine primäre Rolle, bei der anderen der Wohnungsbau. Feldmann wollte nicht in Roths kulturellem Kielwasser segeln. Was die Wohnungsmieten anbelangt, ist Frankfurt nach München und Hamburg in der Tat das teuerste Pflaster. Ursache dafür ist, daß in Frankfurt die Flächenreserve für den Wohnungsbau ein arg knappes Gut geworden ist. Bei einer wachsenden Bevölkerung, die für das Jahr 2020 auf 750.000 Einwohner hochgerechnet wird, ist nur noch ein Volumen für höchstens 23.000 Wohnungen verfügbar. Die Areale der Neubaugebiete wie Riedberg, Rebstock oder Europaviertel sind bereits dafür verplant. Hinzu kommen die Umnutzungen von Büroraum im Lyoner Viertel in Niederrad mit einem Gewinn von etwa 3.000 Wohnungen. Platz für Wohnungen erschaffen wurde auch durch die Um- und Neuplanung des Dom-Römerberg-Areals und den Abriß der Brauereianlage der Henninger-Brauerei sowie auf dem Bockenheimer Campus-Gelände. Einen Hoffnungsschimmer auf die desolate Situation wirft die von Roth geplante Einhausung der A 661, mit der je nach Szenario Raum für 1.000 bis 2.400 Wohneinheiten gewonnen würde.

Der neue Oberbürgermeister Peter Feldmann wird jetzt zeigen müssen, wie er sein kardinales, sehr persönliches Wahlkampfversprechen einzulösen gedenkt: die Verbesserung der prekären Wohnungs- und Mietsituation, ohne der allseits befürchteten Gentrifizierung Vorschub zu leisten.

In Sachen Kulturpolitik ist jedenfalls kein geschmeidiger Stabwechsel erfolgt, sondern eine scharfe Zäsur!

33. Auch als Pensionärin nicht ohne Zukunft

Wie es auch sei, das Leben, es ist gut.
Johann Wolfgang von Goethe

Kaum je auf den Glamourseiten der *Bunten* oder der *Vogue* vertreten, regierte Petra Roth 17 Jahre lang diese Stadt im ewigen Futur ohne Affären und Skandale. Ihre Wesenskomponenten Neugier und Fantasie, Lebensklugheit, Spontanität und Ausdauer, Anstand, Herzensbildung und Empathie sowie eine federnde Energie zündeten als Treibsätze ihre ewige Fortune. Mit den Worten „Ich habe mehr erhalten, als ich dieser Stadt und ihren Bürgern geben konnte", verabschiedet sich Petra Roth am 28. Juni im Stadtparlament aus ihrem Amt als Oberbürgermeisterin. Von Bewunderung getrieben, haben sich beim Abschiedsempfang im Karmeliterkloster tausend Gäste auf Petra Roth gestürzt wie die Immen auf ihre Königin. Ein „Let's stay together" zum Abschied.

Petra Roth im Wohnzimmer ihres neuen Hauses, 2003 fotografiert von Herlinde Koelbl

So wie das „Hammering Man" genannte Perpetuum mobile vor der Messe als vitales Sinnbild für Frankfurts Dynamik steht, darf diese Metapher auch für Petra Roths Zukunft in Anspruch genommen werden. Aller politischen Pflichten ledig, bleiben auf ihrem Weg unter den sprichwörtlichen „tausend Blumen" deren viele noch zu pflücken.

Mit ihrer Lebensfreundlichkeit steht Petra Roth auch im vorgerückten Alter voll im Saft des Lebens, eine vitale Frau aus Fleisch und Blut, mit wachem Verstand und uneingeschränkter Neugier. Mit ihrer morgenfrischen Lebendigkeit könnte man sie sich mindestens noch ein volles Dezennium lang an der Spitze etwa der Goethe-Institute oder als Mitglied im Olympischen Komitee vorstellen. Kultur und Sport als ihre primären Interessenfelder könnten sich glücklich schätzen, ihre unverbrauchten Kapazitäten zu nutzen. Aber die Vergabe solcher Positionen wird nicht durch den Lauf der Sterne bestimmt, sondern von den Laufzeiten bestehender Verträge bzw. von autonomen Wahlgremien.

Unabhängig voneinander haben Matthias Alexander von der *Frankfurter Allgemeinen Zeitung* und Rainer M. Gefeller von der *Frankfurter Neuen Presse* mich in der Gerbermühle nach den Möglichkeiten einer Rettung der Rothschen Energien für die Kultur oder, konkreter, für die Kulturpolitik befragt; die Antwort von Radio Eriwan lautete: Im Prinzip ja, aber das Goethe-Institut zum Beispiel hat einen exzellenten Präsidenten, der mit großer Mehrheit wiedergewählt werden wird. Wenn die Spitzen kritischer Blätter also dafür plädieren, daß in Zeiten argen Mangels an politisch und moralisch einwandfreiem Personal die wenigen herausragenden Köpfe schematischer Altersgrenzen wegen nicht brachliegen dürften, darf Petra Roth diesen Hinweis zweier Spitzenpublizisten getrost als Kompliment verbuchen.

Mit krisenwendenden Fähigkeiten begabt, war Petra Roth zunächst als Leiterin des Kulturfonds RheinMain im Gespräch, das Herbert Beck so erfolgreich und maßstabbildend aus der Taufe gehoben hatte. Statt dessen trat sie die Nachfolge von Klaus Töpfer im Vorsitz der bedeutenden Stiftung Schloss Ettersburg an, die sich der „Gestaltung des demographischen Wandels" verschrieben hat, ein Thema, mit dem sich Roth bereits in ihrem Buch *Aufstand der Städte* intensiv beschäftigt hatte. Es folgten Berufungen in den Aufsichtsrat der AXA-Versicherung und in die Kuratorien der Hertie-Stiftung und der Stiftung Lesen. Sie wurde zur Botschafterin der Universität Tel Aviv gewählt und zur Beiratsvorsitzenden von ATERLIERFRANKFURT, das 45 Ateliers für bildende Künstler, Designer, Performer, Theatermacher, Architekten, Filmemacher und Kuratoren zur Verfügung stellt. Warum Petra Roth sich in den Aufsichtsrat der unitedsoccer AG wählen ließ, die „aktuell 37 Profifußballer in ganz Europa berät", wissen die Götter.

Ihres Fahrers verlustig und des gepanzerten Mercedes ledig, schaut sich Petra Roth, umflutet vom großstädtischen Verkehr, ihr geliebtes Frankfurt und die Welt heute vom Fahrersitz des eigenen schwarzen BMW-Cabrio Z 4 mit ganz anderen Augen an. Aus der Perspektive des neugierigen Benjaminschen Flaneurs muß sie sich die Stadt nun mit Hilfe des Navigators neu erobern, ganz anderen Verhaltenszwängen des Nahverkehrs ausgeliefert. Die Ampel bekommt für sie eine ganze neue Bedeutung, Roth kann die Signalfarbe Rot nicht mehr einfach ignorieren, wie bisher hinten im Fond mit städtischem Chauffeur.

Ihr Lebensmotto, das sie gern mit dem Goethewort „Denken und Tun" auf den Punkt bringt, wird ihr auch in den Jahren ihrer neuen Freiheit Kompaß sein. So wie Goethes Dioskur Friedrich Schiller einst seine Caroline genannt hatte, dürfen auch wir Frankfurter unsere Petra Roth zum Abschied nennen: „ein unvergleichliches Geschöpf" oder, weniger poetisch, eine leibhaftige kulturelle Apotheose der Stadt Frankfurt am Main.

Was wir Frankfurter uns wünschen: Mit Petra Roths Abgang von der großen Bühne und ihrer dauerhaften symbolischen Präsenz darf jetzt nicht die Frankfurter Kulturlandschaft umgepflügt werden. In der leuchtenden Kulturszene der Mainmetropole unter dem Leitstern Petra Roth haben viele Frankfurter ihre Stadt schließlich neu entdeckt.

34. Marginalien

Marginalien haben für den Autor den Vorteil, auf lesefreundliche Weise charakteristische Züge eines Porträtierten eher beiläufig aufscheinen zu lassen, die sich aus dem übrigen Text nicht erschließen. Marginalien geben Auskunft über Charakter, Wesensart und Herzensbildung, über die Fülle der Gefühle, über Denkweise, emotionale Intelligenz und sympathische menschliche Schwächen, Merkwürdigkeiten und Eigentlichkeiten.

I. Als ich Petra Roth einmal freundschaftlich riet, mit meinem Nachfolger Hans-Bernhard Nordhoff doch keinen gar so nonchalanten Umgang zu pflegen, denn wie wir beide sei auch er ein waschechter Bremer, relativierte sie diesen behaupteten Dreiklang distinktiv standesbewußt: „Ja, aber wir beide sind Bremer Kaufmannskinder."

II. Beim Pressegespräch in meinem alten Oberräder Forsthaus über mein Buch *Frankfurts Oberbürgermeister 1945–1995* dankte ich Petra Roth für ihr sympathisierendes Grußwort mit dem Kompliment, auch unter ihrem Regiment gern Kulturdezernent gewesen zu sein. Sie wehrte mit

Michael Gielen dirigiert das Enseble Modern beim Festakt zur Verabschiedung von Petra Roth am 11. Juni 2012

der galanten Pointe ab: „Ach, dem Hilmar war es doch ganz egal, wer unter ihm gerade Oberbürgermeister war." Die fünf betroffenen OBs verschiedener Couleur haben das bestimmt ganz anders gesehen.

III. Ein Schelm, wer Arges dabei denkt: Als Petra Roth im exklusiven Herrenclub „Frankfurter Gesellschaft für Handel, Industrie und Wissenschaft" in der Villa Bonn zum neuen Jahr den smokingbewehrten Herren mit dem Selbsthinweis dafür dankte, „als einzige ohne Glied" hier das Wort ergreifen zu dürfen, herrschte atemlose Stille unter den Mit-Gliedern. Die nicht wenigen mit konservativem Habitus deuteten die Pointe in die Form einer skurrilen Anekdote um.

IV. Mit der Visitenkarte des Goethe-Instituts regelmäßiger Gast beim Münchner Filmball, wollte ich 2000 dort Frankfurts filmaffine Oberbürgermeisterin mit Repräsentanten des deutschen Kinos bekannt machen, die unserem Filmmuseum vielleicht hätten nützlich werden können.

Schon beim Blitzlichtgewitter vorm „Bayrischen Hof" war ich beeindruckt, daß die Paparazzi Frankfurts First Lady kein geringeres Augenmerk schenkten als Senta Berger oder Mario Adorf. Am langen Tisch des legendären Produzenten Luggi Waldleitner hatten es sich auch etliche Granden der CSU wie Stoiber, Zehetmair und Beckstein gemütlich gemacht. Nach Waldleitners beschwichtigender Einlassung, der Hoffmann sei aber der einzige Sozi am Ehrentisch, fand ich mich in Begleitung der liberalen Petra Roth in Stoibers Tafelrunde nicht mehr ganz so deplaziert, zumal am Kopfende auch mein alter Freund und ewige Filmrebell Bernhard Wicki mit von der Partie war. Im Rollstuhl.

Als Petra Roth wissen wollte, warum denn der Regisseur so berühmter Filme wie *Die Brücke* von seinen Filmkollegen so offensichtlich links liegen gelassen werde, hat meine lakonische Antwort ihr Herz gerührt: „Seit er im Rollstuhl sitzt und keine lukrativen Filmrollen mehr zu verteilen hat, sind ihm seine sogenannten Freunde abhanden gekommen." Spontan schob Petra Roth ihren Sessel neben Wickis Gefährt, um dem so augenfällig als entbehrlich befundenen Starregisseur eine gute Stunde ihrer Aufmerksamkeit zu schenken. Wickis beeindruckende Physiognomie hellte sich bald auf und spiegelte Petra Roths herzwärmende Empathie.

Als Wicki sich von mir verabschiedete, würdigte er Petra Roth mit fester Stimme, auf daß auch Stoibers Entourage sein Kompliment nicht versäume: „Ich gratuliere Frankfurt zu dieser klasse Oberbürgermeisterin."

V. Als der skandalträchtige Filmschauspieler Helmut Berger auf dem Frankfurter Opernball angetörnt wieder einmal für die Regenbogenpresse den

August gab, um nicht gänzlich aus dem grellen Zwielicht des Starruhms zu verschwinden, und vor laufenden Kameras der festlich drapierten Oberbürgermeisterin an die Wäsche zu gehen hoffte, weil er „sie so aufregend" fand, ließ eine unaufgeregte Petra Roth den Wiener Provokateur hanseatisch souverän und kühl abblitzen. Keine Fotostory für die bestellte Klatschspalte im US-Magazin *Variety*.

VI. Als 2003 der ungarische Komponist György Ligeti im Mozartsaal der Alten Oper mit dem Adorno-Preis gewürdigt wurde und das Protokoll viel zu lange zögerte, Ligetis Rollstuhl ans Rednerpult zu schieben, kurvte kurzerhand die Oberbürgermeisterin das Gefährt mit dem gehbehinderten Preisträger ans Mikrophon; eine herzensnoble Geste der Bewunderung und des Respekts angesichts eines gigantischen Lebenswerks.

VII. Nachdem Michael Gielen zur Verabschiedung von Petra Roth am 11. Juni 2012 Franz Schrekers Kammersymphonie dirigiert hatte, bedankte sie sich in ihrer vorläufig letzten Paulskirchenrede derart überschwenglich beim Maestro, als sei er der musikästhetische Zeremonienmeister der Republik. Petra Roth verstieg sich gar zu der netten Bemerkung, sie verdanke Gielen ihr Musikverständnis.

Nicht wenige im Saal werden sich dabei an jene unselige Verleihung des Frankfurter Musikpreises an Michael Gielen erinnert haben, als 1999 in der Alten Oper vor tausend Hörern der geniale Taktgeber in seiner taktlosen Erwiderung auf Roths Laudatio zu einem Rundumschlag gegen ihre Kulturpolitik ausholte: Roths damaliger Jubelorgie attestierte er „geradezu surreale Züge", ja, diese zeuge von „einer gewissen Entfremdung der Politik". Er fand es damals „merkwürdig, daß ausgerechnet eine Oberbürgermeisterin ihm den Preis überreiche, in deren Kommune die Kultur so arg gerupft worden sei wie in Frankfurt". Roth war viel zu souverän, um an diese Invektive zu erinnern.

Als Gielen 1986 von Walter Wallmann in der Paulskirche mit dem Adorno-Preis geehrt wurde, hatte er seine achtjährige Frankfurter Opernintendanz mit der Coda resümiert: „Das Chaos ist aufgebraucht! Es war die beste Zeit" (Brecht).

VIII. Anders als unsere Kanzlerin, die beim Fußball-EM-Sieg gegen die Griechen ihre zu Fäusten verkrampften Hände in die Luft warf, um Temperament vorzutäuschen, bejubelte Petra Roth im Mai 1999 locker enthusiasmiert den Frankfurter 5:1-Sieg gegen Kaiserslautern, als hätte sie gerade wieder mal eine Wahl gewonnen. Der norwegische Kicker Jan Åge Fjørtoft hatte buchstäblich in letzter Minute den gegnerischen Tormann mit einem Übersteiger genarrt und den für den Klassenerhalt der Eintracht entscheidenden Treffer erzielt. Gleich darauf griff sich der schweißtriefende Norweger Petra Roth vor aller Augen zu einem Engtanz, am nächsten Tag der Hingucker auf allen Sportseiten. Petra Roth muß ihre Freude nicht inszenieren, man spürt die echte Empfindung. Fotos lügen nicht. Als die Eintracht einmal die Bayern glücklich ins Abseits geschossen hatte, warf Petra Roth vor Freude ihrem Nachbarn Josef Ackermann ihren rotweißen Eintrachtschal über die eidgenössischen Schultern. Dieses sportive Souvenir hat Deutschlands bekanntester Bankier nach dem Ende seines Frankfurtdezenniums als Souvenir gern mit nach Zürich genommen.

Jan Åge Fjørtoft küßt Petra Roth nach dem Sieg der Eintracht gegen Kaiserslautern am 29. Mai 1999

IX. Im fernen Shanghai war Petra Roths Büroleiter Peter Heine im September 2010 ostentativ einfach nicht zum gemeinsamen Abendessen der Delegation erschienen. Die Teilnehmer raunten Ungereimtes von einem akuten Zerwürfnis mit der Chefin, aufgrund dessen Heine unentschuldigt der Tafel ferngeblieben war. Wie die *Frankfurter Allgemeine Zeitung* berichtete, teilte Peter Heine wenige Tage später der Chefin mit, in den Ruhestand zu gehen. Obwohl er Wochen vorher noch angekündigt hatte, seinen Dienst bei Petra Roth um ein Jahr zu verlängern. Seit Ende 2012 arbeitet Heine nun wieder eng vertraut für Roth, jetzt als ihr gehobener Privatsekretär: Vom fernen Wohnort Weimar aus koordiniert er ihre nach wie vor zahlreichen Termine. Das nennt man eine Ironie des Schicksals.

35. Fragebogen des F.A.Z.-Magazins

fragebogen

Petra Roth Politikerin

Der Fragebogen, den der Schriftsteller Marcel Proust in seinem Leben gleich zweimal ausfüllte, war in den Salons der Vergangenheit ein beliebtes Gesellschaftsspiel. Wir spielen es weiter: heitere und heikle Fragen als Herausforderung an Geist und Witz.

Erste Oberbürgermeisterin der Stadt Frankfurt am Main. Mit einem geradezu sensationellen Sieg hatte sie bei der Direktwahl im Juni in der bis dahin rotgrünen Mainmetropole dieses Amt errungen. Gewiß profitierte Petra Roth dabei von dem Überdruß der Bürger an dem Zerwürfnis in der Koalition, aber es war auch ihr ganz eigener Erfolg. Vom politischen Gegner unterschätzt, spielte die CDU-Politikerin besonders ihre Fähigkeit aus, ohne Anflug von Überheblichkeit auf Menschen zugehen zu können. Die Mutter zweier erwachsener Söhne verfügt über die Eigenschaft, mit Zähigkeit ein Ziel zu verfolgen und, wenn erforderlich, mit ihrer dunklen Stimme hart ihre Interessen zu verfechten. Dabei ist die gelernte Arzthelferin trotz aller politischen Erfahrungen nicht der Typ des routinierten Polit-Profis, dem kein verbaler oder gedanklicher Patzer unterläuft. 1972 hatte sich Petra Roth, die am 9. Mai 1944 in Bremen geboren ist und seit 1964 in Frankfurt lebt, der CDU angeschlossen. Schwerpunkte ihrer Arbeit als Mitglied des Stadtparlaments waren Sozial- und Sportpolitik. Ihr Motto: „Jeder Junge, der im Verein ist, ist nicht in der Drogenszene." 1987 wurde Petra Roth in den hessischen Landtag gewählt, 1992 zur Vorsitzenden der Frankfurter CDU. Eher aus Verlegenheit nominierte die Partei sie zur Oberbürgermeister-Kandidatin, weil namhaftere Politiker abgewinkt hatten. Fragen nach höheren politischen Zielen wehrt sie ab. Als „bekennende Frankfurterin" schließt sie eine neuerliche Kandidatur in sechs Jahren nicht aus. *güm.*

- **Was ist für Sie das größte Unglück?** Daß jede Sekunde ein Kind stirbt.
- **Wo möchten Sie leben?** In Frankfurt.
- **Was ist für Sie das vollkommene irdische Glück?** Gesund zu sein und zu bleiben.
- **Welche Fehler entschuldigen Sie am ehesten?** Meine, wenn nur ich sie merke.
- **Ihre liebsten Romanhelden?** Die gibt es für mich nur im Leben.
- **Ihre Lieblingsgestalt in der Geschichte?** Till Eulenspiegel.
- **Ihre Lieblingsheldinnen in der Wirklichkeit?** Alle Mütter.
- **Ihre Lieblingsheldinnen in der Dichtung?** Mutter Courage.
- **Ihre Lieblingsmaler?** Mein Mann.
- **Ihr Lieblingskomponist?** Johann Sebastian Bach.
- **Welche Eigenschaften schätzen Sie bei einem Mann am meisten?** Toleranz und Lebensklugheit.
- **Welche Eigenschaften schätzen Sie bei einer Frau am meisten?** Dieselben.
- **Ihre Lieblingstugend?** Ehrlichkeit.
- **Ihre Lieblingsbeschäftigung?** Umgang mit Menschen.
- **Wer oder was hätten Sie sein mögen?** Ein weiblicher Sauerbruch.
- **Ihr Hauptcharakterzug?** Offenheit.
- **Was schätzen Sie bei Ihren Freunden am meisten?** Ihre Freundschaft zu mir.
- **Ihr größter Fehler?** Zu wenig nein sagen zu können.
- **Ihr Traum vom Glück?** In Frankfurt wirklich etwas bewegt zu haben.
- **Was wäre für Sie das größte Unglück?** Wenn meinen Söhnen etwas zustieße.
- **Was möchten Sie sein?** Das, was ich bin.
- **Ihre Lieblingsfarbe?** Blau.
- **Ihre Lieblingsblume?** Wicke.
- **Ihr Lieblingsvogel?** Der „Frankfurter Adler".
- **Ihr Lieblingsschriftsteller?** Theodor Fontane.
- **Ihr Lieblingslyriker?** Theodor Fontane da, wo er lyrisch ist.
- **Ihre Helden in der Wirklichkeit?** Alle selbstlos Helfenden.
- **Ihre Heldinnen in der Geschichte?** Wie in der Wirklichkeit: alle Mütter.
- **Ihre Lieblingsnamen?** Erwin, Claudius, André.
- **Was verabscheuen Sie am meisten?** Intrigen.
- **Welche geschichtlichen Gestalten verachten Sie am meisten?** Sämtliche Hitlers.
- **Welche militärischen Leistungen bewundern Sie am meisten?** —.
- **Welche Reform bewundern Sie am meisten?** Die Rentenreform.
- **Welche natürliche Gabe möchten Sie besitzen?** Ein Instrument spielen zu können.
- **Wie möchten Sie sterben?** Bewußt und zufrieden.
- **Ihre gegenwärtige Geistesverfassung?** Fast glücklich.
- **Ihr Motto?** Nicht aus der Fassung bringen lassen.

38

36. Fragen an Petra Roth

Welche Schauspielaufführungen sind dir in nachhaltiger Erinnerung geblieben?
Nachhaltig geprägt hat mich natürlich die Zeit, in der ich frisch nach Frankfurt kam, auch das Theater dieser Jahre. Es waren Aufführungen – wie die von Hans Neuenfels – die die ganze Stadt in Bewegung gebracht haben, umstritten, aber zutiefst in die Gesellschaft wirkend. Auch das heutige Theater unter Oliver Reese wirkt – unter ganz anderen gesellschaftlichen Rahmenbedingungen – ganz tief auf das Publikum. Das beweist nicht nur die hohe Besucherzahl, mehr noch, daß über das Theater in der Stadt gesprochen wird.

Und welche Opernaufführungen?
Natürlich die legendären Aufführungen unter Michael Gielen, der uns die Moderne nahegebracht hat, und die musikalischen Wunder der Loebe-Ära.

Welche sind deine Lieblingsopern – und warum?
Mozart und Strauss, wobei mich Gielen gelehrt hat, Wagner zu lieben, und Bernd Loebe die Liebe neu entfacht. Damit schließt sich der Kreis zu dem auch Ruth Berghaus und Vera Nemirova gehören. Aber jetzt bin ich ein wenig ungerecht gegenüber den Italienern, natürlich schwelge ich in der Frankfurter Oper auch bei Verdi.

Warum ist dir der Mousonturm ein ebenso förderungswürdiges Institut wie die klassischen Häuser Oper und Schauspiel?
Ja, ich liebe dieses Haus, seine ständige Suche nach Neuem und Unbekanntem. Es reißt Barrieren zwischen Gattungen ein, überschreitet Grenzen, blickt nach vorne und verleugnet aber auch die Kulturgeschichte nicht. Es revidiert, es verfeinert und reformuliert und ist doch eine der großen kulturellen Konstanten in unserer Stadt. Es riskiert viel, auch mal ein Scheitern, aber lieber einmal ein punktuelles Scheitern auf hohem Niveau als dauerhaft indifferentes Mittelmaß.

Welchen Stellenwert haben nichtstädtische Kultureinrichtungen wie der Tigerpalast, die Privattheater oder die sogenannte Off-Kultur?
Es sind die Einrichtungen, die auf ganz verschiedene Art und für ein ganz verschiedenes Publikum das abbilden, was Frankfurt prägt. Da ist das Off-Theater im etwas rumpligen Ambiente genauso virulent wie manche zu Unrecht als plü-

schig etikettierte Veranstaltungen des sogenannten Boulevard. Hier findet man tatsächlich oft das eigentliche Frankfurt. Und der Tigerpalast ist längst eine Institution über den Kreis des institutionalisierten kulturellen Lebens hinaus.

Gibt es ein Lieblingsmuseum? Und warum ausgerechnet dieses?
Eine unfaire Frage, und wenn ich jetzt sage, das MMK, sowohl wegen der Architektur des Hauses als auch dank der großartigen Sammlung – dann Max Hollein, wie sehr ich auch „seine" Häuser liebe …

Als *work in progress* ist das Museumsufer erst vollendet, wenn welche deiner Desiderate realisiert worden sind?
Ich bin froh, daß in meiner Amtszeit das Historische Museum angegangen, viele Museen wie das Filmmuseum quasi neu erfunden wurden, das Institut für Stadtgeschichte ertüchtigt, das Städel erweitert, das Liebieghaus erneuert wurde und die Weichen für die Romantiksammlung im Goethehaus gestellt werden konnten. Denen, die dazu geholfen haben, bin ich sehr dankbar. Gerne hätte ich in meiner Amtszeit außerdem den Beginn der Verwirklichung des neuen Museums für Weltkulturen erlebt.

Welche Kunstausstellungen taugten am wirkungsvollsten zugleich als Imagewerbung für die Stadt?
Spektakulär fand ich die Jubiläumsschau des MMK im ehemaligen Degussa-Gelände kurz vor dessen Abriß. Die Ausstellung zeigte beispielhaft, welche noch ungehobenen Schätze in unseren Museen zu finden sind.

Warum gehörten die Bürgerhäuser der Saalbau nicht zu den Prioritäten deiner Kulturpolitik?
Die Betrachtung der Bürgerhäuser durch die Brille der Kulturpolitik halte ich für falsch. Bürgerhäuser verdienen als Versammlungsstätten und als Einrichtungen der allgemeinen Daseinsvorsorge für die Menschen in den jeweiligen Stadtteilen eine andere Betrachtung als Museen, Oper oder Schauspiel. Deshalb gehören die Bürgerhäuser in die Verwaltung und Steuerung durch eine eigenständige Einrichtung – nämlich die Saalbau GmbH. In der Konzentration auf die jeweilige Kernaufgabe liegt die Kunst.

Auf welche Frankfurter Autoren sollten wir Leser besonders stolz sein?
Natürlich die Klassiker der Goethestadt, die Denker der Frankfurter Schule und auf das große Potential junger Schriftsteller, die immer mehr Frankfurt als Lite-

raturstadt und als Stadt für Autoren entdecken. Denn anderswo kann man vielleicht behüteter über den Puls der Zeit schreiben, aber hier schlägt er ...

Warum war es dir so wichtig, den Kulturetat zur exemplarischen Höhe von 10 Prozent Anteil am Gesamtbudget zu steigern?
Kultur ist das, was das Leben und was eine Stadt ausmacht. Kulturpolitik ist zugleich Bildungspolitik. Kultur bewahrt die Werte der Vergangenheit, lebt in der Gegenwart und ist oft ihrer Zeit voraus. Kulturpflege ist Standortpflege, die unsere Städte attraktiv macht und Menschen anzieht. Diese Aufgaben lassen sich nachhaltig nur mit einer angemessenen Finanzausstattung erfüllen. Und wenn wir über die vielen aufgeregten aktuellen Fragen zum Beispiel der Finanzpolitik in einigen Jahren müde lächeln, weil sie sich überholt haben, wird man immer noch die Bücher lesen, die Musik hören, die Gemälde bewundern, die uns und Generationen vor uns bewegt haben ...

Welche als Defizite erkannte Versäumnisse der Kulturpolitik hättest du gern noch ins Positive gewendet?
Wie gesagt, eine anmaßende Positionierung gegenüber Vorgängern oder dem Nachfolger liegt mir fern.

Welchem persönlichen Impetus verdankt es unsere Bevölkerung, daß du Frankfurt neben Berlin zur deutschen Hauptstadt der Kultur weiterentwickelt sehen wolltest?
Wer Musik, Dichtung und bildende Kunst so kennen- und lieben lernen durfte wie ich, für den kann das gar keine Frage sein. Dabei ging es mir nie um ein Städteranking oder um sogenannte Standortfaktoren. Das, was die Kultur uns gibt, reicht für diesen Impetus allemal.

37. Ein Ordenssegen als Unisono der Hochschätzung für Roth

Ein hohes Kleinod ist der gute Name.
Schiller, Maria Stuart

Während der Buchmesse im Oktober 2012 erhielt Petra Roth den angesehenen **Julius Campe Preis**, den vor ihr schon Martin Walser, Jan Philipp Reemtsma und Roger Willemsen bekommen hatten. Der Preis wird für literaturkritische und literaturvermittelnde Verdienste verliehen. Roth habe der Literatur eine aktuelle Stimme gegeben und am literarischen Leben aktiv teilgenommen und für den Verbleib der Buchmesse in Frankfurt gekämpft, heißt es in der Begründung der Auszeichnung.

Seinen Dank verdinglichte der Verlag Hoffmann und Campe mit „99 Flaschen edlen Weins“ und einem Faksimile von Heinrich Heines *Französischen*

Petra Roth eröffnet am 9. Februar 2012 das Haus des Buches: links Alexander Skipis, Hauptgeschäftsführer des Börsenvereins des Deutschen Buchhandels, neben ihm Gottfried Honnefelder, Vorsteher des Börsenvereins

Zuständen, womit aber keine Anspielung auf etwaige Analogien zu Frankfurt beabsichtigt war. Der Orden wurde ihr im neuen Domizil des 170 Jahre alten Börsenvereins im Haus an der Braubachstraße verliehen, für dessen Neubau Roth sich stark gemacht hatte: „Mit diesem Haus des Buches wird Frankfurt eine Dichte von Plattformen des kulturellen und wissenschaftlichen Diskurses erreichen, die ihresgleichen sucht. Von Frankfurt aus wurde immer neu, innovativ und auch radikal gedacht, von der Paulskirche 1848 bis hin zum Institut für Sozialforschung von Adorno und Horkheimer. Wir müssen beidem gerecht werden, der Pflege der Tradition und Geschichte und dem Mut zu neuem Denken."

Im milieutypisch geschmückten Bürgerhaus Bornheim erhielt Petra Roth den Orden **De lachende Frankforter** der Bornheimer Karnevalsgesellschaft 1901 pünktlich zum 111jährigen Jubiläum des närrischen Vereins am 11.11.2012. Roth wurde damit gewürdigt „als Person, die den grauen Alltag durch Spaß, Humor und Frohsinn aufheitert".

Im September 2012 wurde Petra Roth im altehrwürdigen Festsaal des Kölner Rathauses der undotierte **Konrad-Adenauer-Preis** verliehen. Vor ihr waren schon der ehemalige französische Staatspräsident Raymond Barre und der Oberbürgermeister Leoluca Orlando ausgezeichnet worden, der in Palermo couragiert die Oberhoheit der Mafia gebrochen hatte. In einer galanten Apostrophe auf Petra Roths lebensbejahendes elegantes Outfit nannte Laudator Christian Ude sie „die Verkörperung von Eleganz". Zwischen Ernst und Caprice changierend, fügte Ude munter hinzu, „sie sieht auch noch gut aus, was der Stadt Frankfurt und dem ganzen Städtetag gutgetan" habe. Schmunzelnd würzte Satiriker Ude sein leicht machohaftes Kompliment: „Jetzt ist es gesagt, auch wenn es mir den Rüffel aller Frauenbeauftragten einbringt." Wieder ernsthaft, lobte Ude Petra Roth als „Inbegriff des erfolgreichen Stadtoberhauptes". In ihrer Amtszeit sei es ihr gelungen, die Identifikation der Bürger mit Frankfurt, aber auch „der Stadt mit sich selbst" zu erreichen. Sie habe Frankfurt „kulturelle Strahlkraft verliehen und das kreative Potential der Stadt aufgezeigt". Roths Erfolg lasse sich nicht nur an Wahlergebnissen, Wirtschaftsdaten und „Fertigstellungsdaten im Wohnungsbau" messen. Und Kölns sozialdemokratischer Oberbürgermeister Jürgen Roters ernannte Roth schließlich zur „Symbolfigur", deren Name für „Energie, Durchsetzungsvermögen und Geradlinigkeit" stehe.

Anfang Dezember 2012 verlieh Ministerpräsident Volker Bouffier in der Rotunde des Biebricher Schlosses Petra Roth die **Wilhelm Leuschner-Medaille**, zusammen mit zwei ehemaligen Ministern des Landes Hessen Barbara

Stolterfoht (SPD) und Klaus-Jürgen Hoffie (FDP). Damit war der parteipolitische Proporz gewahrt. An Petra Roth gerichtet, betonte der wieder gut aufgelegte Landesvater: „Sie waren und sind das Gesicht Frankfurts – und Sie waren das Gesicht der deutschen Kommunen als langjährige Präsidentin des Deutschen Städtetags".

Ebenfalls im Dezember 2012 verlieh der Generalkonsul der Russischen Föderation Ruslan Kansanov im Frankfurter Hotel Interconti Petra Roth die **Ehrenmedaille zum 90. Jahrestag der Aufnahme der deutsch-russischen Handelsbeziehungen**. Kammersänger Claus Ostertag von Ramstein hatte alle Mühe, sich mit seinem *Diamonds are forever* gegen die laut schwadronierende fröhliche Gästeschar beim Kaviar mit Krimsekt zu behaupten: „Daß das Publikum genauso viel reden würde, wenn Anna Netrebko hier stünde, glaub ich kaum", gab der Sänger resigniert in der *Frankfurter Allgemeinen Zeitung* zu Protokoll.

38. Ein Vivat für Petra Roth am Ende einer Epoche

Die Abschiedsgrüße für unsere „Singulärperson“ changieren zwischen euphorischem Schwärmen und resignativer Melancholie. Weit überwiegen aber die jubilierenden Töne wie bei einer Operngala. Gelobt wird die glückende Symbiose aus Anmut und Strenge, die Thomas Mann einst als Tugenden rühmte. Das Karma hat es gut gemeint mit Petra Roth.

Petra Roth war die faszinierende Oberbürgermeisterin einer faszinierenden Stadt. Mein Frankfurtbild prägte mein Geschichtslehrer. Die Paulskirche war für ihn ein Lichtblick in der deutschen Geschichte. Erstaunlich genug, wenn man bedenkt, daß meine ganze Schulzeit in die Zeit des Dritten Reiches fiel. In kaum einer deutschen Großstadt habe ich so oft und bei so unterschiedlichen Anlässen gesprochen, wie in Frankfurt. Und keine fand ich so interessant und anziehend wie die Geburtsstadt Johann Wolfgang Goethes. Frankfurt als Schaufenster des deutschen Wirtschaftswunders, aber auch als Kulturwerkstatt des Neuanfangs nach dem Zweiten Weltkrieg. In diesem Brennpunkt der politischen, geistigen und kulturellen Diskussion traf man Persönlichkeiten wie Harry Buckwitz und Hilmar Hoffmann, aber auch Hermann Josef Abs, den Geldmann und Mäzen, und Ignatz Bubis, den liberalen Streiter. Frankfurt wurde zur Stadt der großen Bürgermeister. Und dann kam sie. Die Frau aus Bremen, die dieser lebendigen, brodelnden Stadt ein neues Gesicht gab. Und das über 17 Jahre! Daß wir heute von der Kulturstadt Frankfurt sprechen können, ist zu einem ganz erheblichen Teil ihr Verdienst. Sie thronte als erste Bürgerin der Stadt nicht über der Kultur, sozusagen Kultur kraft Amtes, sondern sie lebte in dieser Kultur und für die Kultur. Für sie hieß Kultur: Kultur für alle. Könnte es sein, daß sie stets Thomas Manns Forderung vor Augen hatte, daß einer „Kultur nicht haben, sondern sein sollte“? Warum nicht „eine“? Sie war es, und gottlob können wir sagen, sie ist es. Danke, Petra Roth!
Hans-Dietrich Genscher

Petra Roth ist die Oberbürgermeisterin aller Frankfurter, unabhängig von ihrer Herkunft. Sie führt Menschen zusammen, und deshalb genießt sie großes Ansehen über alle Grenzen hinweg. Gleichzeitig gehört Petra Roth zu den Stadtober-

häuptern in Deutschland, die weit über die Grenzen hinaus einen hervorragenden Ruf genießen und deren Wort bundesweit Gewicht hat.
Ministerpräsident Volker Bouffier

Petra Roths Amtszeit als Oberbürgermeisterin und meine Zeit bei der Deutschen Bank sind nahezu identisch. In diesen Jahren bin ich, nicht zuletzt durch sie, zu einem bekennenden Frankfurter geworden. Die Stadt hat sich in ihrer Amtszeit enorm zu ihrem Vorteil entwickelt: in Architektur und Lebensgefühl, in Internationalität und Anziehungskraft. Das ist zu einem guten Teil ihr Verdienst. Sie war die richtige Person zur richtigen Zeit am richtigen Ort: präsent und kommunikativ, begeisterungsfähig und unabhängig, liberal und weltoffen. Petra Roth verstand es nicht nur, die Menschen mit Argumenten in die Pflicht zu nehmen, sie überzeugte durch die Kraft ihrer Persönlichkeit.
Der Fan-Schal, den sie mir vor einigen Jahren auf der Tribüne im Stadion beim Sieg der Eintracht gegen Bayern München spontan um den Hals gelegt hat, ist eine meiner schönsten Erinnerungen an Frankfurt, seine tolle Oberbürgermeisterin und eine geschätzte Freundin.
Josef Ackermann, Deutsche-Bank-Chef von 2002 bis 2012

Nach der Premiere der „Maria Stuart" gelang es Petra Roth, die Darstellerinnen von Stuart und Elisabeth in ein Gespräch über Frauen an der Macht zu verwikkeln. Ein Thema, zu dem Petra Roth so einiges zu sagen hat. Aber ihr erster Satz lautete: „Ich habe heute nachmittag noch einmal das Stück gelesen ..." Dabei hat sie als einziger Mensch seit Urzeiten auch noch hinter der Bühne geraucht. Und eine Einladung ausgesprochen – zum Abendessen in ihren Garten. Aber nicht nur für den Intendanten oder die Königinnen – nein, gleich für das ganze Ensemble. Keine Presse, keine Fotografen. Allein um ihr Wohlgefallen an diesen tollen Schauspielern, die in Frankfurt um Leib und Leben spielen, auszudrücken. Sich quasi zu bedanken. Nun denn, liebe Petra Roth: Herzlichen Dank zurück. Für alles.
Oliver Reese, Intendant des Schauspiels Frankfurt

Petra Roth hat sich mit großer Offenheit und großem Interesse der Kultur und dem Museum für Moderne Kunst zugewandt und uns, wo immer sie konnte, unterstützt. Das Schöne daran war, daß sie dies immer mit authentischer Begeisterung und wirklichem Verständnis für die Kunst und die Belange eines Museums getan hat.
Susanne Gaensheimer, Direktorin des Museums für Moderne Kunst

Petra Roth hat in ihrer langen Amtszeit in bewundernswerter Weise die Frankfurter Museen begleitet und unterstützt.
Anne Bohnenkamp-Renken, Direktorin des Frankfurter Goethe-Hauses

Eine Frau zum Pferdestehlen!
Volkes Stimme

Petra Roth hat Steherqualitäten bewiesen, auch gegen parteiinternen Widerstand oder gegen Volkes Stimme wie bei der Diskussion um die Moschee in Hausen.
Peter Lückemeier, Frankfurter Allgemeine Zeitung

Roth ist ein Vorbild und eine Verpflichtung für alle, die nach uns kommen werden.
Olaf Cunitz, Bürgermeister

Petra Roth ist die Frau gewordene Seele Frankfurts.
Volkes Stimme

Petra Roth war für meine Frankfurter Arbeit ein Glücksfall. In schwierigen, zum Teil brutalen Sparzeiten, war ihr neugieriges Interesse an unserer Arbeit und ihre politische Hilfsbereitschaft unersetzlich. Wir haben viele gute Gespräche geführt, ich habe ihr viel zu verdanken.
Peter Eschberg, ehemaliger Intendant des Schauspiels Frankfurt

Die Sympathie, Liebe zu unserer Stadt hat Petra Roth getrieben. Das Interesse an Kultur, konkret auch Oper, wuchs. Von Aufführung zu Aufführung manifestierte sich immer mehr der Wunsch, daß Frankfurt sich als Kulturstadt einprägen möge: bei den Frankfurtern, aber auch international. Und so ist es heute, wenn man Frankfurt sagt, meint man – auch – die Oper. Auch uns beide verband sofort Sympathie, Freundschaft. Weil wir beide spürten, wie wichtig Musiktheater als Reflex zum Heute sein kann; wie sehr der Alltag veredelt wird, wenn wir mit den Urfragen menschlichen Zusammenlebens – emotional wie auch geistig-intellektuell – konfrontiert werden. Und Petra ist der Prototyp des fragenden Zuschauers, der sich nicht mit einfachen Antworten zufriedengibt.
Bernd Loebe, Intendant der Oper

Verleihung des Preises der Frankfurter Anthologie an Eva Demski im Literaturhaus Frankfurt mit Marcel Reich-Ranicki und Petra Roth am 21. September 2008

Ihre Neugier ist legendär: Es gibt, so scheint es, nahezu nichts, was Petra Roth nicht genauer wissen, genauer erklärt haben möchte. Ob sie nun in fremden Städten plötzlich die Lebensformen in einer zufällig offen stehenden Wohnung erkundet oder mit Leidenschaft eine neue Kant-Biographie liest und vehement darüber diskutiert: Sie will es wissen – und zwar ganz genau. Das ist ein augenfälliges Charaktermerkmal.
Petra Roth ist von schier umwerfender Offenheit für Neues, Anderes, tatsächlich oder vermeintlich Komplexes. Das hat sie als Oberbürgermeisterin mit ihrer Aufgeschlossenheit für Kultur überhaupt und für Großstadtkultur im besonderen prädestiniert. Ihr war bewußt, daß nur die Kultur mit allen ihren Facetten die Chance bietet, Schablonen, Erstarrungen, selbstauferlegte Unmündigkeit zumindest in Zweifel zu ziehen, sie vielleicht sogar zu überwinden. In ihren 17 Jahren als Oberbürgermeisterin Frankfurts hat sie unermüdlich und unverdrossen den Beweis geführt.
Felix Semmelroth, Dezernent für Kultur und Wissenschaft

An einem Abend im Dezember 2011 folgte Petra Roth meiner Einladung, an unserer wöchentlichen Familienfeier zum Eingang des Schabbats teilzunehmen. In diesen munteren Kreis mit Kindern und Enkelkindern fügte sie sich ein, als ob sie schon immer Schabbat gefeiert hätte. Hier saß zwar die Frau, die ich in mei-

ner Eigenschaft als Vorstandsvorsitzender der Jüdischen Gemeinde Frankfurt am Main bei ihrem Amtsantritt als Oberbürgermeisterin 1995 kennengelernt hatte, und doch war es ein anderer Mensch, an den ich mich zurückerinnerte.
Sie, die damals wenig vom Judentum und aktuellen Problemen der Jüdischen Gemeinschaft zu wissen schien, hatte in den Jahren ihrer Amtszeit wachsende Neugier für die Belange der Jüdischen Gemeinde und deren Mitglieder gezeigt. Aus Neugier erwuchs Interesse, aus Interesse Engagement. Daß an jenem Abend nicht die Oberbürgermeisterin der Stadt Frankfurt bei uns saß, sondern Petra Roth, die zur Familie zu gehören schien, wird mir unvergeßlich bleiben.
Salomon Korn, Vorsitzender der Jüdischen Gemeinde Frankfurt

Petra Roth, Phantasie, Gestaltungskraft, Willensstärke, das verbinde ich mit dieser Frau, die mutig aufstand, lange bevor es Quotenfrauen und Gender-Debatte gab. Sie hatte die Vision, einer Stadt ein neues Gesicht zu verleihen, und sie gab dabei nicht auf, eine Frau zu bleiben. Ihr Vorbild beflügelt und ihr Mut verbindet mich mit ihr, denn auch ich habe mich diesen Themen auf ganz andere Art verpflichtet.
Beate Heraeus, Präsidentin der Senckenberg Gesellschaft für Naturforschung

Ihre Konstitution habe ich schon bewundert, als ich sie noch nicht näher kannte. Diese Zuversicht auf Highheels! Diese Unerschütterlichkeit! Glaubwürdig neugierig auf alles und offenbar niemals menschenmüde. Sonst hätte sie diese unzähligen Sitzungen und Ausschüsse und Beratungen und Konferenzen doch gar nicht ausgehalten. Ich habe eine einzige Ausschußsitzung in meinem Leben besucht, weil mich das Thema, das Schicksal der Gerbermühle, interessierte. Danach wollte ich für längere Zeit in einem Schweigekloster unterkriechen.
Nicht so Petra, die Felsin, obwohl sie genau weiß, wann leeres Stroh gedroschen wird. Durch Berge davon hat sie sich gekämpft, ohne daß ein Halm an ihr hängengeblieben wäre, immer chic, mit jener Rüstung ausgestattet, die bei Frauen für Schutz sorgt: Wohlfrisiertheit, Eleganz und Wachheit. Manchmal zieht sie sich im Auto oder in einer Abstellkammer um. Sie kennt das Geheimnis der Souveränität: sich nur begrenzt um das scheren, was geschwatzt wird, und niemals Kenntnisse vorschützen, die man nicht hat. Statt dessen fragen, offen und so bohrend, bis eine brauchbare Antwort gefunden ist.
All das führte dazu, daß ich sie für mächtiger hielt, als sie war. Jede neue Stadtverhunzung warf ich ihr vor und vor die Füße. Sie sei leider dafür die falsche Adresse, erklärte sie mir, und es klang, als hätte sie gegen ein bißchen mehr Macht gar nichts gehabt. Bei einer wie ihr ist sicher: Da kommt noch viel.
Eva Demski

39. Dokumentation wichtiger Petra Roth-Reden

Petra Roth hat als Oberbürgermeisterin und Städtetagspräsidentin mehr als tausend Reden gehalten. Sie alle sind in Evelyn Brockhoffs Institut für Stadtgeschichte im authentischen Wortlaut dokumentiert und können dort eingesehen und auch angehört werden. Petra Roth hat es ihrem „Biographen“ überlassen, aus ihrem überlieferten reichen Redenfluß die wichtigsten Texte auszuwählen. Bei dieser Fülle der gewogenen Worte mußte ich mich – abgesehen von Auszügen aus Roths Antrittsrede im Stadtverordnetensaal am 5. Juli 1995 (siehe Kapitel 3) – auf die bloße Nennung solcher Reden beschränken, die auch stilistisch ein besonderes Lesevergnügen versprechen und Einblick in die Semantik des ethischen Kerns ihrer Sprache in ihren 17 Frankfurter Amtsjahren erlauben. Hier wiederum habe ich mich auf diejenigen Reden beschränkt, die in der hehren Aura der Paulskirche entsprechende Resonanz hatten.

Paulskirchen-Reden der Oberbürgermeisterin Petra Roth
In den 17 Jahren als Oberbürgermeisterin hat Petra Roth sage und schreibe 145 Mal am marmornen Pult der Paulskirche mit warmer Sympathie die Begrüßungsrede gehalten, anstatt diese an ihre zuständigen Stadträte zu delegieren. Ihre Reden bezogen ihre Grandeur nicht nur aus der Bedeutung der zu ehrenden Persönlichkeit oder der Relevanz des politischen Moments, sondern auch aus der Authentizität ihres Stils, die nach Nietzsche darauf beruht, „daß man an seine Gedanken *glaubt* und sie nicht nur denkt, sondern empfindet“.

25. Juni 1997: Rede anläßlich der Überreichung des „Planetary Conciousness Award“ an Michail Gorbatschow
28. August 1997: Überreichung des Goethe-Preises an den Komponisten Hans Zender
27. September 1997: Grußwort anläßlich des 50jährigen Bestehens der Ev. Kirche in Hessen und Nassau
29. September 1997: Grußwort anläßlich des Petrus Canisius-Kongresses der Philosophisch-Theologischen Hochschule Sankt Georgen
20. Oktober 1997: Grußwort anläßlich der Überreichung des Friedenspreises an Yaşar Kemal

25. Januar 1998: Grußwort zur Eröffnung der Ausstellung „Aufstand des Gewissens“
14. März 1998: Überreichung des Paul Ehrlich- und Ludwig Darmstaedter-Preises 1998 an Arnold J. Levine, David P. Lane, Bert Vogelstein
18. Mai 1998: Grußwort anläßlich der 150jährigen Jubiläums der ersten Deutschen Nationalversammlung
11. Juni 1998: Rede anläßlich des Deutschen Katholikentages
3. Oktober 1998: Ansprache zum 3. Oktober 1998
4. Oktober 1998: Grußwort zum Festakt der Akademikerverbände
11. Oktober 1998: Überreichung des Friedenspreises des Deutschen Buchhandels 1998 an Martin Walser
9. November 1998: Ansprache zum 9. November 1998
16. Januar 1999: Grußwort anläßlich der Meisterfeier der Handwerkskammer Rhein-Main
28. Mai 1999: Rede anläßlich des Festkommers' 125 Jahre Berufsfeuerwehr
28. August 1999: Überreichung des Goethe-Preises an Siegfried Lenz
15. September 1999: Verleihung der Ehrenbürgerrechte der Stadt Frankfurt an Bundeskanzler a.D. Helmut Kohl

Der frühere Präsident der Sowjetunion Michail Gorbatschow trägt sich 1996 ins Goldene Buch der Stadt Frankfurt ein

17. Oktober 1999: Überreichung des Friedenspreises des Deutschen Buchhandels an Fritz Stern
28. Oktober 1999: 75jähriges Bestehen des Paritätischen Wohlfahrtsverbandes
9. November 1999: Gedenkstunde der Stadt Frankfurt zur Erinnerung an die Pogromnacht
20. Mai 2000: Grußwort zum Festakt 125 Jahre Turngau Frankfurt und Turngau Offenbach/Hanau
24. Mai 2000: Grußwort anläßlich der Prämierung der Bundessieger des Gründerwettbewerbs „StartUp"
26. Mai 2000: Grußwort anläßlich der Eröffnung der 27. Römerberggespräche
8. Juni 2000: Eröffnungsgrußwort zur Paulskirchenkonferenz
9. November 2000: Rede der Oberbürgermeisterin zum Gedenken an den 9. November 1938
13. Januar 2001: Grußwort anläßlich der Meisterfeier der Handwerkskammer Rhein-Main
15. Januar 2001: Ansprache zur Verleihung des Ignatz-Bubis-Preises an Wolfgang Thierse
10. Juni 2001: Rede anläßlich der Verleihung des Wilhelm-Merton-Preises für europäische Übersetzungen
14. Oktober 2001: Überreichung des Friedenspreises des Deutschen Buchhandels an Jürgen Habermas
15. Oktober 2001: Grußwort zum 75. Gründungsjubiläum der Theologisch-Philosophischen Hochschule Sankt Georgen
2. November 2001: Grußwort zur Eröffnung der 28. Römerberggespräche
22. Januar 2002: Begrüßungsansprache zur Walter-Kolb-Gedenkveranstaltung
17. Februar 2002: Ansprache anläßlich des Benefizkonzertes für das „Zentrum gegen Vertreibungen"
5. Mai 2002: Grußwort zum Jahreskongreß der Deutsch-Polnischen Gesellschaft
27. Juni 2002: Rede zur Verleihung der Bruno H. Schubert-Preise sowie zur Verleihung der Ehrenbürgerwürde an Konsul Schubert
28. August 2002: Grußwort anläßlich der Verleihung des Goethe-Preises an Marcel Reich-Ranicki
20. September 2002: Grußwort anläßlich des Festakts zum 100jährigen Jubiläum des Wirtschaftsverbandes der Handelsvertretungen Hessen-Thüringen (CDH)
22. September 2002: Rede anläßlich der Adorno-Preis-Verleihung an den Philosophen Jacques Derrida
24. September 2002: Rede zum 70. Geburtstag von Walter Wallmann

Verleihung des Friedenspreises des Deutschen Buchhandels an Susan Sontag durch den Vorsitzenden des Börsenvereins des Deutschen Buchhandels Dieter Schormann am 12. Oktober 2003

2. Oktober 2002: Ansprache zur ersten „Rede an die Deutsche Nation"
6. Oktober 2002: Rede anläßlich Preisverleihung des Club of Budapest
13. Oktober 2002: Rede zur Verleihung des Friedenspreises des Deutschen Buchhandels an Chinua Achebe
1. November 2002: Rede anläßlich der Eröffnung der 29. Römerberggespräche
10. November 2002: Rede anläßlich der Gedenkstunde der Pogromnacht 1938
23. November 2002: Festakt 175 Jahre Bistum Limburg
14. Januar 2003: Grußwort anläßlich der Meisterfeier der Handwerkskammer Rhein-Main
25. Mai 2003: Rede zur Verleihung des Ludwig-Börne-Preises an George Steiner
3. Oktober 2003: Grußwort zur Feier des 3. Oktobers
8. Oktober 2003: Rede anläßlich der Gedenkfeier für Siegfried Unseld
12. Oktober 2003: Rede anläßlich der Verleihung des Friedenspreises des Deutschen Buchhandels an Susan Sontag
6. November 2003: Rede anläßlich des Kongresses „Unsere Zukunft Europa: Die aktuellen Herausforderungen der Europäischen Einigung"

Verleihung des Goethe-Preises an den Schriftsteller Amos Oz am 28. August 2005

9. November 2003: Gedenkveranstaltung zum 9. November 1938
12. Januar 2004: Grußwort zur Überreichung des Ignatz-Bubis-Preises für Verständigung an Bischof Kamphaus
14. März 2004: Grußwort zum Paul Ehrlich- und Ludwig Darmstaedter-Preis
26. Mai 2004: Ansprache zur Gedenkfeier für Oberbürgermeister a.D. Rudi Arndt
11. Juni 2004: Rede zur Verleihung des Internationalen Hochhaus-Preises 2004
20. Juli 2004: Grußwort aus Anlaß des 60. Jahrestags des Hitler-Attentats
5. September 2004: Grußwort zur Verleihung der Ehrenbürgerwürde an Friedrich von Metzler
24. September 2004: Grußwort bei der Bundeskonferenz der Wirtschaftsjunioren Deutschland (WJD)
2. Oktober 2004: Grußwort zur Feierstunde „Reden an die Deutsche Nation"
10. Oktober 2004: Verleihung des Friedenspreises des Deutschen Buchhandels an Péter Esterházy
9. November 2004: Gedenkveranstaltung zur Pogromnacht am 9. November 1938
14. November 2004: Kurzes Grußwort zum Volkstrauertag am 14. November
18. November 2004: Grußwort zur Verleihung des Preises „Soziale Marktwirt-

schaft“ der Konrad-Adenauer-Stiftung an Helmut Maucher
26. November 2004: Laudatio zur Überreichung der Martin-Niemöller-Medaille an Hans-Jürgen Moog im Rahmen der Synode
14. Januar 2005: Grußwort anläßlich der Meisterfeier der Handwerkskammer Rhein-Main
14. März 2005: Rede zur Verleihung des Paul Ehrlich- und Ludwig Darmstaedter-Preises an Ian Wilmut
4. Mai 2005: Grußwort anläßlich der Akademischen Feier der Hochschule für Bankwirtschaft
2. Juni 2005: Festakt zum 85. Geburtstag von Marcel Reich-Ranicki
5. Juni 2005: Begrüßung anläßlich der Verleihung des Ludwig-Börne-Preises an Henning Ritter
25. Juni 2005: Ansprache anläßlich der Verleihung des Franz-Werfel-Menschenrechtspreises
28. August 2005: Ansprache zur Verleihung des Goethe-Preises 2005 an Amos Oz
27. September 2005: Rede zum Olympia Forum in der Paulskirche
23. Oktober 2005: Überreichung des Friedenspreises des Deutschen Buchhandels an Orhan Pamuk
23. Oktober 2005: Grußwort anläßlich der Ausstellung zum 75. Todestag von Friedrich Ebert
3. November 2005: Grußwort zur Verleihung des Preises „Soziale Marktwirtschaft“
9. November 2005: Rede anläßlich der Gedenkveranstaltung zur Pogromnacht am 9. November 1938
29. November 2005: Grußwort zur Verleihung des Otto-Hahn-Preises an Theodor W. Hänsch
8. Januar 2006: Grußwort beim Festakt anläßlich der 60jährigen Wiederkehr der Gründung des organisierten Liberalismus in Hessen
18. Januar 2006: Grußwort anläßlich der Übergabe des Films „Die Paulskirche – Symbol demokratischer Freiheit und nationaler Einheit“
20. Mai 2006: Rede anläßlich der Fusion des Deutschen Sportbundes und des Nationalen Olympischen Komitees zum Deutschen Olympischen Sportbund
25. Juni 2006: Überreichung des Ludwig-Börne-Preises an Wolfgang Büscher
14. Juli 2006: Rede bei der Jahresversammlung der Max-Planck-Gesellschaft
11. September 2006: Überreichung des Adorno-Preises an Albrecht Wellmer
22. September 2006: Festakt zum Thema „Alter – Älterwerden – Alzheimer“
22. September 2006: Rede aus Anlaß der Trauerfeier für Joachim Fest

3. Oktober 2006: Grußwort zum Tag der Deutschen Einheit
8. Oktober 2006: Grußwort zur Verleihung des Friedenspreises an Wolf Lepenies
8. November 2006: Rede zur Pogromnacht am 9. November 1938
17. November 2006: Überreichung des Hochhaus-Preises 2006
19. November 2006: Festansprache zum Volkstrauertag
13. Januar 2007: Grußwort anläßlich der Meisterfeier der Handwerkskammer Rhein-Main
21. Januar 2007: Grußwort zur Überreichung des Ignatz-Bubis-Preises an Walter Wallmann
16. Mai 2007: Grußwort anläßlich Eröffnungsveranstaltung der Ignatz-Bubis-Ausstellung
24. Juni 2007: Grußwort aus Anlaß der Verleihung des Ludwig-Börne-Preises 2007 an Henryk M. Broder
26. September 2007: Rede anläßlich der Trauerfeier für Freiherr v. Bethmann
14. Oktober 2007: Rede anläßlich der Verleihung des Friedenspreises des Deutschen Buchhandels an Saul Friedländer

Verleihung des Max-Beckmann-Preises an die Fotografin Barbara Klemm am 12. Februar 2010 in der Paulskirche. Die Laudatio hält der Dichter Durs Grünbein. Rechts in der ersten Reihe (von links): Hans Hollein, Prinzessin von Hannover und Felix Semmelroth

9. November 2007 - Grußwort zur Gedenkstunde an die Novemberpogrome 1938
9. November 2007: Ansprache zum Gedenken an die Reichspogromnacht 1938
27. November 2007: Rede zur Verleihung des Otto-Hahn-Preises an Gerhard Ertl
12. Januar 2008: Rede anläßlich der Meisterfeier der Handwerkskammer Rhein-Main
4. Mai 2008: Verleihung des Ludwig-Börne-Preises an Alice Schwarzer
14. Juni 2008: Ansprache zum Festakt „160 Jahre Bundesmarine“
14. Juni 2008: Ansprache „60 Jahre Israel“
28. August 2008: Grußwort aus Anlaß der Verleihung des Goethe-Preises an Pina Bausch
2. Oktober 2008: Ansprache zum Tag der Deutschen Einheit
19. Oktober 2008: Rede anläßlich der Verleihung des Friedenspreises des Deutschen Buchhandels an Anselm Kiefer
5. November 2008: Rede anläßlich der Preisverleihung „Soziale Marktwirtschaft“ an Peter Wichtel
8. November 2008: Begrüßungsrede anläßlich der Verleihung des Freiheitspreises der Friedrich-Naumann-Stiftung an Vargas Llosa
10. November 2008: Rede zur Gedenkveranstaltung zur Erinnerung an die Ereignisse der Pogromnacht 1938
14. November 2008: Grußwort zur Verleihung des Internationalen Hochhaus-Preises 2008
16. Januar 2009: Rede anläßlich der Jungmeisterfeier der Handwerkskammer Rhein-Main
27. März 2009: Rede zum Festakt „160 Jahre Paulskirchenverfassung“
30. Mai 2009: Ansprache zur Eröffnung des Internationalen Deutschen Turnfestes
7. Juni 2009: Ansprache anläßlich Verleihung des Ludwig-Börne-Preises an Frank Schirrmacher
28. August 2009: Grußwort zum Festakt „150 Jahre Freies Deutsches Hochstift“
6. September 2009: Gedenkfeier anläßlich des 10. Todestages von Ignatz Bubis
11. September 2009: Rede anläßlich der Verleihung des Adorno-Preises an Alexander Kluge
2. Oktober 2009: Feierstunde zum Tag der Deutschen Einheit
3. Oktober 2009: Begrüßung zur Feierstunde zur Deutschen Einheit
18. Oktober 2009: Grußwort aus Anlaß der Verleihung des Friedenspreises des Deutschen Buchhandels an Claudio Magris

1. November 2009: Rede zur Verleihung des Franz-Werfel-Menschenrechtspreises des Zentrums gegen Vertreibungen an Herta Müller
9. November 2009: Rede bei der Gedenkveranstaltung zu den Novemberpogromen 1938
12. Februar 2010: Rede zur Verleihung des Max-Beckmann-Preises an Barbara Klemm
5. Mai 2010: Grußwort anläßlich des Deutschen Stiftertages
6. Juni 2010: Rede anläßlich der Verleihung der Ludwig-Börne-Medaille an Marcel Reich-Ranicki
4. September 2010: Grußwort zur Jubiläumsfeier 50. Internationale Kunstausstellung „Die Palette“
3. Oktober 2010: Rede zum Tag der Deutschen Einheit
10. Oktober 2010: Überreichung des Friedenspreises des Börsenvereins an David Grossmann
11. Oktober 2010: Grußwort zur Eröffnung des Jubiläumskongresses der Deutschen Gesellschaft für Soziologie
5. November 2010: Begrüßungsrede anläßlich des Hochhaus-Preises
6. November 2010: Ansprache zum Freiheitspreis der Friedrich-Naumann-Stiftung
9. November 2010: Ansprache zum Gedenken an die Pogromnacht 1938
14. November 2010: Grußwort zur Gedenkstunde des Landes Hessen zum Volkstrauertag
28. November 2010: Ansprache zur Verleihung des Franz-Werfel-Menschenrechtspreises
1. Dezember 2010: Grußwort zum Welt-AIDS-Tag
15. Januar 2011: Grußwort anläßlich der Meisterfeier der Handwerkskammer
28. August 2011: Rede aus Anlaß der Verleihung des Goethe-Preises an Ali Ahmad Said, genannt Adonis
2. Oktober 2011: Rede zum Tag der Deutschen Einheit
16. Oktober 2011: Grußwort aus Anlaß der Verleihung des Friedenspreises des Deutschen Buchhandels an Boualem Sansal
9. November 2011: Rede anläßlich der Gedenkfeier zum 9. November 1938
22. November 2011: Grußwort aus Anlaß der Verleihung des Otto-Hahn-Preises an Manfred Reetz
7. November 2011: Ansprache zur Verleihung des Preises „Soziale Marktwirtschaft“
26. April 2012: Ansprache beim Festakt anläßlich des 10jährigen Bestehens der START-Stiftung

Literaturverzeichnis

Adorno, Theodor W. und Max Horkheimer: Dialektik der Aufklärung, Frankfurt am Main 1969

Adorno, Theodor W.: Minima Moralia, Frankfurt am Main 1951

Ahäuser, Jürgen: Ein Riese wird schwimmen, in: Frankfurter Rundschau, 11. Juli 2012

Alexander, Matthias: Köhler setzt auf Vereinte Nationen, Roth auf Kommunen, in: Frankfurter Allgemeine Zeitung, 28. März 2009

Ders.: Auch Museum für Weltkulturen unterirdisch, in: Frankfurter Allgemeine Zeitung, 21. Dezember 2010

Ders.: Petra Roth im Endspurt, in: Frankfurter Allgemeine Zeitung, 7. März 2011

Ders.: Machtbewußt und integer, in: Frankfurter Allgemeine Sonntagszeitung, 6. November 2011

Ders.: Die Hälfte der Altstadt wird aus Rekonstruktionen bestehen, in: Frankfurter Allgemeine Zeitung, 13. Dezember 2011

Ders.: Am Stadthaus hängt alles, in: Frankfurter Allgemeine Zeitung, 28. Februar 2012

Ders.: Verweigerung einer Erzählung, in: Frankfurter Allgemeine Zeitung, 21. Mai 2012

Ders.: Kein Pfiff stört die getragene Feier, in: Frankfurter Allgemeine Zeitung, 12. Juni 2012

Arning, Matthias: Köhlers Plus, in: Frankfurter Rundschau, 28. März 2009

Articus, Stefan: Intuitiver Stil, in: Frankfurter Allgemeine Zeitung, Sonderbeilage Petra Roth, 26. Juni 2012

Balke, Florian: Alles ist erleuchtet, in: Frankfurter Allgemeine Zeitung, 17. April 2012

Bartetzko, Dieter: Stümper des Städtebaus, in: Frankfurter Allgemeine Zeitung, 11. Februar 2012

Ders.: Vor dem Gewinn sind alle gleich, in: Frankfurter Allgemeine Zeitung, 17. November 2012

Ders.: Der Bürgerglanz von einst strahlt wieder, in: Frankfurter Allgemeine Zeitung, 11. Dezember 2012

Ders.: Bauten für Hero und Leander, in: Frankfurter Allgemeine Zeitung, 31. Dezember 2012

Beck, Ulrich: Das deutsche Europa, Berlin 2012
Benjamin, Walter: Das Passagenwerk (= Gesammelte Schriften, Bd. V,1 und 2), Frankfurt am Main 1983
Benn, Gottfried: Sämtliche Gedichte. 7. Aufl., Stuttgart 2011
Behr, Stefan: Großer Bahnhof Riedberg, in: Frankfurter Rundschau, 13. Dezember 2010
Berger, Peter: Symbolfigur für Gerechtigkeit, in: Frankfurter Rundschau, 7. September 2012
Bloch, Ernst: Verfremdungen, 2. Bde., Frankfurt am Main 1962/1964
Bopp, Lea: Der Ausweg aus der ganzen Misere ist der Humor, in: Frankfurter Allgemeine Zeitung, 22. Januar 2013
Bouffier, Volker: Petra Roth zum Abschied, in: Frankfurter Rundschau, 26. Juni 2012
Ders. (Hg.): Das einzigartige Projekt Europa, Hessische Staatskanzlei, Wiesbaden, Dezember 2012
CVS: Petra Roth verbietet Wentz das Wort, in: Frankfurter Neue Presse, 3. Mai 2000
Deuber, Lea: Die Herbst-Dippemess soll rustikaler werden, in: Frankfurter Rundschau, 7. September 2012
Dilthey, Wilhelm: Über die Möglichkeit einer allgemeingültigen Pädagogik, Berlin 1888
Dyson, George: „Turing's Cathedral". The Origins of the Digital Universe, New York 2012
Gaensheimer, Susanne: Petra Roth zum Abschied, in: Frankfurter Rundschau, 26. Juni 2012
Gefeller, Rainer M.: Frankfurt muss doch schön sein. Wer ist Petra Roth?, in: Frankfurter Neue Presse, 11. Juni 2012
Geiger, Joachim: Entmachtet Petra Roth die SPD-Dezernenten?, Frankfurter Neue Presse, 26. Februar 2000
Goepfert, Claus-Jürgen: Roth auf dem Bundesparteitag der CDU, in: Frankfurter Rundschau, 18. Juni 2002
Ders.: SPD attackiert Schwarz-Grün, in: Frankfurter Rundschau, 19. April 2010
Ders.: „Millennium-Tower wird kommen". Interview mit Jochem Jourdan, in: Frankfurter Rundschau, 14. Februar 2011
Ders.: Stets auf Sieg gesetzt, in: Frankfurter Rundschau, 11. Juni 2012
Ders.: Die unterschätzte Kämpferin, in: Frankfurter Rundschau, 26. Juni 2012
Ders.: Superteures Wohnen am Fluss, in: Frankfurter Rundschau, 5. Dezember 2012

Ders.: Mit sich im Reinen, in: Frankfurter Rundschau, 12. Juni 2012
Ders. und Jutta Ochs: Viel Lob und etwas Gift, in: Frankfurter Rundschau, 11. November 2011
Götze, Grete: Dreimal mehr Platz für die Kunst, in: Frankfurter Rundschau, 14. August 2012
Goldstein, Jürgen: Perspektiven politischen Denkens, Weilerswist 2012
Harting, Mechthild: Glänzende Repräsentation unserer Stadt, in: Frankfurter Allgemeine Zeitung, 7. September 2012
Dies.: Expansion am Mainufer, in: Frankfurter Allgemeine Sonntagszeitung, 30. September 2012
Helbig, Felix: Kehraus in Utopie, in: Frankfurter Allgemeine Zeitung, 8. August 2012
Ders.: Eine ehrliche Visitenkarte, in: Frankfurter Allgemeine Zeitung, 10. August 2012
Hierholzer, Michael: Die Erweiterung des Kunstraums, in: Frankfurter Allgemeine Zeitung, 14. August 2012
Ders.: Sozialdemokratisches Musiktheater, in: Frankfurter Allgemeine Zeitung, 3. Dezember 2012
Hildebrandt, Irma: Tradition und Innovation im Römer, in: Dies.: Tun wir den nächsten Schritt. 18 Frankfurter Frauenporträts, München 2000
Hoffmann, Hilmar: Signaturen im Kaisersaal: Petra Roth, in: Ders.: Erinnerungen, Frankfurt am Main 2003
Ders.: Petra Roth und die Kulturpolitik, in: Carmen Renate Köper u.a. (Hg.): Für Frankfurt leben. Petra Roth zum 60. Geburtstag, Frankfurt am Main 2004
Ders.: Petra Roth, in: Frankfurts starke Frauen, Frankfurt am Main 2007
Ders.: Politik als Beruf: Petra Roth zum 65. Geburtstag, www.hr-online.de, 8. Mai 2009
Ders.: Kultur als Lebensprinzip. Petra Roth zum Abschied, in: Frankfurter Neue Presse, 11. Juni 2012
Ders.: Petra Roth, ein Glücksfall für die Stadt. Vortrag im Karmeliterkloster am 25. Juni 2012
Ders.: Petra Roth meets Bernhard Wicki, in: Frankfurter Allgemeine Zeitung, 25. Juni 2012
Ders.: Petra Roth erinnert uns an Walter Kolb, in: Frankfurter Rundschau, 26. Juni 2012
Hugues, Pascale: Brüchige Membran, in: Süddeutsche Zeitung, 1. September 2012

Isk/ler/pach: Occupy-Räumung teurer als gedacht, in: Frankfurter Allgemeine Zeitung, 8. August 2012
jge: Roth wusste von schwarzen Konten nichts, in: Frankfurter Neue Presse, 18. Februar 2000
Kegel, Sandra: Wie konnte das geschehen?, in: Frankfurter Allgemeine Zeitung, 23. Februar 2013
Kesting, Jürgen: Wahrheit, Freiheit, nichts weniger, in: Frankfurter Allgemeine Zeitung, 21. Januar 2012
Köhler, Manfred: Ein kurzer heftiger Traum, in: Frankfurter Allgemeine Zeitung, 27. Juli 2012
Kohler, Berthold: Was Angela Merkel fehlt, in: Frankfurter Allgemeine Zeitung, 5. Dezember 2012
Kosellek, Reinhart: Kritik und Krise. Eine Studie zur Pathogenese der bürgerlichen Welt, Frankfurt am Main 1973
Kramer, Waldemar und Henriette (Hg.): Frankfurt Lexikon, 11. Aufl., Frankfurt am Main 1994
Kurzeck, Peter: Mein Bahnhofsviertel, Frankfurt am Main 1991
Lang, Jack: Laudatio auf Hilmar Hoffmann, in: Sonderdruck der Hessischen Staatskanzlei, Wiesbaden 2012
Lindgren, Astrid: Dankrede anläßlich der Friedenspreis-Verleihung in der Paulskirche 1978
Lückemeier, Peter: Das war 2012, in: Frankfurter Allgemeine Zeitung, 31. Dezember 2012
Ludwig, Astrid: Schwelgen in Cremeweiß, in: Frankfurter Rundschau, 27. Juni 2012
Michels, Claudia: Königswege zum Dom, in: Frankfurter Rundschau, 2. Januar 2013
Dies.: Heimat im Brückenturm, in: Frankfurter Rundschau, 11. Februar 2013
Minkmar, Nils: Eine Klasse für sich. Über Eric Hobsbawm, in: Frankfurter Allgemeine Zeitung, 2. Oktober 2012
Ders.: Im Gespräch mit Bernard-Henri Lévy, in: Frankfurter Allgemeine Zeitung, 20. November 2012
Murr, Günter: So werden Steuergelder verschwendet, in: Frankfurter Neue Presse, 30. Januar 2010
MÜ: Roth widerspricht sich selbst, in: Frankfurter Neue Presse, 17. August 2002
Ders.: Petra Roth probt den Aufstand, in: Frankfurter Neue Presse, 1. Februar 2011

Ochs, Jutta: Nummer eins, in: Frankfurter Rundschau, 11. Dezember 2010
Palm, Christian: Byebye Occupy, in: Frankfurter Allgemeine Sonntagszeitung, 29. Juli 2012
Pilz, Dirk: Geistesritter von der trotzigen Gestalt, in: Frankfurter Rundschau, 26. September 2012
Precht, Richard David: Ich wäre bloß ein Feigenblatt, in: Frankfurter Rundschau, 13. August 2012
Rebhandl, Bert: Er dachte in zahlreichen Köpfen, in: Frankfurter Allgemeine Zeitung, 19. Juli 2012
Reese, Oliver: Petra Roth zum Abschied, in: Frankfurter Rundschau, 26. Juni 2012
Reich-Ranicki, Marcel: Die Anwälte der Literatur, Stuttgart 1994
Riebsamen, Hans: Schönster Festsaal der Stadt, in: Frankfurter Allgemeine Zeitung, 27. Juni 2012
Ders.: „Ich reiche Ihnen ausdrücklich die Hand", in: Frankfurter Allgemeine Zeitung, 29. Juni 2012
Ders.: Alte Kaimauer verzögert Museumsbau, in: Frankfurter Allgemeine Zeitung, 6. Juli 2012
Ders.: Weise geworden, frisch geblieben, in: Frankfurter Allgemeine Sonntagszeitung, 2. Dezember 2012
Ders.: Kein Gewitter, keine Hinkelbeine, in: Frankfurter Allgemeine Zeitung, 11. Februar 2013
Rippegather, Jutta: Pfiffe beim „Happy Landing", in: Frankfurter Rundschau, 22. Oktober 2011
Rösmann, Tobias: CDU will Frankfurt zu Familienstadt machen, in: Frankfurter Allgemeine Zeitung, 17. Januar 2011
Ders.: Frankfurts Kunst 2,5 Milliarden Euro wert, in: Frankfurter Allgemeine Zeitung, 31. Januar 2011.
Ders.: Fluglärm, Kampagne, Kandidat, in: Frankfurter Allgemeine Zeitung, 22. Januar 2013
Roth, Petra: Aufbruch zu einer neuen Zusammenarbeit. Antrittsrede, in: Amtsblatt für Frankfurter am Main, Nr. 29, 126. Jahrgang, 18. Juli 1995
Dies.: Grußwort, in: Die Stadt am Fluss. Literaturstadt Frankfurt am Fluss, Frankfurt am Main 2002
Dies.: Strukturwandel in der Mainmetropole, in: Politik und Kultur, Heft November/Dezember 2009
Dies.: Wertkonservativ modern, in: Frankfurter Rundschau, 24. Februar 2010
Dies.: An der Grenze der Handlungsfähigkeit, in: Politik und Kultur, Heft Mai/Juni 2010

Dies.: Aufstand der Städte. Metropolen entscheiden über unser Leben. Unter Mitarbeit von Matthias Arning, Frankfurt am Main 2011

Rutkowski, Peter: Frankfurter blicken in eine rosige Zukunft, in: Frankfurter Rundschau, 26. September 2012

Sandner, Wolfgang: Die Ekstase und ein Todesfall, in: Frankfurter Allgemeine Zeitung, 30. November 2012

Saxl, Fritz: Gebärde, Form, Ausdruck, Zürich 2012

Schirrmacher, Frank: Frau Merkel sagt, es ist alles gesagt, in: Frankfurter Allgemeine Zeitung, 19. September 2010

Schmitt, Carl: Der Begriff des Politischen, München 1927

Schreiber, Mathias: Der rücksichtsvolle Riese, in: Der Spiegel, Nr. 40/2009

Schulze, Rainer: Kein Platz für die wachsende Stadt, in: Frankfurter Allgemeine Zeitung, 18. März 2011

Ders.: 20 Prozent mehr Wohnraum, in: Frankfurter Allgemeine Zeitung, 10. August 2012

Schwan, Helmut: Warten auf den großen Wurf, in: Frankfurter Allgemeine Sonntagszeitung, 22. Juli 2012

Sloterdijk, Peter: Zeilen und Tage. Notizen, Berlin 2012

Smith, Adam: Der Wohlstand der Nationen. Eine Untersuchung seiner Natur und seiner Ursachen, München 2009

Smith, Adam: Theorie der ethischen Gefühle, 2 Bde., Hamburg 1994

Speicher, Stephan: Portionen des Denkens, in: Süddeutsche Zeitung, 11. Februar 2013

Stadelmaier, Gerhard: Er war der Bundespräsident, der zeichnen konnte, in: Frankfurter Allgemeine Zeitung, 6. August 2013

Thomas, Christian: Vom Umhergehen, in: Frankfurter Rundschau, 22. Januar 2013

Thomas, Gina: Die ganze verkommene Londoner Bagage, in: Frankfurter Allgemeine Zeitung, 22. August 2012

Tinnappel, Frederike: Roth fordert höhere Gehälter, in: Frankfurter Rundschau, 10. Januar 2011

Trautsch, Matthias: Zum Lernen und Leben, in: Frankfurter Allgemeine Zeitung, 14. März 2012

Ude, Christian: Jeanne d'Arc der Städte, in: Frankfurter Allgemeine Zeitung, Sonderbeilage Petra Roth, 26. Juni 2012

Vahland, Kia: Du bist heilig, aber ich bin nackt, in: Süddeutsche Zeitung, 24. Juli 2012

Wagner, Bernd: Risikopatient Kultur, in: Kulturpolitische Mitteilungen, Nr. 5/2012

Walser, Martin: Das richtige Europa, in: Frankfurter Allgemeine Zeitung, 21. August 2012

Weber, Max: Gesammelte Aufsätze zur Soziologie und Sozialpolitik, Tübingen 1924

Widmann, Arno: Das Desaster, in: Frankfurter Rundschau, 14. September 2009

Zimmermann, Moritz: Schrille Parade für die Liebe, in: Frankfurter Rundschau, 23. Juli 2010

Personenregister

Bildnachweis

Associated Press S. 171
Wonge Bergmann S. 32, 76, 95, 113, 119, 130, 140, 149, 190, 197, 203, 221, 242, 245, 256, 261, 262
Hella Bissantz S. 68/69, 71, 74, 77, 82, 85, 88, 93, 99, 103, 182
dapd Nachrichtenagentur S. 63
dpa, Foto: Henning Kaiser S. 38
dpa Picture Alliance S. 165
Frankfurter Allgemeine Zeitung S. 13, 65, 150, 175
Frankfurter Allgemeine Zeitung, Foto: Werner D'Inka S. 143
Frankfurter Allgemeine Zeitung, Foto: Jesco Denzel S. 47
Frankfurter Allgemeine Zeitung, Foto: Wolfgang Eilmes S. 17, 20, 22, 24, 36, 60, 111, 121, 146, 157, 159, 173, 195, 201
Frankfurter Allgemeine Zeitung, Foto: Helmut Fricke S. 15, 41, 52, 55, 72, 117, 127, 128, 151, 155, 162, 178, 185, 213, 228, 236, 259, 264
Frankfurter Allgemeine Zeitung, Foto: Jens Gyarmaty S. 35
Frankfurter Allgemeine Zeitung, Foto: Stefan Hesse S. 135
Frankfurter Allgemeine Zeitung, Foto: Kien Hoang Ke S. 210
Frankfurter Allgemeine Zeitung, Foto: Daniel Karmann S. 136
Frankfurter Allgemeine Zeitung, Foto: Michael Kretzer S. 234
Frankfurter Allgemeine Zeitung, Foto: Stefan Krutsch S. 14
Frankfurter Allgemeine Zeitung, Foto: Nicola Kutzmann S. 38
Frankfurter Allgemeine Zeitung, Foto: Philip Lisowski S. 233
Frankfurter Allgemeine Zeitung, Foto: Kai Pfaffenbach S. 163, 212
Frankfurter Allgemeine Zeitung, Foto: Daniel Pilar S. 106, 177, 200
Frankfurter Allgemeine Zeitung, Foto: Frank Röth S. 18, 27, 45, 115, 132, 166, 169
Frankfurter Allgemeine Zeitung, Foto: Dieter Rüchel S. 167
Frankfurter Allgemeine Zeitung, Foto: Felix Schmitt S. 250
Frankfurter Allgemeine Zeitung, Foto: Cornelia Sick S. 215
Frankfurter Allgemeine Zeitung, Foto: Torsten Silz S. 27, 154, 181
Frankfurter Allgemeine Zeitung, Foto: Rainer Wohlfahrt S. 108
Frankfurter Allgemeine Zeitung, Foto: Jonas Wresch S. 122
Hilmar Hoffmann S. 84, 192, 204

imago, Foto: Alfred Harder S. 216
Institut für Stadtgeschichte, Frankfurt/M., Foto: Luigi Ungarisch, S. 44
Marcus Kaufhold S. 160
Herlinde Koelbl S. 239

Nicht in allen Fällen war es möglich, Rechtsinhaber der Abbildungen ausfindig zu machen. Berechtigte Ansprüche werden selbstverständlich im Rahmen der üblichen Vereinbarungen abgegolten.

Der Autor

Hilmar Hoffmann, 1925 als Kaufmannssohn in Bremen geboren, begann seine kulturpolitische Karriere 1954 – als damals jüngster Direktor einer Volkshochschule – in Oberhausen, einer Bergarbeiterstadt, die ihn 1965 auch zum Kulturdezernenten wählte. Statt nach Köln wechselte Hoffmann fünf Jahre später als Kulturdezernent nach Frankfurt. Hier schuf er als Antwort auf die Bankendominanz mit dem Museumsufer, Stadtteilbibliotheken, Bürgerhäusern, der Alten Oper und einem mitbestimmten Theater in 20 Jahren eine kulturelle Infrastruktur, die über den höchsten Etat aller europäischen Städte verfügte. An der Uni Bochum, als Honorarprofessor in Marburg und als Gastprofessor in Tel Aviv hat er sich zudem wissenschaftlich einen Namen gemacht. Krönung seines Wirkens war die Wahl zum Präsidenten der Goethe-Institute im Jahr 1993. Zu den wichtigen unter vielen Ehrungen zählen die Berufung zum Ehrensenator der Universitäten Frankfurt und Tel Aviv sowie die Verleihung des Hessischen Kulturpreises für sein Lebenswerk im Jahr 2012.

Hilmar Hoffmanns Frankfurt-Bücher im Societäts-Verlag

Der Ehrenbürger (2003)
Die großen Frankfurter (2004; 4. Auflage 2012)
Lebensprinzip Kultur (2006)
Frankfurts starke Frauen (2006)
Frankfurts Stardirigenten (2008)
Das Frankfurter Museumsufer (2009)
Frankfurts Meisterwerke (2010)
Frankfurts Oberbürgermeister 1945–1995 (2012)
Das Rothbuch (2013)